地域新産業の振興に向けた組織間連携

医療機器関連分野における事業化推進への取組み

中京大学大学院准教授
川端勇樹 著

中京大学大学院 ビジネス・イノベーションシリーズ

Chukyo University
Business Innovation Series

ナカニシヤ出版

はじめに

　本書は，地域新産業の振興を中長期的な目的に，事業化推進のための異業種間および異分野間における組織間連携の成立プロセスをいかに促進するかについて解明することを研究テーマとし，医療機器関連分野の取組みを対象としたケーススタディとその分析により明らかにすることを試みている。

　地域の経済および産業の活性化は現代日本の中心的な課題であり，そのためには将来も需要が見込むことのできる地域新産業の振興に取組むことが不可欠である。また，地域の大半を占める中小企業の参画を通して，経済効果を波及させることも重要となる。しかしながら，様々な分野で高い技術力・人材を保有する企業が存在するにもかかわらず，その潜在性を活用した成長性の高い新産業の創出については各地域で十分な成果が出ているとはいえない。この実現のためにはこれら企業の能力を活かし新たなアイデアの融合を通して新規事業を推進していくための異業種および異分野の組織を超えた協働を促進していくことが求められる。現在では同様の目的に向けて，国および地域の自治体や経済団体等が多くの取組みを実施しており，その代表的な産業の一つとして医療機器関連分野も含まれている。

　本書では，地域における医療機器関連分野の事業化推進への取組みを対象にケーススタディを実施し，異業種および異分野における組織間連携をいかに促進するかという研究テーマを探究することを通して，理論構築およびマネジメントへのインプリケーションの提示をすることを目的としている。組織間連携については，従来は組織レベルに焦点が当てられ，連携の成立後にいかに効率的・効果的に協働を進めるかを関心の対象とする研究が多いが，本研究では連携に携わる人々の相互の関わり方と連携が成立に至るプロセスを考察の対象としていることが特徴である。したがって，組織間連携の成立プロセスにおける人々の相互作用におけるコミュニケーションによる共通理解の形成に焦点を当てて，その促進のためにいかに取組むかについて検討するというアプローチを

採用し，ケーススタディにより実際の経験から得ることのできるレッスンから体系的な知見を得ることを試みた。本書の出版は，これをきっかけに組織間連携の成立プロセスとその促進に関する議論が一層活発となり，より精密な知識体系の構築につながるのであればという思いによるものである。

　本書が想定する読者は様々であるが，特に各地域で産業振興や事業化推進に取組まれているあるいはこれから取組もうとされている自治体，経済団体や企業，大学等の関係者，研究者，組織間関係に関心のある学生の方々に目を通していただき，本書が何らかのヒントを提供し，またフィードバックをいただくことができれば幸いである。本書は，研究の背景や問題意識，研究対象や研究のアプローチについて述べている第Ⅰ章，先行研究のレビューと概念モデルを提示した第Ⅱ章，リサーチデザインについて説明した第Ⅲ章，ケーススタディの結果を記述した第Ⅳ章，ケーススタディの分析・解釈を行った第Ⅴ章，結論の第Ⅵ章で構成されている。本書は学術書に区分されるものであるが，詳細な理論に関心の無い読者におかれても，第Ⅰ章を読み，第Ⅱ章および第Ⅲ章を飛ばしてそれ以降の章を特に実践的な内容に着眼して読み進められることにより理解は可能であると考えている。

　本書の刊行に至るまでには多くの方々のご支援を受けている。まず本書は，中京大学のビジネス・イノベーションシリーズとして出版しているが，本学の先生方や職員の皆様，出版をお引き受けいただいた株式会社ナカニシヤ出版の関係者の方々には多大にお世話になっている。また本書は，社会人大学院生としてご指導いただいた東京工業大学の妹尾大先生の下で完成させた博士論文が起点となっており，その後の理論面の発展および研究対象の拡大には学会，共同研究等でご一緒させていただいた先生方のご教示によるところが大きく，その学恩に心から感謝申し上げたい。さらにケーススタディにおいては，ご多忙にもかかわらずインタビューにご協力いただき，有益な資料もご提供下さった神戸市，浜松市，福島県の産学官の関係者の皆様には深くお礼申し上げる。最後に，本書の執筆および完成にあたっては知人の励ましや部屋にこもりがちな自分をサポートしてくれた家族による恩恵も大きく，上述の方々とともに感謝の意を表したい。

目　　次

はじめに　i／図表一覧　v

第Ⅰ章　序　　論──────────────────────── 1
　　Ⅰ-0．はじめに　2
　　Ⅰ-1．研究の背景と問題意識　2
　　Ⅰ-2．本研究の対象，アプローチ，方法　6
　　Ⅰ-3．本研究の構成　17

第Ⅱ章　先行研究のレビューおよび概念モデルの提示──── 19
　　Ⅱ-0．本章の目的　20
　　Ⅱ-1．初期条件　20
　　Ⅱ-2．組織間連携の成立に向けた相互作用におけるコミュニケーション　27
　　Ⅱ-3．組織間連携の成立と場の機能および設定・発展　35
　　Ⅱ-4．組織間連携の成立に向けた介入の目的，介入者とその役割　43
　　Ⅱ-5．研究テーマ，概念モデル，およびリサーチクエスチョン　49

第Ⅲ章　リサーチデザイン───────────────── 53
　　Ⅲ-0．はじめに　54
　　Ⅲ-1．本研究の目的とアプローチ　54
　　Ⅲ-2．対象事例の選定　56
　　Ⅲ-3．データ収集および分析　58

第Ⅳ章　ケーススタディ—神戸市，浜松市，福島県の事例— ― 63

- Ⅳ-0．本章の目的および構成　64
- Ⅳ-1．日本の医療機器関連産業と中小企業の参入—組織間連携による事業機会の創出—　64
- Ⅳ-2．事例1：神戸市における医療機器関連産業振興のための中小企業を中心とした組織間連携の成立プロセスの促進への取組み　78
- Ⅳ-3．事例2：浜松市における医療機器関連産業振興のための中小企業を中心とした組織間連携の成立プロセスの促進への取組み　109
- Ⅳ-4．事例3：福島県における医療機器関連産業振興のための中小企業を中心とした組織間連携の成立プロセスの促進への取組み　131

第Ⅴ章　ケースの分析および解釈 ― 159

- Ⅴ-0．はじめに　160
- Ⅴ-1．3事例の比較分析　161
- Ⅴ-2．神戸市の事例の分析および解釈　178
- Ⅴ-3．浜松市の事例の分析および解釈　190
- Ⅴ-4．福島県の事例の分析および解釈　201
- Ⅴ-5．概念モデルの検討　217
- Ⅴ-6．組織間連携の成立プロセスの促進に向けたマネジメントへのインプリケーション　221

第Ⅵ章　結　論 ― 225

- Ⅵ-0．はじめに　226
- Ⅵ-1．本研究の要約および発見　226
- Ⅵ-2．本研究の限界および今後の研究課題　232

参考文献　235／索　引　245

図表一覧

図

図Ⅰ−1．本研究が対象とする連携　8
図Ⅱ−1．組織間連携の成立に至る組織化のプロセス　35
図Ⅱ−2．場の設定・発展および組織間連携の成立　42
図Ⅱ−3．組織間連携の成立プロセスの促進に向けた介入　49
図Ⅱ−4．概念モデル　50
図Ⅳ−1．医療機器製造販売業者の従業員規模別構成　66
図Ⅳ−2．世界の医療機器市場規模見通し　67
図Ⅳ−3．日本における医療機器の生産・輸出・輸入（推移）　68
図Ⅳ−4．医療機器創出の段階と求められる組織間連携　77
図Ⅳ−5．医療機器関連製品の開発・事業化に向けた組織間連携を促進させるための場の発展（神戸市）　95
図Ⅳ−6．医療機器関連製品の開発・事業化に向けた組織間連携を促進させるための場の発展（浜松市）　119
図Ⅳ−7．研究開発事業の運営体制　137
図Ⅳ−8．うつくしま次世代医療産業集積プロジェクト事業（2005〜2012年）　139
図Ⅳ−9．研究会の会員構成　142
図Ⅳ−10．ふくしま医療機器産業推進機構の体制　147
図Ⅳ−11．福島県における医療機器生産金額推移　148
図Ⅳ−12．医療機器関連製品の開発・事業化に向けた組織間連携を促進させるための場の発展（福島県）　151
図Ⅴ−1．事業化推進のための組織間連携の成立プロセス　169
図Ⅴ−2．神戸市における医療機器関連の事業化推進のための組織間連携の成立プロセス　188-189
図Ⅴ−3．浜松市における医療機器関連の事業化推進のための組織間連携の成立プロセス　202-203
図Ⅴ−4．福島県における医療機器関連の事業化推進のための組織間連携の成立プロセス　214-215
図Ⅴ−5．（修正）概念モデル　218

vi　図表一覧

表

表Ⅱ－1．初期条件　　26
表Ⅲ－1．各事例の概要　　58
表Ⅳ－1．神戸市の事例（年代記）：初期条件，相互理解と共通理解の形成，介入およびば　　104-107
表Ⅳ－2．浜松市の事例（年代記）：初期条件，相互理解と共通理解の形成，介入およびば　　126-129
表Ⅳ－3．福島県の事例（年代記）：初期条件，相互理解と共通理解の形成，介入およびば　　154-157
表Ⅴ－1．3事例の比較表　　162-165
表Ⅴ－2．3事例間の相違点　　176-177

第Ⅰ章
序　　論

I-0. はじめに

本研究は，地域における新産業の振興を中長期的な目的に，事業化を推進するための企業間および産学官における組織間連携の成立プロセスをいかに促進するかということについて解明することを研究テーマとしている。研究テーマの探究にあたり，本研究ではケーススタディによる解明の方法を採用した。対象となる事例は，複数の地域における産学官の組織間連携による医療機器関連分野[1]の事業化への取組みである。

序論では，本研究に取組む動機となった背景と問題意識を明確にしたうえで，研究の対象・アプローチおよび方法とともに，本研究における主要概念および理論的枠組み，ケーススタディの必要性や進め方について説明する。最後に，本研究全体の構成を示すこととする。

I-1. 研究の背景と問題意識

1-1 研究の背景

地方創生にみられるように，地域の再生および活性化が政府の重点政策となっている。この実現には各地域の産業を振興させ経済を活性化させることが最優先の課題であり，このためには企業数・雇用者数の大半を占める中小企業も市場創造，イノベーション，新産業の振興に積極的な役割を担うことが不可欠である。

一方で中小企業は規模が小さく多くが大企業の下請として操業してきたこともあり，市場ニーズの把握，開発コストの負担能力，販売力等が不足しているという不利な要素を抱えている。また，新規事業を推進していくためには，それぞれの中小企業が蓄積してきた高度な技術を組み合わせ異業種あるいは異分

---

[1] 本研究では，製造・販売において「医薬品，医療機器等の品質，有効性及び安全性の確保等に関する法律」の規制対象となる医療機器に加え，対象とはならない製品（例えば，医療関係者がシミュレーション用に使用する器具）の開発や部材供給等も活動範囲としている事例を研究対象とすることから「医療機器」に限定して言及する場合以外は原則，「医療機器関連」と記載することとする。

野間の協働が必要となることが多い。そこで近年では，中小企業が異業種企業，大学や研究機関，経済団体，自治体等との組織間連携により新たな分野における事業化に取組む動きが広がるとともに，これらの取組みを自治体や地域の経済団体が支援する動きが各地域でみられるようになった。

　次世代を担う成長産業として期待される産業が複数存在する中で，医療機器関連分野は最も潜在性がある産業の一つとして注目されている。詳細は第Ⅳ章で紹介するが，同産業は世界市場において高い成長率を示しており，人口の高齢化，新興国の所得向上等の要因で今後も需要の伸びが見込まれる。日本における市場規模も安定的に拡大しているが，輸入超過で貿易収支が赤字の状態が続いており，我が国の中小企業で蓄積された高度な技術をはじめとする潜在力が同産業において十分に発揮されているとはいえない状況である。医療機器関連産業ではニッチ市場も多く，多品種少量生産に強みがある中小企業の競争力向上に果たす役割は大きい。近年では「医工連携事業化推進事業」にみられるように，中小企業等による医療機器関連分野への参入・医療機関等との連携・医療機器関連の開発を推進していくための政府の補助金や支援も拡充され，薬事法改正や医薬品医療機器総合機構（PMDA）の相談機能の強化・審査の迅速化等により制度的環境も改善されつつある。また，自治体や地域の経済団体による医工連携の支援は全国に広がっている。

　このような組織間連携を促すには，中小企業と医療機関等とのネットワーク構築による医療現場のニーズの共有機会の提供，薬事情報へのアクセス，治験，複雑な認可プロセスの処理等，中小企業単独では対応が困難な活動への支援が必要である。ここで医療機関，大学や研究機関，医療機器製販企業等との連携促進のための仕組みづくり，公的予算の獲得，専門的支援等において地域の自治体や経済団体等が果たす役割は大きい。その実現には多くの困難が伴うが，いくつかの地域では自治体や経済団体等の主導で医療機器関連事業の推進のための中小企業をはじめとする企業間および産学官による組織間連携を促進することに一定の成果を出している。これらの地域では，新産業の振興に向けて産業クラスターを形成させることを中長期的な目的に自治体や経済団体が中心となって，地域の状況，将来の発展可能性等を考慮し，中小企業・大学等研究機関・医療機関等の異分野間の相互作用を促進させて事業化推進のための組織間

連携の成立プロセスを促進させるために，場づくりや様々な介入の実施に取組んでいる．

1-2 問題意識

　以上のように，医療機器関連も含めた成長性の高い次世代産業の振興を中長期的な目的に，当該事業の推進に向けて地域産業の主な担い手である中小企業をはじめとする異業種企業間，産学官の組織間連携による事業化への支援が全国各地で取組まれている．例えば独立行政法人中小企業基盤整備機構および全国中小企業団体中央会の協力により「ものづくり中小企業・小規模事業者連携支援事業」が実施されている．支援目的としては中小企業が連携により強みを結集し新製品開発や共同受注などの新たな事業活動を推進していくために，地域の支援機関や中核企業等が主体となって行う連携グループの形成や事業計画の作成・実現への活動を支援することにより，産学官のネットワークの形成・連携事業の運営や事業化活動を推進していくことが挙げられている．本事業には北海道から九州まで全国各地域を対象に，2014年度には12件，2015年度には11件のプロジェクトが採択されている（独立行政法人中小企業基盤整備機構ホームページ）．また本研究で対象としている医療機器関連分野においては，現在，国立研究開発法人日本医療研究開発機構（AMED）が実施する「医工連携事業化推進事業」があり，中小企業等の医療機器関連分野への新規参入・医療機関との連携・共同事業を促進することにより，医療機器関連の開発・実用化を促進するための支援を展開している（国立研究開発法人日本医療研究開発機構ホームページ）．本事業には開始から5年（2010年度〜2014年度）で920件の応募のうち107件のコンソーシアムが採択され各地域で中小企業をはじめとする組織間連携により医療機器の事業化が取組まれている（株式会社三菱総合研究所，2015）．

　これらの取組みは，これまでの大企業との下請関係とは異なり，専業力のある中小企業が異業種企業や大学・研究機関・医療機関等に対して同じテーブルにつき，対等な組織間連携を成立させることにより新規事業を推進し地域産業を振興させていくプロセスとその取組みに対する国の補助金を活用した各地域における支援である．

これらのトレンドが高まっていることを踏まえると，競争力があり地域経済の担い手となる新規産業の振興により産業地域を形成させるという中長期的な目的を実現するためにも，その前段の取組みとして地域の大半を占める中小企業の参入を前提に，業種および分野を超えた組織間連携の成立を促進させてある領域の事業化を計画的・意図的に推進するための支援へのニーズが大きいことは明らかである。

　しかしながら，上述のような取組みについて産業地域としてクラスターが形成された段階以降の先行研究は多いが，本研究の対象となるその前段階における，ある領域の事業を新たに推進するための組織間連携の成立については十分な研究が蓄積されておらず，特に

- どのようにして事業化を目的とした異業種間および異分野間の組織間連携が成立していったかについてのプロセス
- そのプロセスを，だれが・どのようにして促進していったか

以上については，組織間連携に関する先行研究は存在するが，事業化を前提とした組織間連携の成立プロセスをいかに促進させるかというテーマに絞り，実証を伴った学術的価値および促進のためのマネジメントをいかに進めるかという実践的価値に寄与する研究は少ないのが現状である。

　これらを明らかにすることは，

- 学術的価値においては，事業化推進のための組織間連携が成立に至るプロセスをいかに促進させるかについての理論構築。
- 実践的価値においては，企業間および産学官による事業化推進のための組織間連携の推進により地域産業の振興を中長期的な目的とする主体に対して，研究結果を踏まえ組織間連携の成立プロセスをいかに促進させるかについてマネジメントへのインプリケーションの提示。

以上に貢献することができる。本研究では，複数の地域における医療機器関連分野の組織間連携による事業化推進への取組みを対象としたケーススタディを通して，学術的価値および実践的価値に寄与することを研究目的とする。

I-2. 本研究の対象，アプローチ，方法

上述の研究目的を実現するには，先行研究を基に理論的な枠組みと概念を明確にしたうえでケーススタディを実施し，分析から得ることのできる知見により理論構築することが必要である。

以下，本研究の対象およびアプローチ，着眼する理論および概念，ケーススタディの必要性と方法について述べることとする。

2-1　本研究の対象

本研究では，地域経済の担い手となる競争力のある新規産業の振興を中長期的な目的として，その前段の取組みとして中小企業の積極的な参入を前提に，業種および分野を超えた事業化推進のための組織間連携の成立プロセスをいかに促進するかについて考察の対象とする。以下，中心的な概念である組織間連携およびその成立を促進させる要因について本研究における視点を整理する。

(1) 本研究が対象とする組織間連携

柴山（2007, p.36）が指摘するように，「連携」は無限定に使われる余地のある用語である。そこでまず本研究で対象とする連携がいかなるものかについて先行研究を基に明らかにする。

まず連携の定義については，Roberts & Bradley（1991）が，「連携とは一時的な社会的合意のもとで，共通の目的のために2人またはそれ以上の主体が協力しあうことであり，それらには目的を達成するための原料，発想，社会関係の変換が要求される（p.212）」としている。ここでは連携には，1．共有された目的とそれに向けた参画者の活動，2．明確で自主的なメンバーシップ，3．計画・調整され専門分野に特化した仕事で構成される組織，4．参画者間の内省的な相互作用のプロセス，5．一時的な形成，以上の要素が含まれる。

本研究で対象とする組織間連携とはいかなるものかについて整理するにあたり，二神（2008, p.150）は連携（コラボレーション）は組織間関係の問題であるとしている。組織間関係については対等なものと対等ではないものが存在する

が，二神（同, p.152）は連携について，水平的[2]な関係に立つ組織間で，互いの便益に結びつくような新しい価値創造を協働でやることとしている。本研究においても，対等な関係のもとでの事業化推進のための組織間連携を対象とする。

次に，組織間連携に関しては，企業間関係を対象としたパートナーシップや提携についての先行研究が存在する[3]。Sheth & Parvatiyar（2005, pp.76-79）は企業間の提携の形態を，一つは戦略上の目的と運営上の目的，もう一つは競合的と非競合的の軸で4つに分類している[4]。ここで，前者の軸の戦略上の目的とは，戦略的意図の下で成長機会を求める提携，運営上の目的は，資産活用や資源の効率化を目的とした提携である。本研究では，事業化を目的に補完関係にある異業種間および異分野間の連携により医療機器関連事業における成長機会を追求する取組みを対象とすることから，非競合的な組織間で戦略上の目的で成立する組織間連携を対象とする。

最後に，張（2005, pp.36-37）は企業間パートナーシップの関係を，一つはSheth & Parvatiyar（同, pp.76-79）が示す軸と類似する競争的と協調的の軸，もう一つは垂直的関係と水平的関係の軸で4つに分類している[5]。後者の軸の分類に関して本研究では上述のように，医療機器関連事業における産学官の新製品の開発，部材供給，OEMにおける組織間連携を想定しており，本研究においても水平あるいは垂直のいずれかを限定はしない。

以上を踏まえて，本研究が対象とする組織間連携を以下のように定義する（図I-1）。

- 互いに対等で参入，退出は各組織の意思で決定。
- 戦略的意図のもとで成長機会の獲得および新規事業による価値の創出が目的。

---

2 「水平的」とはここでは対等と同義で使用されている。
3 Huxham & Vangen（2005, p.4）は，組織間連携の研究対象として，パートナーシップ，提携，ジョイントベンチャーなどを対象としている。
4 4つの分類で，戦略上・競合では競争的提携，運営上・競合ではカルテル，戦略上・非競合では協調的ベンチャー，運営上・非競合では施設利用等の企業間協定が該当することが示されている。
5 4つの分類で，垂直的関係・競争的では製販同盟，垂直的関係・協調的では部品供給業者との協調関係，水平的関係・競争的では同製品・市場を目指す競合業者との提携関係，水平的関係・協調的では補完業者との提携関係を挙げている。

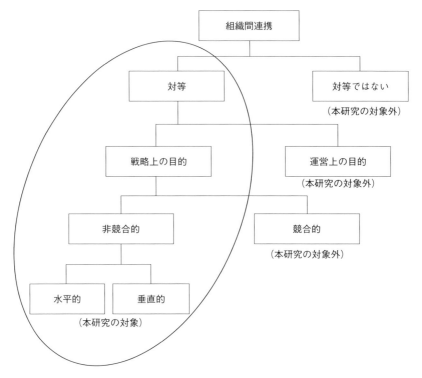

図 I-1. 本研究が対象とする連携

(出所) 筆者作成

　●互いに補完できる非競合の関係。

以上の条件を満たし，新たな事業機会から双方が利益を得ることを目的として，互いに対等で補完することが可能な異なる機能をもつ組織間の連携を成立させることを前提とする。

(2) 組織間連携の成立プロセスを促進させるための取組み

　様々な事業化への取組みにおいて，自組織のみで充足することが困難である場合に，異業種および異分野を含めた組織外のメンバーとの連携を成立させて事業化を推進することの重要性が高まっている。本研究が対象とする地域における新規産業の振興を目的とした事業化においても，地域産業の主な担い手で

ある中小企業をはじめとする異業種間・異分野間の組織間連携はその実現のために不可欠な取組みである。

　現在，多くの地域で新規産業の振興を中長期的な目的として，自治体や経済団体等の主導により異業種間・異分野間における事業化への組織間連携の成立プロセスを促進させる取組みがなされている。これらの取組みの概要としては，

- 地域新産業の振興を中長期的な目的とした，事業化推進のための異業種および異分野間の組織間連携の成立プロセスを促進させようとする主体（以下，「促進主体」）が，当該地域の経済・産業，企業・研究機関等の状況や将来の発展可能性等を考慮したうえで振興すべき対象となる産業を決定し，振興に寄与することが期待される主体に参画を促し招集すること。
- 促進主体が，事業化を協議するための会議体や事業化に参画しようとする主体の相互作用を促進するために研究会等の場を設定すること。さらに，場を設定および発展させるために関係者への働きかけを行うこと。
- 促進主体や場の参画者が，事業化推進のための異業種・異分野間の組織間連携の成立へのプロセスを促進させるための働きかけを行うこと。つまり，当該産業における新規事業の推進に対し，これまでになかった異業種・異分野間を含めた主体の新たな結合によって実現する組織間連携の成立を促進させるために介入の役割を担うこと。

2-2　本研究のアプローチ，着眼する理論的枠組みと概念

　研究テーマである事業化推進のための組織間連携の成立プロセスをいかに促進させるかについて検討するにあたり，本研究がどのようなアプローチをとるかについて関連する先行研究を基に明らかにする。さらに，詳細な議論は第Ⅱ章に譲るが同プロセスの促進について関連する理論的枠組みや概念について整理する。

(1) 組織間連携の成立プロセスに対する本研究のアプローチ

　組織間連携について，Kanter（1994, p.96）は，新たな市場への進出などに際し，連携を成立・維持することが競争上の優位性を生み出すものとして，連携を実施することによる利点を指摘している。組織間連携の目的については従来

戦略的提携に関する研究で述べられており，それらは費用削減（George et al., 2002），パートナーの経営資源へのアクセスによってイノベーションや製品開発の能力を高めることを通した競争力の向上（Kelley & Rice, 2002），経営力を強化すること（Jiang & Li, 2008）などが挙げられている。また，促進する要因として Thomson & Perry（2006, p.20）は，改革，急速な技術変化，資源の希少性，組織の相互依存の高まりが連携の促進要因であると論じている。

しかしながら，連携に関する従来の研究では，Huxham & Vangen（2005, p.4）が，「個人間のコラボレーションではなく……組織間のコラボレーション関係こそが興味の対象」であるとしている。二神（2008, p.152）は，コラボレーションは従来の経営学，経済学では，組織間関係的事態を指して個人間の協働は範囲外であり，組織間関係とは実質的に企業間関係のことを指し，戦略的アライアンスの問題として取り扱われてきたことを指摘している。また，二神（同, p.151）は，組織間関係行動を分析対象とするにあたり，戦略的思考だけではなく，当事者のあいだの相互のかかわり方も分析対象として重要であり，プロセス・アプローチ，個人の協働に着眼するべきであることを指摘している（二神，同, p.152）。しかしながら，Thompson & Perry（2006, p.21）が指摘しているように，組織間連携における相互作用のプロセスについては十分に解明されているとはいえない。さらに，連携を主導したキーパーソンに焦点を当てた組織間連携の成立のプロセスやどのようにそのプロセスを促進したのかについて実際の経験に基づいた研究は十分に蓄積されていないのが現状である。

以上のように，従来の組織間関係の分析では，組織的活動の中心を担う人々の相互関係の促進と組織間連携の成立のプロセスが不透明であり，この解明には連携主体の相互活動のプロセスに焦点を当てた分析が必要である。個人間の協働に関する研究としては，Morrison & O'Hearne（1977）の人間の相互作用に着眼した交流分析（Transactional Analysis; TA）による働く人々の能率向上に関する研究や Kanter（1994）による男女の結婚を念頭においた連携の説明で，新しい価値を創造するための協働として個人と個人の協働に着眼した研究がある。Kanter（同, p.99）は，組織間の連携について企業間の関係をとりあげ，企業間関係を成功させるには，経営層間の良好な個人関係を成立させ，維持することにかかっているとし，連携による優位性を築くにあたっての個人に着眼し

た関係構築の重要性について指摘している。また，Child et al.（2005, Ch4）では個人的関係を通じて信頼が高まり，組織間関係に発展することを指摘している。

これら個人の関係性に着眼した研究を踏まえ，本研究では組織間連携の成立を「異なる組織に属する人々の間で協働のための組織を形成すること」と定義する。協働について Barnard（1968, p.60）は，全体情況の社会的側面であり相互作用の過程は発見され工夫されねばならないこと。相互作用が発生する社会的過程は，その行為が二人以上の人々の行為体系の一部であるような過程であり，その最も普通の形は言葉によるコミュニケーションである（同, p.20）としている。コミュニケーションの重要性については，Katz & Kahn（1966, p.223）がコミュニケーションは社会システムないし組織のまさに本質であるとし，Bavelas & Barrett（1951, p.368）もコミュニケーションが組織活動の本質であるとしている。しかしながら，連携成立による協働組織の形成に至るまでのプロセスに関連し，Monge & Contractor（2001, p.449, pp.486-487）は，従来研究では（コミュニケーションを通した）組織の形成，維持，解散のプロセスのメカニズムに説得性のある説明は十分になされていないことを指摘している。

以上の議論を踏まえ，本研究では組織間連携の成立に至るまでの異なる組織に属する人々で構成される協働のための組織化プロセスを検討対象とし，検討においては個人間の相互作用におけるコミュニケーションに着眼する。

(2) 組織間連携の成立プロセスの促進に対する本研究のアプローチ

本研究では，異なる組織に属する人々の間の相互作用におけるコミュニケーションに着眼し，事業化推進のための組織間連携の成立を意図する主体が協働のための組織化のプロセスをいかに促進したかについて解明していく。この目的は，相互作用におけるコミュニケーションに着眼した組織間連携の成立プロセスの促進についての理論構築とともに，いかにそのプロセスを効果的・効率的に促進していくかについてのマネジメントへのインプリケーションを得ることである。

この目的に向けた本研究における具体的な関心の対象は，上述のように新規産業の振興を中長期的な目的として，自治体や経済団体等が異業種間および異

分野間における事業化推進のための組織間連携の成立プロセスを促進させた事例である。ここで，組織間連携への参画については，企業やその他機関など各主体が自立的・自主的に意思決定し，対等な組織間連携を成立させることを前提としている。したがって，協働に向けた自発的な関係の形成，連結という自己組織化（今井・金子，1988）による組織間連携の成立プロセスが対象となる。

しかしながら小島・平本（2011, p.8）は，組織間の協働は協働システムの境界が曖昧であること，参加者の参入と退出が容易であること，多様な参加者にパワーが分散すること，協働システムが種々の偶然性に左右されることから，協働の形成・実現・展開が単一組織の経営と比較して困難であることを指摘している。

これに関連し，今井・金子（1988）は，自己組織的に秩序を生成することは個々の行動を完全に放置することではなく，個々を結び付け新たな関係を作り社会に新たな文脈を形成していくという働きかけをする主体が存在することを指摘している（p.257）。また，多様な情報源から発想の源泉や裏打ちの情報を得ること，市場動向に敏感に反応しながら期待を調整すること，これらの活動のために短時間で必要な情報交換をしてアイデアが逃げないうちに凝縮することができる環境を作りだす必要性についても指摘している（p.226）。自己組織性については今田（2005）が「システムが環境との相互作用を営みつつ，みずからの手でみずからの構造をつくり変える性質を総称する概念（p.1）」としており，創造的個の営みによるゆらぎが新たな秩序形成へと至るよう誘導する制御を考えること，そのために制御とゆらぎに自省作用（リフレクション）を組み込むことが重要であることを指摘している。

これらの議論を踏まえ本研究では，当該地域の経済や産業の現状や将来の発展可能性等を考慮したうえで，ある特定の事業を推進するための自己組織的な組織間連携の成立プロセスを，今井・金子（1988）が指摘するような働きかけや環境を設定することにより促進していくというアプローチを採用する。

(3) 本研究が着眼する理論的枠組みと概念

本研究では，上述のアプローチを踏まえたうえで，
1．組織間連携の成立プロセスの促進を検討する際に考慮すべき要因

2．組織間連携の成立プロセスに向けた相互作用におけるコミュニケーション
3．同プロセスを促進するための環境
4．同プロセスを促進するための働きかけ

以上の要因について，以下の理論的枠組みと概念に着眼する。

　第一に，本研究では，人々が相互に自立的・自主的なかかわり方をする組織間連携を研究の対象とし，それがいかに成立するかについてのプロセスを明らかにすることを課題とする。この研究課題に取組むにあたり，「組織間連携の成立プロセス」については，事業化推進のために異なる組織に属する人々の間で展開される相互作用におけるコミュニケーションを通して，協働のための組織を形成するプロセスとする。ここで，「組織間連携の成立」については，ある具体的な事業の推進を目的として異なる組織に所属する人々により協働体制が構築された段階のことを指す。また本研究では事業化推進のための組織間連携が成立後，相互作用におけるコミュニケーションを通して目的・役割・構成員が変化し新たな組織間連携が成立することも想定している。

　第二に，本研究では中長期的な新産業の振興を目的として，事業化を推進するために組織間連携の成立プロセスを促進させようとする主体が考慮する要因に関連し，Wood & Gray (1991)，Gray (2008)，Gulati (1995)，Whetten (1981) 等が，組織間連携に正および負に寄与する要因（"Initial Conditions", "Pre-conditions"）について論じている。本研究では同要因を「初期条件」として，組織間連携の成立プロセスとその促進に向けた取組みに影響を与える要因とする。

　第三に，今井・金子（1988）が指摘する環境に関連し，金井（2005）は「場」の概念を紹介し，場は人々の間の相互作用を促進させる社会システムであり Burt (1992) における "structural holes" を埋め，それにより新規ビジネスを創出するための組織間における企業活動を促進させるとしている。本研究では「場」について，人々の相互作用を通して情報の収集・交換およびアイデアを凝縮し，上述の組織間連携の成立プロセスを促進するための環境に相当するものとする。

　最後に，組織間連携の成立プロセスの促進に向けた異なる組織に属する人々

を結びつけるための働きかけに関連し，Gray（2008）は「介入」の概念を紹介し，「（組織間連携を進めるにあたり）介入はパートナー間の制約要因を低下させ促進要因を増大させる（p.665, 668）」としている。本研究では「介入」について，人々の相互作用におけるコミュニケーションに対する働きかけを通して組織間連携の成立プロセスを促進させるための意図的な取組みとする。

以上の概念を踏まえ本研究では，事業化推進のための組織間連携の成立に向けた相互作用におけるコミュニケーションのプロセスを，初期条件を考慮のうえで場および介入を通してどのように促進させるかについて，理論的枠組みを構築することを目的とする。

2-3　ケーススタディの必要性
(1)　ケーススタディの意義―組織間連携の促進者による実践からのレッスン―

地域経済の担い手としての地域新産業を振興させるという中長期的な目的に向けて，その初期の取組みとして，地域の状況や資源を考慮に入れたうえで新規事業の推進に向けた組織間連携の成立プロセスの促進に取組む自治体や経済団体の関係者は多く存在する。

本研究でケーススタディの対象とする各地域における医療機器関連の事業化についても，多くの自治体や経済団体の担当者が同産業の成長性の高さに期待して推進に取組んでいる。この取組みでは，地域で活動する企業のみでは事業化推進が困難であることから，異業種企業間および企業と医療機関・大学等の研究機関との組織間連携を成立させることで事業化推進を実現することを目的に，相互の交流や学習，事業化の検討などを行う研究会の設立，異業種の交流会の開催や互いを取り結ぶための支援策を実施することが多い。

しかしながら，これらの取組みは成功裏に進まないことも多く，また一定の成果を出した地域についてもどのように事業化のための組織間連携の成立プロセスを促進させたかについてはそれぞれの経験として留まっており，体系的な知識として明らかにされていない。したがってケーススタディを通して，これまでに同様の取組みを手掛けてきた担当者や取組みに関わった人々の経験から得ることのできる知見により，事業化に向けた組織間連携の成立プロセスをいかに促進させるかについてのメカニズムを明らかにすることは，理論構築によ

る知識体系の発展という学術的価値やマネジメントへのインプリケーションの提案という実践的価値を追求するにあたり有益である。

(2) ケーススタディの進め方

リサーチデザインの詳細については後章に譲るが，ここでは本研究におけるケーススタディの進め方について説明する。

Eisenhardt (1989) は，ケーススタディによる理論の構築は事例を基に経験的な証拠から理論的な組み立てや提案をするためのリサーチ戦略であるとしている。また，Eisenhardt & Graebner (2007) は，関連する先行研究を基にした実証研究はこれまでの研究の不足点を明らかにし，その不足点を埋めるためのリサーチクエスチョンを導き出すこと，さらに定性的なデータが複雑な社会プロセス (complex social process) について，どのように (how) およびなぜ (why) の問いに答えうることを示している。

本研究は，新規事業を推進するための組織間連携の成立プロセスをどのように促進させるのかについての体系的な知見とともに，組織間連携の成立プロセスの促進に向けたマネジメントのためのインプリケーションという実践的な知見も得ることを研究テーマとしている。したがって，上述で紹介した（「初期条件」「相互作用におけるコミュニケーション」「場」「介入」）に関連する先行研究を統合的に検討して概念モデルを提示し，複数の事例を対象にしたケーススタディにおいてインタビュー等により定性的なデータを収集し，事例間の比較分析を通して概念モデルの妥当性を検討したうえで，理論的および実践的な知見を見出すというアプローチを採用する。

ケーススタディを実施するにあたってのリサーチクエスチョンについては第Ⅱ章において先行研究をレビューしたうえで提示するが，以下の解明が研究の目的となる。

1. 組織間連携の成立プロセスに影響を及ぼす初期条件とはどのようなものか，どのような影響を及ぼしたか。
2. 組織間連携の成立プロセスにおいて，異なる組織に所属する人々がどのような相互作用におけるコミュニケーションを展開し共通理解を形成したか。

3．組織間連携の成立プロセスを促進させるための場は，誰により，どのように設定され，いかなる機能を果たしたか。
4．組織間連携の成立プロセスを促進させるための介入は，誰により，どのように行われ，いかなる役割を果たしたか。

(3) ケーススタディの対象としての医療機器関連分野の事業化推進のための組織間連携

　上述の研究テーマを追求するにあたり，本研究では地域新産業の振興を中期的な目的として，医療機器関連分野における事業化推進のための組織間連携の成立プロセスを促進させるための取組みをケーススタディの対象とする。

　医療機器関連分野については，国内外における潜在的な成長性が高い同分野に対して，技術を蓄積してきた製造業をはじめとする中小企業の参入を促進させ，事業機会の拡大を通して地域の新産業として振興させることを意図した各地域の自治体や商工会議所等の経済団体が支援に乗り出している。医療機器関連の事業化には，企業のみではなく医療機関や大学等の研究機関の参画が不可欠であり，上述の支援主体は地域の現状を踏まえ異業種間の企業および異分野間の組織間連携の成立を促進させるために研究会等の場の設立や様々な介入を実施している。これら支援のもとで，企業・研究機関・医療機関等の互いに補完できる能力をもつ自立的・自主的な主体が自発的に相互作用におけるコミュニケーションを展開し，事業化による価値の創出に向けた戦略的な意図をもって組織間連携を成立させている事例がみられる。

　以上の特徴を踏まえると，本研究のテーマを追求するにあたり医療機器関連分野における事業化のための組織間連携の成立の促進に向けた取組み事例は，研究目的に照らしてケーススタディの対象としての条件を満たしていると考えられる。ケーススタディは，日本の各地域におけるこれらの取組みの中でも比較的成果を得ている3地域（神戸市，浜松市，福島県）を対象に実施することとする。本研究では複数事例の定性的な比較分析を採用し，各地域の自治体や経済団体が中心となって事業化推進のための組織間連携の成立プロセスをどのように促進したかについて解明していく。したがって，当該事例において関係者が医療機器関連産業の振興に向けた組織間連携を成立させるための相互作用を

始めた時点に直面していた状況から現在に至るまでの出来事を経時的に追跡し因果関係を解明していく。

I-3. 本研究の構成

本書は，本章（第Ⅰ章 序論）を含め第Ⅵ章までで構成されている。以下，本章に続く各章の概要を説明する。

第Ⅱ章　先行研究のレビューおよび概念モデルの提示

第Ⅱ章では，本研究の主要概念である「初期条件」，組織間連携の成立に向けた「相互作用と共通理解の形成[6]」，「場」，「介入」について関連する先行研究をレビューし整理する。そのうえで，これらの概念を統合させ，事業化に向けた組織間連携の成立プロセスをいかに促進させるかを検討するための概念モデルを提示する。

第Ⅲ章　リサーチデザイン

第Ⅲ章では，ケーススタディを実施するためのリサーチデザインを提示する。ここでは，研究テーマや分析の視点をレビューしたうえで，ケーススタディの対象とする事例の選定，データ収集および分析手法の詳細について説明する。

第Ⅳ章　ケーススタディ

第Ⅳ章では，日本の医療機器産業の現状，国や各地域の同産業の振興への取組み等について整理したうえで，同産業に中小企業が参入するにあたって組織間連携が重要となることについて解説する。次に，神戸市，浜松市，福島県における医療機器関連の事業化に向けた組織間連携の成立プロセスを促進するための自治体や経済団体を中心とした取組みに関するケーススタディの結果を示す。

6　第Ⅱ章の先行研究のレビューにおいて，相互作用におけるコミュニケーションにより共通理解が形成されることを示しており，これを踏まえ「相互作用と共通理解の形成」と表記する。

第Ⅴ章　ケーススタディの分析および解釈

　第Ⅴ章では第Ⅲ章で提示した分析手法に基づき，3つの事例を定性的に比較分析し類似点および相違点を抽出することにより因果条件の事前スクリーニングを行う。さらに，それぞれの事例に対して各出来事の原因と結果に着眼し過程追跡をすることで，各事例における「どのように」の問題を解明していく。そのうえで概念モデルの妥当性を検討し理論的な知見とともに，マネジメントへのインプリケーションについても提示する。

第Ⅵ章　結　論

　第Ⅵ章では，まず本研究の概要を振り返り，得ることのできた学術的価値および実践的価値について整理する。次に，本研究の限界について示したうえで，研究をさらに深化・発展させるための提案をする。

第Ⅱ章
先行研究のレビュー
および概念モデルの提示

II-0. 本章の目的

　第Ⅰ章において，地域新産業の振興を中長期的な目的として事業化を推進するための自己組織的な組織間連携の成立プロセスをどのように促進させるのかについての体系的な知見とともに，組織間連携の成立プロセスの促進に向けたマネジメントのためのインプリケーションを得ることが本研究のテーマであることを説明した。また本研究テーマを探究するにあたり，「初期条件」「相互作用におけるコミュニケーション」「場」「介入」を検討対象とすることを示した。
　そこで第Ⅱ章では，これらの概念に関連する先行研究を検討することにより，
- 事業化推進のための組織間連携の成立プロセスとその促進に関する先行研究の視点を明確にすること。
- 本研究における理論構築のための鍵を発見し，基本的な研究の方向性を定めること。
- 本研究における概念モデルおよびリサーチクエスチョンを示すこと。

以上を達成することを目的とする。

II-1. 初期条件

1-0　はじめに

　本節では組織間連携の成立プロセスをどのように促進させるかについての知見を得るための研究を進めるにあたり，「初期条件」について以下の検討をする。
　まず，組織間連携の成立に影響を与える初期条件にはどのようなものがあるか，いかなる影響をおよぼすのかについて，関連する先行研究のレビューを行う。本研究において初期条件とは，組織間連携の成立プロセスおよび同プロセスの促進への取組みに影響を与える要因であり，ここで「初期」とは事業化推進のための組織間連携の成立プロセスを促進させるという目的をたて，同成立プロセスの促進を意図する主体が活動を始める時点とする。
　以下組織間連携の成立に影響を及ぼす要因について，まず個々の要因の抽出に寄与した諸研究について整理する。次に詳細な先行研究がなされているネッ

トワークのタイプおよび効果について検討する。

1-1　組織間連携の成立に影響を与える要因
(1) 初期条件

　組織間連携の成立に影響を与える初期条件に関連し，Wood & Gray（1991）が組織間連携に関して「先行条件（preconditions）―プロセス（process）―成果（outcomes）」の枠組みの中で，先行研究のレビューを基にいくつかの要因を抽出している。Wood & Gray（同）は先行条件について，「連携を可能にし，利害関係者の（連携への）参画を動機付けるもの（p.140）」としている。同様にChen（2008）は社会サービスの提供機関の連携事例についての実証研究から，パートナーシップの形成を促進させる先行条件が連携プロセスを通してその成果に影響を及ぼすことを示している。

　この組織間連携を成立させるための初期条件がいかなるものかについて論じている研究として，まずLogsdon（1991）は自己の利益および相互依存にあることの双方を認識することが必要であるとしている。Gulati（1995）は，過去のアライアンスにおける信頼のレベルが現在のアライアンスへの参加への意思決定に影響を与えることを示している。その他，Bryson et al.（2006）では，異業種間の組織間連携に焦点を当てた初期条件（initial conditions）について示している。また，Whetten（1981）は組織間関係を構築するために自発的に調整に取組むための条件について示している。これら組織間連携の成立に影響を与える要因に対して，Gray（2008）はSharfman et al.（1991）[1]の先行研究を参照し，組織間連携を「推進する力（driving force）」とともに，「制限する力（restraining force）」についても整理している。

　以上の先行研究で明らかにされている発見を基に，初期条件については組織間連携の成立プロセスおよびその促進に正に寄与および負に寄与する要因として，以下のように整理することができる。

---

[1] Sharfman et al.（1991）は，服飾産業における組織間連携を対象としたケーススタディから，組織間連携の生成および維持を「推進する力」および「制限する力」について抽出している。

(2) 正に寄与する要因および負に寄与する要因

正に寄与する要因

まず正に寄与し，制度およびセクターレベルのマクロ的環境要因に分類されるものとしては以下を挙げることができる。

- 政府あるいはその他利害関係者によるインセンティブ
- 法律・規制による命令
- 制度的環境の変化により新たに生じた共通の機会
- 連携を促進させるための支援の存在
- 社会的な複合要因
- 競争および制度における不安定な環境
- 同一セクター内での取り組みでは，目的を達成できない場合

次に正に寄与し，事業戦略および組織レベルのミクロ的環境要因に分類されるものとしては以下を挙げることができる。

- 解決対象となるドメインの共通性および問題への共通理解
- 供給能力，特定の専門性や技術，地理的な範囲，ローカルな知識や人々へのアクセス，文化や言語の能力など，連携パートナーの補完的な経営資源の保有およびその必要性
- 効率性および規模の経済の追求
- 関係構築のための調整への積極的な姿勢および調整の必要性の認識
- 相互依存的な利害関係
- 融資機関からの要件を満たす目的や評判の高いパートナーと連携することによる正当性の確保
- これまでの積極的なやりとり，情報・知識・発揮された能力・善意の共有，過去の連携による信頼
- ライバル同士が争いを続けることがそれをまとめることよりも弊害が大きいことに気付くこと
- 関係を維持するための人員，柔軟性等の各組織の能力

負に寄与する要因

一方で，組織間連携の成立プロセスおよびその促進に対して負に寄与し，制

度およびセクターレベルのマクロ的環境要因に分類されるものとしては以下を挙げることができる。
- 争いや相互不信の歴史
- 経済および政府による阻害要因
- （連携パートナー間の）力の格差
- 文化的および商習慣などの慣習

最後に負に寄与し，事業戦略および組織レベルのミクロ的環境要因として分類されるものとしては以下を挙げることができる。
- ドメインに関するビジョンの乏しさ
- （各主体が）支配力の喪失に気付くこと
- 構成員のサポートの喪失に気付くこと
- パートナー同士の内部の争い

以上のように，組織間連携の成立プロセスおよびその促進に影響を及ぼす初期条件は，正および負に寄与する要因をマクロ的環境要因およびミクロ的環境要因に分類し整理することができる。

1-2　ネットワークのタイプおよび組織間連携の成立への影響

　上述の初期条件においても過去の連携による信頼が正に寄与するネットワーク要因として指摘されているが，組織間連携の成立に影響を与えるネットワークについてはより深い先行研究が存在する。

(1) ソーシャルネットワークの効果

　まず Gulati（1998, p.295）は相互作用的な要因（interactive element）を考慮し，企業が埋め込まれた社会的コンテキスト（social context）の影響を検討する研究の重要性を指摘している。ここでは，企業がどのようにアライアンスの機会を知り，どのようにパートナーの機会主義的な行動や信頼性に関する恐れを克服するのかということが検討の対象となり（同, p.300），以前にアライアンス関係をもった企業同士がさらなるアライアンスに携わる傾向が高まることが指摘されている。Gulati（同, p.643）は，この傾向は企業の直接的および間接的な結びつきから生じる社会構造的な効果（social structural effects），企業間

ネットワークの効果であると論じている。

　この直接的および間接的な結びつきに関連し，経済主体者が埋め込まれているソーシャルネットワークにおける構造的コンテキストに着眼した研究として，Granovetter（1985）が行為者の目的的行為の試みは具体的で進行する社会関係に埋め込まれているとしている。これに関連しGulati（1998）は，企業の自発的な取り決めにより形成される戦略的提携（strategic alliance）を対象に，連携の形成に対するソーシャルネットワークの影響および蓄積された連携によって生じるソーシャルネットワークの効果について解明している。同研究では，経済活動は（当該主体が）組み込まれている社会的コンテキストの影響を受けるとし（p.295），以下の効果について示している。

- 企業の社会的結びつき（social connections）が新たなアライアンスの利益を導き，その利益に気付く機会を与え，それが企業の新たなアライアンスへの参加のプロセスの根源となること（p.294）。
- 新たなアライアンスの機会の多くが，既存のアライアンス・パートナーにより提示される。また企業が新たなアライアンスを主導するときは，潜在的なパートナーあるいはそれらの照会（referral）を既存の関係性から先に求める（p.294）。
- 企業の（ソーシャルネットワークへの）埋め込まれ方や程度は，アライアンス参加の頻度，パートナーの選択，締結する契約のタイプ，アライアンスがどのように発展・展開していくかの重要な決定に影響を及ぼす（p.294）。

　これらソーシャルネットワークの効果および重要性についてより深く認識するにあたり，Stinchcombe（1990）は，ネットワークの目的およびネットワークを流れる情報の内容について理解することが必要であるとしている。ソーシャルネットワークがもたらす企業の情報的優位についてGulati（1998）は，潜在パートナーの能力や信頼性に関する情報への「アクセス」，必要な時に潜在パートナーの情報をもつという「タイミング」，現在のパートナーが連携のために他の企業を自社に「照会」することより生じるとし，これにより信頼（trust），予測可能性（predictability），互いの行動（good behavior）が確保されるとしている（p.303）。

(2) 埋め込みのタイプと影響

次に，企業のソーシャルネットワークへの埋め込み（embeddedness）はどのようなもので，その効果はどのようなものかについては，Gulati & Gargiulo (1999) が以下のように埋め込みとアライアンスの関係について示している。

- 埋め込みの視点は，ネットワークのダイナミクス，とりわけアライアンスの形成について強固な理論的根拠を提供すること。
- 埋め込みは，「関係的埋め込み（relational embeddedness）」と「構造的埋め込み（structural embeddedness）」に概念化されること。
- 組織は関係的および構造的に埋め込まれている場合に，よりアライアンスを形成する傾向があること。

ここで，埋め込みのタイプについて Gulati (1998) が関係的埋め込みおよび構造的埋め込みのそれぞれの特徴およびアライアンス形成への影響を以下のように説明している。

まず，関係的埋め込みは主体者間の直接のつながりによる埋め込みであり，互いに強く結びついた主体者たちが強くて社会化された関係の中で複数の意見を議論する結果として，ある行動の適用可能性（utility）について共通の理解をもつに至る状況であるとしている。また，凝集性の強い結びつきによりパートナーたちの能力（capacity）や信頼性（reliability）についての独自の情報源を作って不確実性を減少し，その理解の発展が関係者の行為に影響することを示している。

次に，構造的埋め込みとは，つながりのある主体がつながっている相手も含めた広義のつながりへの埋め込みのことを指す。ここでは，主体者間の直接のコミュニケーションではなく，つながりの影響の間接的な経路を通した情報と評判の効果が行動に影響するとし，一人の共通のパートナーと結びついた組織はそのパートナーから他者についての信頼できる情報を利用することができるとしている。構造的埋め込みの議論の重要な着眼点としては，ある主体者が占めるポジションはネットワーク内でその主体者が他者と関係するパターンにおける一つの機能であるとし，それぞれのポジションが果たす機能の結びつきがネットワークのパターンを形成することになるとしていることである。ここでは特に，ネットワーク全構造の中で占められているある組織のポジションがも

表 II-1. 初期条件

	正に寄与	負に寄与
マクロ的環境要因（制度・セクターレベル）	・政府あるいはその他利害関係者によるインセンティブ ・法律・規制による命令 ・制度的環境の変化により新たに生じた共通の機会 ・連携を促進させるための支援の存在 ・社会的な複合要因 ・競争および制度における不安定な環境 ・同一セクター内での取り組みでは，目的を達成できない場合	・争いや相互不信の歴史 ・経済および政府による阻害要因 ・（連携パートナー間の）力の格差 ・文化的および商慣習などの慣習
ミクロ的環境要因（事業戦略・組織レベル）	・ソーシャルネットワーク（関係的埋め込み・構造的埋め込み） ・解決対象となるドメインの共通性および問題への共通理解 ・供給能力，特定の専門性や技術，地理的な範囲，ローカルな知識や人々へのアクセス，文化や言語の能力など，連携パートナーの補完的な経営資源の保有およびその必要性 ・効率性および規模の経済の追求 ・関係構築のための調整への積極的な姿勢および調整の必要性の認識 ・相互依存的な利害関係 ・融資機関からの要件を満たす目的や評判の高いパートナーと連携することによる正当性の確保 ・これまでの積極的なやりとり，情報・知識・発揮された能力・善意の共有，過去の連携による信頼 ・ライバル同士が争いを続けることがそれをまとめることよりも弊害が大きいことに気付くこと ・関係を維持するための人員，柔軟性等の各組織の能力	・ソーシャルネットワーク（関係的埋め込み・構造的埋め込み） ・ドメインに関するビジョンの乏しさ ・（各主体が）支配力の喪失を気付くこと ・構成員のサポートの喪失に気付くこと ・パートナー同士の内部の争い

（出所）筆者作成

つ情報の役割について着眼し，ある組織がアプリオリな情報を持つことができる潜在的なパートナーの範囲を，直接的・間接的に結びついている組織の範囲を超えて拡大させることができるとしている。また，構造的埋め込みにおいては，ネットワークの中での地位あるいは役割により，期待される行動が明確になってくること（Gulati, 1998, p.296），第三者的組織が組織同士の結びつきのためのブローカーとしての役割を果たすこと（Burt, 1992; Gulati & Gargiulo, 1999），複数の主体間で共有する情報チャネルが形成され，各主体の機会主義的な行動が抑制されることなどが指摘されている。

最後に，埋め込みについては上述のアライアンス形成への正の効果に関する議論に対し，埋め込みによりパートナー探しの制約となり，結果戦略的アライアンスの利益を十分に引き出すことができないこと（Gulati & Gargiulo, 1999, p.1477），埋め込みにより最適なマッチングが制約されること（Lazzarini et al., 2008, p.710）など，アライアンス形成への負の効果についても指摘されている。

1-3　初期条件の整理

以上の議論を踏まえ，組織間連携の成立プロセスおよび同プロセスへの促進への取り組みに影響を与える初期条件については表 II-1 のように整理することができる。ネットワークに関しては，組織レベルおよびセクターレベルの双方に当てはまることが考えられるため，中間的な位置づけとする。

II-2. 組織間連携の成立に向けた相互作用におけるコミュニケーション

2-0　はじめに

本節では，事業化推進のための組織間連携の成立に向けた相互作用におけるコミュニケーションについて関連する先行研究をレビューする。第Ⅰ章で論じたように本研究の対象は，

- 互いに対等で，参入・退出は各組織の意思で決定。
- 戦略的意図のもとで成長機会の獲得および新規事業による価値の創出が目的。
- 互いに補完できる非競合の関係。

以上の条件のもとで，事業化に向けて他組織に所属するメンバーとのあいだで協働を行うために，自己組織的に組織間連携が成立することである。また本研究では，このような組織間連携の成立に至るまでの個人間の相互作用におけるコミュニケーションに着眼して解明していくアプローチをとることについても既に述べたとおりである。

そこで本節では以下，相互作用におけるコミュニケーションの機能について整理したうえで，個人間の相互作用を通した協働のための組織が成立するプロセスに着眼し，先行研究において同プロセスがどのように議論されてきたかについて整理する。

2-1 コミュニケーションの機能およびタイプ
(1) コミュニケーションの機能

コミュニケーションについてはShannon & Weaver (1949) が，情報源・送信機・チャネル・受信機・受信地の要素 から成立する一方向的な情報の流れが前提となるモデルを提示している。一方で，竹内 (1990, pp.9-12) は，コミュニケーションをメッセージの送り手／受け手である個人間の相互作用とし，フィードバックの概念をとりいれた社会的コミュニケーションのモデルを提示している。社会的コミュニケーションに関連して，大石 (2006, pp.4-5) は，社会過程としてのコミュニケーションでは，情報の伝達や交換によって社会関係が動態的な状態になり活性化するとし，また社会的相互作用を行う当事者間における情報の伝達・交換を通して当事者間の意味の共有が行われるとしている。このような相互作用におけるコミュニケーションでは，Rogers (1986, p.5) が示すように，個人は能動的な存在である。

以上のような個人間の相互作用におけるコミュニケーションの機能に関して第一に，Rogers (1986, p.214) は，コミュニケーションとは参画者が共通理解に到達するために相互に情報交換しつつ意味を与える過程を経るとしている。このような過程についてはRogers & Kincaid (1981, pp.63-66) が「コミュニケーションの螺旋収束モデル」を示している。同モデルでは，参画者が共通理解を目的として情報をつくりだし分かちあう過程としてのコミュニケーションでは，循環的なプロセスで収束を目標として相互に情報交換しつつ意味を与え

ていく。また，共通理解への過程では協力しあうか，一方の個人が他方に働きかけて共通の関心や注目する事象について一致していくとしている。さらに山倉（1993, pp.72-74）は組織間コミュニケーションについて，二つ以上の組織間の情報交換，意味形成，意味共有のプロセスであること，ある組織が他組織に対し意図をもって働きかけることを指摘している。また機能としては，組織間調整により組織間行動の予測可能性が高まり協力体制を維持することができること，価値共有，相互了解を形成していくことなどを挙げており，これらのプロセスはしばしば人と人とのコミュニケーションとしてあらわれるとしている。

(2) コミュニケーションのタイプと組織化

組織におけるコミュニケーションについては，公式構造と非公式構造に分類し，重要性や機能についての議論が展開されてきた（Hartman & Johnson, 1990；Johnson et al., 1994）。まず，公式コミュニケーションと非公式コミュニケーション間の関係に関して，Simon（1997, p.211）が非公式コミュニケーションは公式コミュニケーションを補完するという関係を指摘している。この非公式コミュニケーションの役割について，Hartman & Johnson（同, p.134）は，期待される役割行動が従来のものから変わるプロセスにおいてより大きな影響をもつと認識されているとしている。第二に，組織が成立するプロセスに関連しMonge & Eisenberg（1987, p.309）は，社会構造はコミュニケーションにより創出・再創出され，公式に決定された構造と創発的構造が互いに影響をおよぼし，組織も公式に決定された構造と創発的構造の相互依存性の結果形成されるとしている（同, p.308）。Monge & Contractor（同, pp.446-447）は組織の形成・維持・解散・再生のプロセスが短期で進むネットワーク型の組織形成では，創発的コミュニケーションにより組織が形成されるとしている。

以上，コミュニケーションの機能・タイプと組織化について先行研究をレビューしたが，これらの議論を踏まえコミュニケーションと組織化について以下の示唆を得ることができる。

- 能動的な個人間において，相互作用におけるコミュニケーションを通して共通理解を形成し，社会構造（組織）を創出すること。
- 組織化とは，公式に決定された構造で行われるコミュニケーションと創発

的構造で行われるコミュニケーションが互いに影響を及ぼすことを通して創出・再創出される過程であること。

2-2 組織化のプロセスと個人間の相互作用におけるコミュニケーション

　上述の議論で，組織化へのプロセスにおいて個人間の相互作用におけるコミュニケーションがいかなる役割を果たすのかについて先行研究を整理した。結果，同プロセスにおける創発的構造で行われる相互作用におけるコミュニケーションにより形成された共通理解が組織の創出・再創出に重要な役割を果たすことが明らかとなった。

　本研究では組織間連携の成立プロセスを考察の対象としており，以下組織間連携を前提に，組織化のプロセスについての議論および創発的構造で行われる相互作用におけるコミュニケーションとそれにより形成される共通理解について関連する先行研究をレビューし整理する。

(1) 組織間連携の成立における組織化のプロセス

　組織間連携の成立については Wood & Gray（1991, p.146）が「連携は，問題となるドメインに関係する自立した利害関係者の集団が，共有するルール，規範，構造を利用して相互作用する中で，そのドメインに関連する論点への行動あるいは決定を通して生じる」としている。また Gray（1989）は組織間連携については（関係者が）テーブルに着いたうえで合意への探求・到達・実施のプロセスを経るという形をとることは従来研究で一般的に認められているとしており，組織間連携のプロセスについて，「1．問題設定，2．方向性の設定，3．実施」で構成される3段階モデルを提示している。

　本研究では上述のような組織間連携のプロセスについて，協働に向けた自立的・自主的な関係の形成・連結という自己組織化が，異なる組織に属する個人間の相互作用におけるコミュニケーションにより進められることに着眼しており，以下同様の視点により組織化のプロセスについて論じている先行研究について整理する。

　個人間の相互作用を通した組織化のプロセスについて有用な視点を提供して

いる研究としてまずメアリー・フォレットによる議論を紹介する。Follet (1927) は，全ての社会プロセスは相互作用 (interacting)，統一化 (unifying)，創発 (emergence) の局面で構成される動態的なプロセスであるとした。また，個人が相互作用をする中で相互に関係づける機能と関係づけられることにより成立する全体状況が形成されるとしており，その全体状況から個人が反応し相互作用を展開することを継続することで，個人と全体状況が修正されていくことが指摘されている。このことから，個人間の相互作用を通して組織間連携のための目的・役割・体制等が確立されること，またそれに対する相互作用を通して新たに組織間連携が展開していくプロセスについての示唆を得ることができる。これに関連して Bryson et al.（2006）は，異業種間の連携では弾力的であり定期的に連携の再評価をする場合に，最も全体の価値を創出することが多くなることを示している。

組織間連携における個人間の関係性の重要性について，まず連携を成功させるには個人間のつながりが大きく影響することを Kanter（1994, p.97）が指摘している。Blau（1964, p.328）は，「統合的な絆は共通の問題に関するコミュニケーションの機会を提供し……これらの社会的なコミュニケーションにおいては，集合的目標についての同意が生じがちである」としている。安藤（2008, p.26）もフリーエージェントの連携を例に，連携が成立するまでに，「顔の見える人々が，それぞれの技能や経験に基づいてどのように貢献できるかを意見交換しあう中で，達成したい仕事の具体的内容や方向性を次第に明確にしていく」と指摘している。

(2) 組織化プロセスにおけるコミュニケーション

第Ⅰ章でも論じたように，個人間のつながりを深め協働が成立するには相互作用におけるコミュニケーションが必要である。組織間連携の成立に至るまでの相互作用においても連携を意図する自立的・自主的な個人間で自発的にコミュニケーションが展開されるが，これまでの議論よりこのコミュニケーションにより共通理解が形成され，その形成には公式に決定された構造のみではなく創発的構造で行われるコミュニケーションが重要な役割を果たし，自己組織化により連携のための協働組織が創出・再創出されるという示唆を得た。し

がって，コミュニケーションの機能に着眼して組織間連携成立について検討するにあたっては，連携成立後に展開される事業化推進に直接関係したコミュニケーションのみではなく，連携成立に至るまでの個人間の相互作用の中で行われるコミュニケーションにも注目することが必要であるという立場を本研究ではとる。

この自己組織化に向けたコミュニケーションにより形成される共通理解に関連し，今田（2005）はハーバマス（1985-87）の「コミュニケイション的行為」を基に，相互了解による調整により行動計画を互いに同調させる行為であり，討議を通して相互のリフレクションを伴うことから独我論に陥らず自己組織化を促進させることを示している。しかしながら自己組織化に向けたコミュニケーションについては，既に紹介したようにコミュニケーションを通した協働組織の形成という観点からは従来研究では十分な説明がなされていないことをMonge & Contractor（2001）が指摘している。そこで以下に協働組織の形成に至るまでのプロセスとコミュニケーションが果たす役割に関する先行研究をレビューすることにより，自己組織化におけるコミュニケーションのプロセスにおいてどのような共通理解が形成されているかについての示唆を得ることとする。

(3) 組織化のプロセスとコミュニケーションにより形成される共通理解

以下，組織化へのプロセスで展開されるコミュニケーションによる相互作用においてどのような共通理解が形成されるかについて関連する先行研究を整理する。

まず，コミュニケーションと役割形成のプロセスについては柳原（1976, p.346）がある個人のグループに対する行動や発言がグループの期待の醸成・フィードバックを経て，自己概念が生まれ役割が固定化されていくという社会的対人相互作用循環過程モデルを示している。大石（2006, p.4）は社会過程としてのコミュニケーションでは，情報の伝達や交換によって社会関係が動態的な状態になり活性化するとし，コミュニケーションのプロセスの中で参画者間の役割が変化・形成していくことを示唆している。Turner（1962, p.22）も，役割形成とは既存の役割の枠を超え，新たな役割関係を構築することとし，人々

の相互作用のプロセスの中で起こりうるとしている。次に，役割形成を推進し共有する手段に関して，Schacter（1951, p. 190）は，グループ内の相互作用を通して，メンバーの姿勢や活動に統一性が保たれるとし，Monge & Contractor（2001, p. 471）も，人々のつながりにより同じ解釈を共有することができ，それらは組織の目標やスローガンなどであるとしている。また，Hartman & Johnson（1990, p. 132）は，同様のコミュニケーションパターンをもつグループでは個人が期待される役割行動を共有し，結果これまでに代わる行動をとるようになるとしている。

　個人間のコミュニケーションによる相互作用の組織化のプロセスを通して組織が成立するまでの一連のプロセスについては Nicotera（2013）が以下の段階モデルを提示している。同モデルでは第一段階では個人間の相互作用が始まるとし，この段階では各個人（I）はそれまでの社会的・組織的および相互作用による埋め込みをもつ存在である。この個人間の相互作用を通して次の段階として組織が創出される下地となる社会的集団（We）が形成され，さらに共有する目標が定まりこの目標を実現するための相互作用が行われるようになる。この段階で集団が他とははっきりと異なる存在（It）となり各役割も設定され，さらに特定のプロジェクトグループの形成，外部への発信など組織（organization）としての存在および活動を具体化していく段階へと展開していく。Nicotera（同）はこの組織化（organizing）へのプロセスと組織（the organization）の成立はリニアなものではなく繰り返し行われるものであり，組織が維持・発展していくとしている。

　以上の先行研究から得られる知見として，
- コミュニケーションを通して組織間連携のための協働組織が形成されるプロセスでは，異なる背景を持つ個人が相互作用を開始し社会関係が動態的な状態となり，新たなメンバー間の姿勢や活動の統一性，目標の共有等を通して社会集団が形成される。さらに定まった共通目標を実現していくための各個人の役割が形成されていき組織が成立するというように，相互作用におけるコミュニケーションを通した共通理解の形成のプロセスにおいていくつかの段階を経る。
- この組織化のプロセスと組織の成立は Nicotera（2013）が指摘するように

繰り返し行われるものであり，そのためのコミュニケーションでは個人間の討議を通しリフレクションを伴う相互了解による調整が行われ，Follet（1927）が示したように個人と全体状況が修正され協働のための組織が創出・再創出される。

以上を挙げることができる。

2-3　組織間連携の成立プロセス

　本節ではコミュニケーションの機能・タイプ，組織化のプロセスにおける個人間の相互作用におけるコミュニケーションについて先行研究をレビューした。本研究では組織間連携の成立を互いに対等な異なる組織に属する自立的・自主的な個人間で自発的に相互作用を通して協働のための組織を自己組織的に成立させることとしており，これらの先行研究は組織間連携の成立プロセスを検討するうえで有益な視点を提供する。

　レビューした議論を基に，相互作用におけるコミュニケーションによる共通理解の形成（以下，「相互作用と共通理解の形成」）を通した組織間連携の成立に至る組織化のプロセスを図II-1のように示すことができる。ここではまず異なる組織に属するそれぞれの背景をもつ自立的・自主的な各個人が，新たな事業化推進のための協働に向けて自発的に相互作用を開始し関係性を構築しながらコミュニケーションによる相互了解を通して目指すべき方向性や事業（ドメイン）を定め社会集団が成立する。また，社会集団としての姿勢や活動の統一性，目標の共有等がなされることを経て，定まった共通目標を実現していくための各個人の役割が形成され，具体的な事業を推進するための協働組織としての組織間連携が成立する。また，このプロセスは創発的構造の下で展開される相互作用におけるコミュニケーションを通した共通理解の形成により進められ，公式的に決定された構造である事業化推進のための協働組織である組織間連携が成立し，さらに個人と全体状況の修正により組織化のプロセスが繰り返されることを想定することができる。

　本節では組織間連携の成立プロセスについて先行研究を基に上述のような視点を得ることができたが，本研究のテーマはこのプロセスをいかに促進させるかについて探究することである。このためには創発的な構造における個人間の

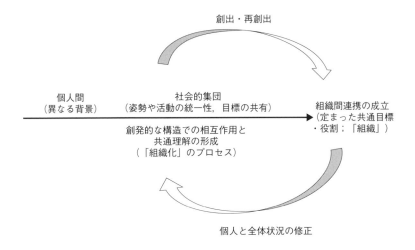

図 II-1. 組織間連携の成立に至る組織化のプロセス

(出所) 筆者作成

相互作用と共通理解の形成をいかに促進させるかが重要となるという示唆を得ることができ，以下これらに関連する先行研究について「場」および「介入」に着眼して検討することとする。

II-3. 組織間連携の成立と場の機能および設定・発展

3-0　はじめに

　本節では組織間連携の成立を促進させるための場について先行研究をレビューする。本研究では組織間連携の成立について，事業化推進のために異なる組織に所属する自立的・自主的な個人が自発的に相互作用を展開して自己組織的に協働のための組織を形成することとしており，場がいかにそのプロセスを促進させかについてその仕組みに着眼する。

　組織間連携の成立に至るプロセスを促進させるためには，第Ⅰ章でも述べたように「創造的個の営みによるゆらぎが新たな秩序形成へと至るよう誘導する制御を考えること，そのために制御とゆらぎに自省作用（リフレクション）を組み込むことが重要（今田, 2005）」とされている。つまり前節で論じたような

創発的構造の下で展開される相互作用を通して，リフレクションを伴う相互了解的で自立的・自主的な個人間の自発的な相互作用に，一定の方向性を与えることが必要である。このためにも，今井・金子（1988）が示したような「多様な情報源から発想の源泉や裏打ちの情報を得ること，市場動向に敏感に反応しながら期待を調整すること，これらの活動のために短時間で必要な情報交換をしてアイデアが逃げないうちに凝縮することができる環境」として，Burt（1992）における"structural holes"を埋めそれにより新規ビジネスを創出するための組織間における企業活動を促進させる（金井, 2005）ことが期待できる「場」を設定・発展させることが必要となる。

本節では以下，「場」について従来研究でどのように論じられてきたかについて整理したうえで，自己組織化における場の機能，事業化推進のための場をいかに設定・発展させるかについて関連する先行研究を基に検討する。

3-1　場とは

場（field）はギリシャ哲学以来の古い概念であるが，露木（2014）が紹介しているように科学的あるいは実践的な概念としては19世紀以降に自然科学の分野で用いられるようになった。その後Lewin（1951）により社会科学の分野に場の概念が導入され，グループダイナミクスなどの集団の創発的な現象を対象に組織研究に応用され，1990年代には日本においても伊丹敬之ら経営学者のあいだで同概念が検討されるようになった。この背景として牧野（1999）は，近代以降の主体中心主義の台頭により場の概念が周辺に追いやられていたが同アプローチの行き詰まりから社会科学を含む様々な分野で場の概念が見直されるようになったこと，近年では場における情報的相互作用を通した知識や相互理解の形成，自己組織化が検討されるようになったことを指摘している。

場（field）に関しては，Fligstein & McAdam（2011）が社会における集団行動の構成単位として「戦略的活動の場（Strategic Action Field; SAF）」の概念を示し，SAFを「それぞれ活動する主体が場の目的の共通理解，場における関係性，場のルールを認識したうえで相互作用を展開する中レベル（meso-level）の社会秩序である」と定義している。日本においても場についての議論は展開されており，伊丹（1999）は場について「人々が参加し，意識・無意識のうち

に相互に観察し，コミュニケーションを行い，相互に理解し，相互に働きかけ合い，共通の体験をする，その状況の枠組み」であるとしており（同, p.23），場において人々が様々な様式やチャネルを通じて情報交換や刺激をしあう情報的相互作用により共通理解が増し，心理的共振が起きるとしている（同, pp.23-24）。また，共通理解を促し心理的共振を作り出すには，情報的相互作用が何らかの焦点・集中をもって行われる必要があり，そのためには（場という）「容れもの」の中で同作用が起きる必要があるとしている（同, p.26）。場と同様の概念として國領（2011）は「プラットフォーム」について多様な主体が協働する際に，協働を促進するコミュニケーションの基盤となる道具やしくみ（同, p.1）とし，多様な主体による創発的な価値創造を促すものとしている。

3-2　自己組織化における場の機能および自己組織化のプロセス
(1) 自己組織化における場の機能

　本研究では組織間連携の成立について，異なる組織に属する自立的・自主的な個人の間で自発的な相互作用を通して自己組織化するプロセスととらえており，そのプロセスを促進する仕組みとして場の機能に着眼する。

　まず，自己組織化については第Ⅰ章で紹介したように今田（2005）が「システムが環境との相互作用を営みつつ，みずからの手でみずからの構造をつくり変える性質を総称する概念（p.1）」であるが，牧野（1999）も「多様な個人の相互作用によって，新しい秩序を形成し新しい価値をつくり出す仕組み（p.1）」として同概念に着眼している。

　次に，牧野（同）は自己組織化を場との関連でとらえていくにあたり，生命関係学における研究による影響を受けているとし，関連する研究として清水（1999）を挙げている。清水（同）では，生命システムにおいては関係子による自律的・主体的な情報的相互作用を通して様々な関係を作り出し，拘束条件を生成して秩序だったシステムを形成（自己組織化）すること，その形成に重要な働きをするのが場の概念であるとしている。この清水の議論に対し，牧野（同）は社会システムを検討の対象とする場合には生命システムの関係子よりもはるかに高い自律性と主体性を有していること，相互作用においてやりとりされる情報はより高い操作性をもつことから，生命システムに比べてより多様

な自己組織化，より多様で意味豊かな場の形成がされることを指摘している。

(2) 場における自己組織化のプロセス

上述で場が情報的相互作用を何らかの焦点・集中をもって行われる容れものであるとの伊丹（1999）の議論を紹介したが，場の自己組織化のプロセスにおける相互作用と共通理解の形成に関連した議論として伊丹（同）の視点を以下のように整理することができる。

まず何らかの環境変化が生じ場のメンバーがそれを認識した場合，それぞれの解釈から情報的相互作用を経て共通理解に至る。その共通理解とは伊丹（同，pp.38-39）によると，①関連するまわりの人々（整合性をとるべき相手方の人々）のおかれた状況についての相互理解，②組織の環境の状況について関係者間での類似のイメージの共有，③具体的な行動目標について共通のもの，あるいは相互につじつまの合うもの，以上であり場のメンバーの情報集合の共通度・整合度が高くなり情報秩序が生まれることとしている。このような場の情報は会議等の公式，個人間の非公式な様々なプロセスでフィードバックされ，この情報を基に個人の理解が変容し情報的相互作用による共通理解の形成が再び始まるというプロセスの繰り返し（ミクロ・マクロ・ループ）を通して，自己組織化がもたらされるというものである。

以上の伊丹による議論は主に組織内の場を想定したものであるが，「場」については，人々の間の相互作用を促進し組織間連携の成立に導くものとしても議論が展開されている。例えばFoster-Fishman et al.（2001）では，アメリカにおける福祉サービス事業者によって，単独では提供することができないケアシステムを組織間連携により実現するために設立された2つの協議会を対象とした研究の結果，協議会のメンバーは非メンバーと比較して，参画による相互作用を通した情報交換，共同事業への促進や成立，連携に前向きな文化の醸成の面においてより大きな機会に恵まれており，このことが組織間連携の成立が一層促進されることに寄与していることを見出している。また，金井（2005）は，地域の産業集積を目的とした企業家間のネットワーク化において，場が計画と創発のダイナミックな相互作用を誘発し，企業家活動を活性化するための社会的仕組みとして機能することを示しており，そのためには場の生成のマネジメ

ント（場づくり）が重要であることを指摘している。

3-3 場の設定および発展
(1) 場の設定
　第Ⅰ章で論じたように，本研究では新規産業の振興により産業地域を形成させることを中長期的な目的とし，地域の大半を占める中小企業をはじめとする業種および分野を超えた組織間連携の成立を促進させ，ある分野の事業化を推進するための取組みを研究の対象としている。上述の場づくりにおいてもこの目的へのプロセスを促進させるための場をいかに設定するかが重要となる。

　伊丹（1999）によると，場の生成には，自律的あるいは創発的な生まれ方と，他律的あるいは設計的な生まれ方（経営する側の人間によって場が設定される）の二つがある（同, p.105）とし，設定と創発のミックスにこそ，場のダイナミズムの源泉がある（同, p.168）ことを指摘している。また，伊丹（同）は，場が育ち成立するまでの成立のステップおよび成立要件としては，1．メンバー選定，2．アジェンダの決定などの場の基本要素[2]の設定，3．場の基本要素の共有への働きかけ，4．誰が誰に連絡するようにしておくかなどのミクロ・マクロ・ループへのあり方への工夫（同, p.142）のプロセスを経るとし，設定の主体として上層部により枠組みが設定されるとしている。これに関連し，國領（2011）もプラットフォームの形成初期段階における設計変数（コミュニケーションパターン，役割，インセンティブ，信頼形成メカニズム，参加者の内部変化のマネジメント）の決定は特定のメンバーによって行われること，これらメンバーはプラットフォームの創設・運営者として位置づけられることを指摘している。

　伊丹（1999）は，人々に協働を促すためには適切な状況設定が必要であり，そのための手段として場の設定を提唱している（同, p.5）。設定する場については，協議会，会議などを具体例として挙げている（同, p.23）。会議体についてはGray（1989）が会議の招集者の機能として，「適切な利害関係者を特定し，

2　伊丹（1999, p.41）は場の基本要素として，1．アジェンダ（情報は何に関するものか），2．解釈コード（情報はどう解釈すべきか），3．情報のキャリアー（情報を伝えている媒体），4．連帯欲求，以下を挙げている。

会議のテーブルに集めること（同, p.71）」とし，そのためには招集者は，
- 利害関係者を招集するパワーをもっていること
- 正当性，権威，公正さを兼ね備えていること
- 連携の潜在価値を理解しており，ドメインを形成するための目的を描いていること
- 連携プロセス，内容を成立させるためのスキルがあること
- 適切な利害関係者を特定すること

以上が必要であるとしている。また，Gray（同）は社会規範を成立させ実行させるために，関心の強い主要な利害関係者を巻き込み協働することが重要であるとし，Bryson et al.（2006）は内外の支援やリソースの獲得，認識，信用のある相互作用のために，内外の利害関係者における正当性を確立することの必要性を指摘しており，これらも場の設定において考慮すべき要素と考えられる。

(2) 場の発展

場の設定に加え，場の発展についても議論が展開されている。まず伊丹（1999）は場が生まれ変化していくには設定に加え創発をミックスさせることが必要であり，このためには場という容れものの境界については区切るとともに開放性ももつこと，場のメンバーの自律的な相互作用や場が生まれる生成プロセス自体に創発という自己組織的な部分を入れることが求められるとしている。

その他，場が変化することについての議論としては，Fligstein & McAdam（2011）が上述の戦略的活動の場（SAF）の境界に関して，状況をどのように定義するかおよび重要問題によって境界が変化することがあるとしている。Fligstein & McAdam（同）は変化の要因として，近接するあるいは上位層にある場等の影響，既存のルールやSAF内の力関係に関連する不確実性や危機に関する共有した認識，外部ショック，中心メンバー（incumbent）と周辺メンバー（challenger）の争いや周辺メンバーによる既存の枠組みを変えるような革新的な行動，それらによる両者の地位の変化等を挙げている。Fligstein & McAdam（同）は社会運動（social movement）の理論を反映した議論であることからメンバー間の力関係や対立を変化の要因として強調しているが，本研究

ではメンバー間あるいはメンバーと外部関係者との協力的な調整を通した場の変化についても検討の対象とする。

3-4　場の構造と運営

　場の構造をどのようにするべきかに関連し，Gray（1989, p.153）は会議体の構造について連携の層について言及している。ここでは第一層の協力関係（collaborative alliance），第二層の協力関係の構造を作ることであり，連携の領域が広い場合に採用する構造として提案している。また，部分的ドメイン組織（partial domain organization）についても言及し（同, p.154），ここでは幾人かの利害関係者のみと協力関係を形成し，すべての利害関係者が特定されて参加する必要はないことを示している。つまり，問題解決に向けてもっとも連携に関心のある利害関係者，最も力と影響力のある利害関係者，社会規範を確立し他に圧力をかけるあるいは橋渡し機能を果たすことのできるマジョリティの利害関係者を特定・招集し，最もよく組織化されたネットワークを形成することで，連携を成立させることができるとしている。

　また，伊丹（1999）が指摘しているように誰が誰に連絡するようにしておくかなどのミクロ・マクロ・ループを機能させるような構造に着眼し，周囲の共感者との相互作用の促進，全体の統合の促進，全体から個人へのフィードバック（同, p.81）を展開していくことが，全体の整合性を維持するために重要である。

　最後に場の運営を担う構成単位としては，Fligstein & McAdam（2012）が内部管理組織（internal governance units）について言及しており，同組織がルーチンの安定や秩序維持の機能を担い，具体的には対外的に連絡調整やロビー活動，対内的に場のメンバーへの情報提供・規則の順守・メンバーシップの認定・運営管理を行う機能を有するとしている。

3-5　組織間連携の成立と場の機能および設定・発展

　本節では場について，場とはどのように議論されてきたのか，いかにして自己組織化を促進させるのか，場が誰によりどのように設定され，いかに発展していくのか，場の構造・運営をいかにすべきかについて先行研究をレビューし

42　第Ⅱ章　先行研究のレビューおよび概念モデルの提示

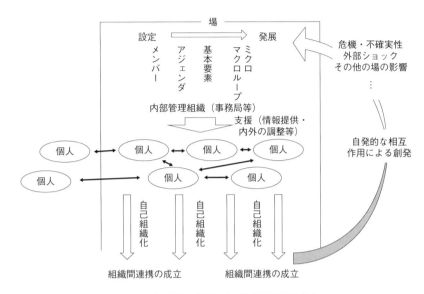

図Ⅱ-2．場の設定・発展および組織間連携の成立

（出所）筆者作成

た。本研究では中長期的に特定の産業を振興させることを目的に，事業化推進のために業種および分野を超えた組織間連携の成立を促進させることを前提として，場をそのための仕組みとして検討した。レビューした先行研究から場の設定・変化および組織間連携の成立について図Ⅱ-2のように示すことができる。

　ここではまずある分野における事業化推進のための組織間連携の成立を促進させることを目的に，特定のメンバーにより勉強会・協議会等の場が，場の成立要件を考慮のうえ設定される。設定された場は事務局等の内部管理組織が中心となり運用されメンバーへの支援策も提供され，場を基盤として内外の個人間で相互作用を展開して自己組織化が進み事業化推進のための組織間連携が成立する。さらに相互作用，組織間連携による活動，危機・外部ショック・その他の場の影響等の環境要因によるフィードバックを経て場が発展していくというプロセスが展開される。

　以上がレビューした先行研究を基に場の設定・変化および組織間連携の成立

に関して得ることのできる視点である。場は組織間連携の成立を促進させるための仕組みとして検討してきたが，最後にその促進に対する働きかけとしての介入について検討する。

II-4. 組織間連携の成立に向けた介入の目的，介入者とその役割

4-0　はじめに

　本節では，事業化推進のための組織間連携の成立プロセスの促進に向けて人々の相互作用を促し異なる組織の人々を結びつけるための働きかけである介入について関連する先行研究を検討する。

　本研究では，地域新産業の振興を中長期的な目的として，特定の分野における異業種および異分野間の事業化推進のための組織間連携の成立プロセスをいかに促進させるかについて検討している。そのプロセスは，互いに対等な異なる組織に属する自立的・自主的な個人間で自発的な相互作用を通して協働のための組織を形成するという自己組織的なものを想定している。しかしながら第I章で述べたように，自己組織的に秩序を生成することは個々の行動を完全に放置することではなく，個々を結び付け新たな関係を作り社会に新たな文脈を形成していくという働きかけをする主体が存在することが指摘されており，この働きかけを本研究では「介入」としてその内容を明らかにしていく。

　そこで以下，組織間連携の成立プロセスを促進させるための介入とはどのようなものか，介入者の役割とはいかなるものか，介入者の役割を担う主体はどのような人々かについて先行研究をレビューしたうえで考察する。

4-1　組織間連携の成立プロセスを促進させるための介入

　組織間連携の成立プロセスを促進させるための介入とはどのようなものかに関連し，以下の議論が展開されている。

　まず，Follet (1918) は，協働のための組織化に向けた相互作用のプロセスにおいて人々を関係づけるための調整機能を果たすリーダーの必要性を指摘している。同様の視点として，自発的な関係形成と連結による自己組織化で成立するネットワーク組織を前提に今井・金子 (1988) は，多様な個々の人々を意図

的につなげ新たな関係を作り，社会に新たな文脈を形成していく主体の重要性について言及している。

次に，組織間連携の成立プロセスの促進に関連する介入の目的として Gray (2008, p.665, 668) は，アライアンス・パートナー間の相互作用のプロセスに影響を及ぼすこととし，組織間においては介入を実施することにより相互作用の制約要因を減らすあるいは推進要因を増加させるとしている。また Gray（同, p.665）は，介入はアライアンスのパートナー間の相互作用のプロセスを形成, デザインするために行われる「意図的な行為」であるとしている。

本研究では，組織間連携の成立とは，ある事業を推進するにあたって異なる組織間のメンバーによって協働するための組織が成立することとしている。上述の議論から，組織間連携の成立プロセスを促進させるための介入とは,「異なる組織間のメンバーによる協働のための組織化へのプロセスに対して，意図的に相互作用を推進および制約を軽減させ，同メンバー間の関係性の構築を促進させる行為」ととらえることができる。

4-2　介入者とその役割
(1) 組織間連携の成立を促進させる主体としての「介入者」

介入者に関連して，Thompson & Perry（2006）が異なる組織の人々による協働の成立を促進するための中心的な役割を担う主体である「公的マネジャー（public manager）」の存在を指摘している。また，今井・金子（1988）は，組織と組織・人と人との間の連結を設ける，情報の流れを作る，接点（インタフェース）を設けることを通じてネットワークを形成し，新しい連結・新機軸を作ることに寄与する「媒介的企業者」の今日の経済における重要性について指摘している。その他，Ring et al.（2005, p.143）は，連携による利益を潜在的パートナーに明らかにし，（連携の）形成プロセスを支援し，タイムリー・調和のとれた方法で様々な貢献を確保し，それぞれの誘因を再確認する「引き金となる主体（triggering entities）」について紹介している。同様に，Sagawa & Segal (2000) は組織間関係を構築・強化する「関係マネジャー（relationship manager）」について，Williams（2002）は人々のあいだの関係性を構築・維持するスキルをもち，誠実な仲介者として連携の可能性を高めるための組織間の相互依

存性をマネージする主体である「バウンダリー・スパナー（boundary spanners）」について論じている。

(2) 介入者の役割

　これらの主体が介入者として果たす具体的な役割に関しては，Crosby & Bryson（2005）が強力な後援者（sponsor）あるいは仲介組織が重要な公共問題に注意を当てさせ，利害関係者のグループにおいてその正当性について合意に至らしめるとしている。また Bryson et al.（2006）は，分野横断的な連携は公式および非公式なリーダーシップを提供する熱心な後援者（sponsor）および効果的な推進者（champion）がいることにより一層成功へと導かれるとしている。小島・平本（2011）は同様の主体を「協働アクティビスト」として紹介し，その役割について
　1．参加者の特定
　2．アジェンダの特定化
　3．有効な解決策の推進
　4．参加者の自発的な参加の促進
　5．協働の場の設定
等があることを指摘している。

　これら研究に加え，Gray（2008, pp.668-683）は組織間のパートナーシップを効果的にするための介入者が果たすべき役割の詳細について以下を挙げている。
　1．連携の必要性や価値，いかに連携することができるかを理解させるための「ビジョン化（Visioning）」。
　2．連携のためのパートナーシップの可否を評価し，潜在的パートナーを特定し参加のモチベーションを高めることを通した「会議の招集（convening）」。
　3．参加者からあるいは参加者と協力して，論点の評価や対話の促進を通して検討するための情報を収集し，パートナーシップ協定に向けた必要な変更を決定する「内省的な介入（reflective intervening）」。
　4．参加者の相互作用をデザインし，マネージする「プロセス・デザイン

（process design）」。
5．共有する問題を分析・特定し，解決策を比較して最善のものを選択する「問題の構造化（problem structuring）」。
6．パートナー間の情報交換および共有を調整し，パワーのあるパートナーとそうではないパートナーの橋渡し役を果たす「内部の仲介（internal brokering）」。ここでは橋渡し役を果たすために必要な能力として，様々な視点から意味・独自性・コミュニケーションを感じ取る文化的流暢さを持ち，異なる文化間の通訳者として連携を促進させることが挙げられている。
7．パートナーシップにおけるコンフリクトに対応する「コンフリクト対応（conflict handling）」。
8．連携の参加者間で共有する規範や合意を制度化する「制度化された企業家精神（institutional entrepreneurship）」。

その他の介入者の役割に関する研究としては，Hogg et al.（2012）がグループ間および組織間の効果的な連携を促進させるために，グループ間におけるリーダーシップ（intergroup leadership）によりグループ間の関係的な同一性（intergroup relational identity）を作り出すことが必要であるとしている。ここで関係的な同一性とは，類似性を強調することで各グループの独自の同一性や価値を喪失する恐れが生じ抵抗を招きやすい集団的同一性（collective identity）ではなく，それぞれの組織が互いの関係性の中で自己を定義し全体の同一性を形成するものである。このリーダーシップは構成するそれぞれのグループの同一性が強い場合，それぞれの同一性の喪失の恐れや競争が激しい場合，グループ間の立場やパワーが異なる場合に，より有効であるとしている。このような集団間の関係的な同一性を創り出し集団間におけるリーダーシップを効果的にするためには，Hogg et al.（同）は，

1．グループ間の補完的な連携関係を上手く表現したアイデンティティであるリーダー・レトリック（leader rhetoric）を提示すること。
2．これまでつながりの無かったグループ同士をつなぎ合わせる組織の境界を越えたリーダーシップ（boundary spanning leadership）であり，同リーダーシップとリーダー・レトリックが作用し合ってグループ間の関

係的な同一性が構築されること。
3．構成するグループのすべてのリーダーによる連合的なリーダーシップ（leadership coalition）が実施されること。
4．新たなグループが連携に参画する際に，既に構築されているグループ間の関係的な同一性を転移することを促進できるようなリーダー・レトリックとすること。

以上のような行動をとるべきであることを指摘しており，特にリーダー・レトリックおよび組織の境界を越えたリーダーシップが重要であるとしている。

最後に，介入主体が参画者にアプローチする際に求められる能力としてCross & Parker（2003）は，相手が誰を知っているかを知ることが重要であるとし，ここに注意を向けてメンバーを特定することにより更なる媒介によるアクセスを高めてネットワークが発展し，多様な人材が動員されるということを示唆している。

4-3　介入者の役割を担う主体

これまでに組織間連携の成立を促進するための介入とは，介入者はどのような役割を果たすかについて検討してきたが，最後に介入者としての役割をどのような主体が担うのかについて関連する先行研究を基に検討する。

まず，Henton et al.（1997）は「市民起業家（civic entrepreneur）」の役割について示しており，市民起業家が異なる会社や政府などの間の連携を促進させ，地域産業の振興への貢献あるいは新規事業を創出するための支援を提供することを示している。また，市民起業家の動機としては「広範で，啓発的で，長期的な利益を実現すること」としている（同, p.152）。

次に，介入が誰によって実施されるかについてRadin et al.（1996）は，境界を拡大することは必ずしも単一の人間ではなく，その他複数の人々によってもなされることを示している。また，Davis & Eisenhardt（2011）は技術開発のための組織間連携を対象としたケーススタディから，連携のプロセスにおいてリーダーシップの交代（rotating leadership）が生じている事例について紹介しており，その発見の一つとして連携のフェーズ毎に中心人物が変動していく事例がそうではない事例よりも多様な参画者を動員することができ，結果として

より多くのイノベーションを生み出していることを指摘している。さらに，Gray（2008）は，介入はあるアライアンス・パートナーあるいは第三者によって行われるとしているが，介入を実施するためのテクニックは相当の知識・訓練・スキルを要求するものであり，それらは第三者によってもたらされることが多いことについて指摘している。

4-4　組織間連携の成立促進に向けた介入

　本節で論じた介入は，事業化推進のための組織間連携を成立させるために互いに対等な異なる組織に属する自立的・自主的な個人間で，自発的な相互作用を通して自己組織的に協働のための組織を形成するプロセスを，あるべき方向に促進させるために個々を結び付け関係性を構築させるためのものである。そこで，介入とはどのようなものか，介入者とその役割，介入者の役割を誰が担うのかについて先行研究をレビューし検討した結果を踏まえ，組織間連携の成立プロセスを促進させるための介入について図Ⅱ-3のように示すことができる。

　ここで事業化推進のための組織間連携の成立プロセスを促進するための介入には，（1）中長期的な産業振興のビジョンをもち，ある分野における事業化推進のための組織間連携の成立を促進させることを目的とした主体による人々の相互作用を促す場を設定・発展させるための介入，および（2）場における活動を通して具体的な事業を推進するために相互作用を促進させ組織間連携の成立に至るプロセスを促進するための，場の運営者・連携の参画者・その他主体による介入が存在することを示すことができる。

　介入の内容について，前者の場の設定・発展のための介入では場のビジョン・アジェンダの共有，多様な人々を召集し相互作用を促進させるための公募等による自発的な参画や直接的な働きかけ，場の機能を高めるための外部機関の関係者への協力の要請等を通した介入により人々を結び付けることが想定される。一方で後者では，具体的な事業目的，役割，問題点の解決策，事業化推進のためのアプローチやプロセスの共有，対立する利害の調整等による事業化を推進するための様々な働きかけを通して，人々を結びつけ組織間連携の成立プロセスを促進させることが主な介入の役割となることを想定することができ

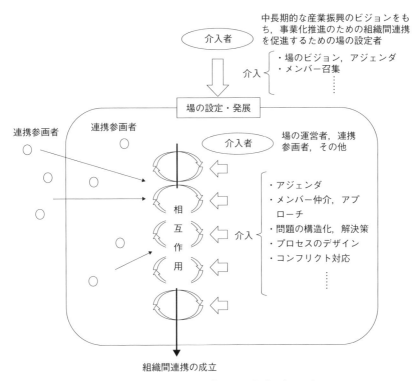

図 II-3. 組織間連携の成立プロセスの促進に向けた介入

(出所) 筆者作成

る。

II-5. 研究テーマ，概念モデル，およびリサーチクエスチョン

　異なる組織に属する自立的・自主的な人々が自発的な相互作用を展開する中で，事業化を推進するための組織間連携が成立に至るまでのプロセスをいかに促進させるかという研究テーマを探究するために，「初期条件」，「相互作用と共通理解の形成」，「場」，「介入」について関連する先行研究をレビューした。本章を締めくくるにあたり，以下これら先行研究を基に概念モデルを提示し，研究テーマを解明していくにあたってのリサーチクエスチョンを確認する。

50　第Ⅱ章　先行研究のレビューおよび概念モデルの提示

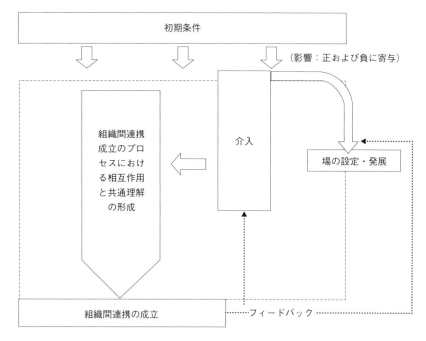

図 II-4. 概念モデル

（出所）筆者作成

　まず，「初期条件」，「相互作用と共通理解の形成」，「場」，「介入」に関して，これらの要素を統合させた組織間連携の成立プロセスとその促進についての概念モデルを図 II-4 のように提示することができる。

　概念モデルにおいて，第一に初期条件の影響については，「マクロ的環境要因」，「ミクロ的環境要因」，およびその中間的なレベルの「ソーシャルネットワーク」における正および負に寄与する要因が，組織間連携の成立に向けた異なる組織に属する自立的・自主的な個人間の自発的な相互作用と共通理解の形成，およびそれを促進するための場の設定と介入の実施に影響を与えていることを示している。これを踏まえ，初期条件に関するリサーチクエスチョンは以下の通りとする。

R.Q.1：組織間連携の成立プロセスに影響を及ぼす初期条件とはどのようなものか，場の設定，介入の実施，および組織間連携の成立に向けた相互作用と共通理解の形成にどのような影響を及ぼしたか。

　第二に組織間連携の成立プロセスにおける相互作用と共通理解の形成については，異なる組織に属する自立的・自主的な個人間で，新たな事業化推進のための協働に向けて自発的な相互作用におけるコミュニケーションを展開し相互了解を通して目指すべき方向性や事業（ドメイン）について共通理解を形成し社会集団を成立させ，定まった共通目標が設定されることにより構成メンバーそれぞれの役割についても共通理解が形成され，組織間連携が成立すること。また，組織間連携の成立・推進後の個人と全体状況の修正による共通目標や役割の変更を経た再創出を繰り返すことによりさらに組織間連携が成立・発展していくという創発的なプロセスであることを示している。以上を踏まえ，組織間連携の成立に向けた相互作用と共通理解の形成に関するリサーチクエスチョンは以下の通りとする。

R.Q.2：組織間連携の成立に向けた創発的なプロセスにおいて，誰によりどのように相互作用を展開し，どのような共通理解を形成して成立に至ったか。また，このプロセスがどのように繰り返されたか。

　第三に場については，初期条件の考慮も踏まえたうえで事業化推進のための組織間連携の成立プロセスを促進させることを意図して場が設定される。設定された場は内部管理組織が中心となり運用され，場を基盤として内外の個人間で相互作用を展開して自己組織化が進み事業化推進のための組織間連携が成立すること。また，場の活動や組織間連携による活動における相互作用と共通理解の形成，危機・外部ショック・その他の場の影響等の環境要因によるフィードバックを経て場が発展していくというプロセスが展開されることを示している。これら場の議論を踏まえ，組織間連携の成立と場の機能および設定・発展に関するリサーチクエスチョンは以下の通りとする。

R.Q.3：組織間連携の成立プロセスを促進させるために，誰により，どのように，どのような場が設定され，いかなる機能を果たしたか。また，どのような要因で誰によって場が発展していったか。

　最後に介入について，場の設定においては初期条件を考慮したうえで，中長期的な産業振興のビジョンをもち，ある分野における事業化推進のための組織間連携の成立を促進させることを目的とした主体が，場のビジョン・アジェンダの共有，多様な人々を召集することによって相互作用を促進させるために，公募等による自発的な参画や直接的な働きかけを通した介入により人々を結び付け，さらに上述の場の発展に向けて，新たなビジョン・アジェンダの共有や人々の召集を主導していく。事業化推進のための組織間連携の成立プロセスを促進させるための介入では，場の運営者・連携の参画者・その他主体により，具体的な事業目的，役割，問題点の解決策，事業化推進のためのアプローチやプロセスの共有，対立する利害の調整等が行われることを示している。これらを踏まえ，組織間連携の成立に向けた介入の目的，介入者とその役割に関するリサーチクエスチョンを以下の通りとする。

R.Q.4：場の設定と発展，および事業化推進のための組織間連携の成立プロセスを促進させるための介入は，誰により，どのように行われ，いかなる役割を果たしたか。

　以上，第Ⅱ章で検討した先行研究を基に構築した概念モデルおよび本研究のテーマを探究するためのリサーチクエスチョンを提示した。次章以降では，リサーチデザインを明らかにしたうえでケーススタディを実施し，これらを検討する。

第Ⅲ章
リサーチデザイン

III-0. はじめに

既に述べたように，個人間の相互作用と共通理解の形成に焦点を当てた事業化推進のための組織間連携の成立プロセスとその促進に関する包括的な理論的枠組みは従来研究では十分に示されてはいない。本研究では提示した概念モデルに基づきリサーチクエスチョンを探究することを通して，理論構築および促進のためのマネジメントへのインプリケーションを導き出し，学術的価値および実践的価値を追求することを目的としている。本章では以下，本研究を進めていくための方法および実施した調査について詳細を述べることとする。

III-1. 本研究の目的とアプローチ

1-1 本研究の目的

本研究は，地域新産業の振興を中長期的な目的に，事業化推進のための企業間および産学官における組織間連携の成立プロセスをいかに促進するかということについて解明することを研究テーマとしている。具体的には，ある産業を振興させ産業地域とすることを意図した地方自治体や経済団体が，その初期の取組みとして中小企業の積極的な参入を前提に，事業化推進のための業種および分野を超えた組織間連携の成立プロセスの促進に取組む。そこで，成立するまでの期間の短縮と成立可能性を高めるための促進にいかに取組むべきかについて，包括的な理論的枠組みの構築およびマネジメントのためのインプリケーションを得ることが本研究の目的である。

1-2 本研究のアプローチ

組織間連携の成立プロセスに関連する先行研究は存在するが，事業化推進に焦点を当て個人間の相互作用と共通理解の形成およびその促進を考察の対象に，事例の詳細な検討に基づいた包括的な理論構築への試みは十分になされていない。これに関連し，Eisenhardt (1989) は（研究対象が）新たなテーマの探究や現行の視点あるいは実証が不十分な場合においてはケーススタディによる理論

構築が適切な研究方法であること，理論構築においてはケーススタディによる帰納的なアプローチに加え，既存研究を基にした演繹的なアプローチも活用するという折衷的なアプローチが内的妥当性・一般性・理論構築におけるレベルを高めることに寄与することを指摘している。また Eisenhardt & Graebner (2007) は，実証分析は関連する先行研究を基に，解明したい研究テーマと既存研究とのギャップ（research gap）を明確にしたリサーチクエスチョンを提示すること，その探究の成否は複雑な社会プロセス（complex social process）への洞察を可能にする質的データにかかっていると述べている。

本研究では上述の通り，事業化推進のための組織間連携の成立プロセスをいかに促進させるかについて，複数地域における組織間連携を通した医療機器関連分野の事業化推進への取組みの事例を対象に検討し解明していくことを目的としている。ここで本研究では，第一に探求する主な問いは「どのように」組織間連携の成立プロセスを促進したのかということ，第二に研究対象が実験による手法とは異なり研究者によるコントロールが不可能であること，第三に研究対象が現在の事例であり現行の事象として１次データを入手することができること，以上から Yin (2003) が示した適切な研究方法の選択基準に基づき，ケーススタディによる研究テーマの探究を行うこととする。

ケーススタディを実施するにあたり対象とする事例の選択に関して，Glaser & Strauss (1967) は理論的サンプリング（theoretical sampling）を通して比較分析を実施することが理論構築に向けたアプローチであることを提唱している。Eisenhardt（同）は，理論的サンプリングは統計的な視点からではなく，形成される理論を再現あるいは拡大するような事例を選択することであるとしている。同様に，Eisenhardt & Graebner（同）も理論的サンプリングとは，概念間の関係性を明らかにして広げ，ロジックを解明するための事例を選択することであるとしている。

これらの視点を踏まえ，本研究では関連する先行研究から導き出された概念モデルを基に，妥当性を検討のうえで選択した複数事例の比較分析により得た帰納的な知見を考察したうえで，事業化推進のための組織間連携の成立に至る人々の相互作用のプロセスをいかに促進するかについての理論構築を検討するというアプローチを採用する。複数ケーススタディでは以下の２つの優位性を

追求することができる。まず，複数ケーススタディでは，理論構築にあたり理論的サンプリングをすることにより，構成概念妥当性（construct validity）と内的妥当性が高まることである（Glaser & Strauss, 同）。また，複数ケーススタディを実施することにより外的妥当性が高まること，理論構築にあたってより強固な基盤を提供することがYin（同）により指摘されている。

III-2. 対象事例の選定

2-1 対象事例の選定基準

　本研究では，地域経済の担い手となる新産業の振興を中長期的な目的として，ある分野をターゲットとした事業化推進のための中小企業をはじめとする業種および分野を超えた自己組織的な組織間連携の成立プロセスをいかに促進するかについて，ケーススタディを通して包括的な理論構築と促進のためのマネジメントへのインプリケーションを提案することを研究テーマとしている。

　研究テーマを探究するにあたり，ケーススタディの対象として妥当な組織間連携は以下の基準に適合していることが必要である。

- 組織間連携は，従来存在していないあるいは十分に発展していない地域新産業の振興に向けて，特定の分野の事業化推進を目的としていること。
- 上述の目的の実現に向けて，地域の自治体や経済団体等の主体が意図的に組織間連携の成立プロセスの促進に取組んでいること。
- 組織間連携は，互いに対等な補完関係にある異業種間あるいは異分野間の複数の組織が，成長機会の獲得および新規事業による価値の創出を目的に，自発的に参画して成立したものであること。

　以上の基準を考慮し，当該地域における医療機器関連産業の振興を目的として，県や商工会議所等の経済団体が主導して事業化推進のための組織間連携の成立に取組んだ3つの事例（神戸市，浜松市，福島県）をケーススタディの対象として選定した。それぞれの事例の概要および選定の理由は以下の通りである。

2-2 事例の概要および選定の理由
(1) 神戸市の事例

本事例は，1999 年に神戸医療産業都市構想のもとで社団法人神戸市機械金属工業会が母体となり医療用機器開発研究会を設立し，同工業会会員の中小企業を中心に医療機器関連事業の振興のための組織間連携を推進した。後に同研究会に加え医療イノベーション神戸連携システム（MIKCS）の2団体が同様の取組みを開始して現在に至っている。本事例は，神戸市を中心とした中小企業が医療機器関連分野における新規事業の推進に向けて自発的に研究会を設立し，異業種・異分野間で組織間連携の成立を促進させて製品開発・商品化を実現させた事例であり，本研究のテーマの探究に適切な事例であると判断しケーススタディの対象とした。

(2) 浜松市の事例

本事例では，2005 年に浜松市において商工会議所が主導して設立した浜松医工連携研究会にはじまり，その後医療機関やその他機関との連携を促進させるための体制を拡充し現在に至っている。本事例は，医療機器関連分野における新規事業の推進に向けて，浜松市を中心とした中小企業をはじめその他機関との組織間連携により事業化を実現させており，自立的・自主的な個人間で相互作用を展開し，研究会等の場の活動や介入による促進を通して組織間連携を成立させた事例である。したがって，本研究テーマの探求に適切な事例でありケーススタディの対象とした。

(3) 福島県の事例

本事例は，2001 年に福島県庁の商工労働部産業創出課の担当者のイニシアティブによって，県内の産学関係者が参画して申請・採択された国補助による医療機器の研究開発事業にはじまり，その後医療機器関連事業における組織間連携の推進に向けた支援体制を拡充した事例である。本事例では，福島県内の中小企業を中心にその他機関と自己組織的に組織間連携を成立させ医療機器関連分野における事業化推進を実現させている。したがって，人々が相互に自発的な関わり方をする組織間連携の成立プロセスをいかに促進させるかについて

表 III-1. 各事例の概要

	神戸市	浜松市	福島県
中心組織	医療用機器開発研究会 代表企業 MIKCS 運営機関（神戸大学等）	浜松商工会議所 浜松医科大学 等	福島県庁 ふくしま医療機器産業推進機構
活動の目的	医療機器関連分野の事業化推進	医療機器関連分野の事業化推進	医療機器関連分野の事業化推進
中心となる場および参画者数	医療用機器開発研究会：81社（2015年） MIKCS：27社（2015年）	浜松医工連携研究会：130社（2013年）	福島医療福祉機器研究会（福島県医療機器関連産業協議会：2015年～）：258社（2015年）
活動開始時期	1999年（医療用機器開発研究会） 2011年（MIKCS）	2005年	2001年
活動拠点	兵庫県神戸市	静岡県浜松市	福島県福島市・郡山市

（出所）筆者作成

検討するという研究テーマに適切な事例であることからケーススタディの対象とした。

III-3. データ収集および分析

3-1 データ収集

各事例におけるデータ収集は，研究テーマおよびリサーチデザインを基に第三者が入手可能な二次資料の収集よりはじめ，事例の概要を把握した。そのうえで，より詳細なデータを収集するために，各事例において組織間連携の成立プロセスの促進に取組んだ複数の人々を対象に主にインタビューによって一次資料の収集を実施した。また，インタビュー時に受領した会議録等の内部資料も活用した。各事例におけるデータ収集の詳細は以下の通りである

(1) 神戸市の事例

ケーススタディのための主なデータは，二次資料およびインタビューとイン

タビュー時に受領した医療用機器開発研究会および MIKCS に関する会議録等の資料により収集した。二次資料については当該事例を対象に記載された雑誌記事，神戸市等のホームページより収集した。インタビューは，医療用機器開発研究会については 2013 年 6 月および 8 月に同研究会会長 T 氏に，同年 8 月に医療用機器開発研究会の事務局長を 2010 年から 2013 年に務め現在は MIKCS の事務局長である N 氏に，2015 年 6 月に前年 6 月より T 氏に代わり同研究会会長に就任した K 氏に実施した。また，2015 年 6 月に開催された同研究会の総会およびオープンラボ[1]にも参加してそれら活動を観察した。MIKCS については，2014 年 2 月上述の N 氏に，2015 年 6 月に MIKCS の理事でありその設立・運営に深く関与している I 氏にインタビューを実施した。また，2015 年 5 月に開催された MIKCS の例会にも参加して活動を観察した。

(2) 浜松市の事例[2]

ケーススタディのためのデータは，二次資料，関係者へのインタビューおよび講演から収集した。二次資料については当該事例を対象に記載された雑誌記事や資料，ウェブより収集した。インタビューは，2014 年 2 月に浜松医工連携研究会の元事務局担当者，同年 6 月に研究会の立ち上げを主導した浜松商工会議所の副会長，同年 7 月に「はままつ次世代光・健康医療産業創出拠点」の事務総括担当者松浦氏および研究統括担当者の山本医師に実施した。また，山本医師と医療機器開発の連携に携わった N 社 S 氏が同年 8 月に開催した同医師との共同講演も参照した。さらに，2015 年 7 月に同拠点の活動の詳細や浜松市における医療機器関連事業の今後の展望について，山本医師をはじめとする同拠点関係者へのインタビューを実施した[3]。

1　オープンラボについては，第Ⅳ章 2 節を参照。
2　浜松の事例について，2015 年 7 月に実施したインタビューの対象者であるはままつ次世代光・健康医療産業創出拠点の関係者に関しては同拠点研究統括の山本医師の希望により，実名を記載する。
3　2015 年 7 月に実施したインタビューに参席したはままつ次世代光・健康医療産業創出拠点関係者は以下の通りである：山本清二氏（研究統括），松浦脩博氏（事業統括），三浦曜氏（拠点長），荻生久夫氏（地域連携コーディネーター），袴田正志氏（地域連携コーディネーター），小野寺雄一郎氏（知財活用コーディネーター），伊達克彦氏（浜松商工会議所工業振興課）。

(3) 福島県の事例

　ケーススタディのためのデータは，二次資料，関係者へのインタビューとインタビュー時に受領した資料から収集した。二次資料については当該事例を対象に記載された雑誌記事や資料，ウェブ掲載の情報より入手した。インタビューは，まず2015年2月に福島県庁商工労働部産業創出課にて2001年に医療機器の研究開発に向けた国補助の申請および研究開発のための連携体制の構築に携わりインタビュー実施時は同部署の室長であったO氏に実施した。また2015年5月に，県の外郭団体として2013年に医療機器関連の事業化推進の一元的支援機関として設立された一般財団法人ふくしま医療機器産業推進機構の事務局長兼事業化支援部長であり，以前にも県庁職員として医療機器関連の研究開発および事業化支援に携わっていたD氏に実施した。さらに，2016年2月に医療用添付文書等の製造販売に携わる中小企業で，福島県医療機器関連産業協議会（旧福島医療福祉機器研究会）の幹事でもあるX社会長H氏および同社常務取締役Y氏にもインタビューを実施した。

3-2　データ分析

　上述のように本研究では，複数のケーススタディによる定性的な比較分析を実施することにより研究テーマを探究する。分析の方法は，以下の通りとする。

　Eisenhardt（1989）は，各事例を詳細に記述することにより，それぞれの事例独自のパターンを把握し洞察を深めることが，複数事例間のパターンを一般化する前の段階に必要であることを指摘している。そこで，まず各事例について概念モデルで想定した組織間連携の成立プロセスについて，主要概念（「初期条件」，「相互作用と共通理解の形成」，「場」，「介入」）に焦点を当て，5W1Hを詳細に記述し把握する。

　次に，比較分析については田中（2006）を参照し，少数事例による定性的比較分析手法により組織間連携の成立プロセスにおける類似点および相違点を抽出し因果条件の事前スクリーニングを行う。

　さらに，それぞれの事例に対して過程追跡（process-tracing）し，因果推論の精度を高めることとする[4]。過程追跡では田中（同）が述べているように，分析の焦点を人間行為（行為主体，行為種類，行為対象，行為相手，行為舞台，

行為目標，時間）に着眼した出来事の時間的系列からなる物語に置き，各出来事が因果的にどのように関連していくかに注目して因果ネットワークを明らかにしていくことである．本研究でも出来事年代記の作成と各出来事の原因と結果あるいは論理連結に着眼し因果関係[5]を確認しながら「どのように」「なぜ」の問題を経時的に検討することにより（Yin, 2003）有機的に連結していく．

　最後に，ケーススタディの結果と先行研究を基に提示した概念モデルを比較して同モデルの妥当性を検討し，事業化推進のための組織間連携の成立プロセスの促進に関して，包括的な理論的枠組みである体系的な知見とともに，促進のためのマネジメントへのインプリケーションとして実践的な知見を導き出すこととする．

4　田中（2006）は，過程追跡を行うことにより，異なる因果経路の存在，見過ごした変数，変数間の疑似関係について確認することができるとしている．
5　田中（同）は，物語全体を貫く主要な因果経路を明らかにするためには，発展経路が初期条件に依存する「経路依存性」と全体方向性や体制の決定的変化をひきおこす「転換点」に着眼することも必要であることを指摘している．

第Ⅳ章
ケーススタディ
―神戸市,浜松市,福島県の事例―

IV-0. 本章の目的および構成

　人口の高齢化や所得の向上に伴う慢性病の増加，新興国の所得向上等の要因によって医療機器関連の需要は今後も世界的に増加することが予想されており，日本においても今後の経済発展に寄与する潜在性の高い産業として注目されている。しかしながら，製造業をはじめとする日本企業が蓄積してきた高い技術力を異業種企業の参入等を通して活用することのできる医療機器関連産業において，日本の同産業はそれらを十分に活用した発展をしているとはいい難い状況である。この状況に対し，成長の潜在性の高い新産業の振興を中長期的な目的に，各地域で医療機器関連事業を企業間および産学官の組織間連携を成立させることにより推進しようとする取組みが行われている。

　本章では，事業化推進に向けた組織間連携の成立プロセスをどのように促進させているかについて探究するために，医療機器関連分野における複数地域の取組みに対するケーススタディの結果を詳細に記述することを目的としている。

　そこでまず，第1節では医療機器および同産業の特徴や世界および日本の動向について解説し，中小企業の参画および組織間連携の必要性について検討する。次に，第2〜4節でそれぞれ「神戸市」「浜松市」「福島県」における医療機器関連分野の事業化推進のための組織間連携の成立プロセスの促進への取組みについて，ケーススタディの結果を記述する。

IV-1. 日本の医療機器関連産業と中小企業の参入—組織間連携による事業機会の創出—

1-0　はじめに

　本節ではケーススタディの対象となる医療機器関連事業と組織間連携の必要性についてその背景を把握するために，同事業の主な対象である「医療機器」の特徴および医療機器産業の世界的な動向を概観したうえで，日本の医療機器産業の現状，および発展の障害となった要因とそれらに対する近年の対応について整理する。これらを踏まえて日本企業の中で事業所数および雇用の面で大

半を占める中小企業が，同産業に参入し事業化推進していくために求められる取組みについて「組織間連携」に着眼して検討する。

1-1 医療機器の特徴および同産業の動向
(1) 医療機器の特徴

2014年11月に薬事法が改正され，「医薬品，医療機器等の品質，有効性及び安全性の確保等に関する法律（以下，「医薬品医療機器等法」）」に改称された。同法において医療機器は「人若しくは動物の疾病の診断，治療若しくは予防に使用されること，又は人若しくは動物の身体の構造若しくは機能に影響を及ぼすことが目的とされている機械器具等」と定められており，その製造および販売は規制の対象となっている。

医療機器は，メス，はさみ，人工呼吸器，ペースメーカー，内視鏡，人工透析装置，MRI等の多種多様な製品で構成されており，これら医療機器は上述法律により人体に与えるリスクの程度によってクラスⅠからクラスⅣに分類されている。製造販売にはクラスⅠでは届け出，クラスⅡ・Ⅲでは適合性認証基準のある機器は第三者認証，無い機器は独立行政法人医薬品医療機器総合機構（PMDA）の審査による厚生労働大臣の承認，クラスⅣではすべて厚生労働大臣の承認が必要となる。また，医療機器事業に携わる企業は製造業あるいは製造販売業の許可を取得しなければならない。

医療機器の特徴としては，まず医薬品医療機器等法における一般的名称が4000種類以上，品目数では30万品目以上と一品目あたりの生産額が小さいニッチ市場が多く多品種少量生産および販売の典型であることや製品が基盤技術の集合で構成[1]されていることから，様々な技術力を蓄積している中小企業にも参入の機会が大きいことが挙げられる（経済産業省，2015）。実際に現状においても，医療機器製造販売業者の半数以上が従業員数100人以下の中小企業で占められている（図表Ⅳ-1）。

また，製品としての医療機器はその構造および作動原理の点から一般の工業製品と同様であり，一度市場に出た製品は改善改良を重ねながらより使いやす

---

[1] これら技術には，切削・精密加工技術，高精度金型技術，精密プレス加工技術，コーティング技術等のものづくり技術が含まれている（株式会社三菱総合研究所，2014）。

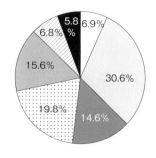

図 IV-1. 医療機器製造販売業者の従業員規模別構成
(出所) 厚生労働省「平成23年度医薬品・医療機器産業実態調査」より筆者作成

く安全なものへと変化させていくという特徴をもつことが指摘されている（井上，2015）。さらに，医療機器産業の需要は景気に左右されにくいとされており，木村（2013）はその根拠としてアメリカ商務省のデータを基に，オイルショック・ITバブルの崩壊等の不況時を含め医療機器産業が一貫して成長していることを示している。

(2) 医療機器産業の動向

人口の高齢化や新興国の経済発展等により，医療機器産業の世界市場は約8％の成長率で年々拡大している。世界市場の規模は2013年では約3,278億ドルであるが，2018年には約4,536億ドルに達すると予測されており（Espicom, 2013），今後も高い成長率が期待されている。世界市場の構成では，欧米諸国とともに近年ではアジア新興国もシェアを拡大しつつある一方で，日本市場のシェアは減少傾向にある（図表IV-2）。

このように世界的に医療機器は次世代の経済成長を牽引する産業として有望視されているが，日本ではその高い技術を活かし切れていないことが指摘されており（木村，2013），これら蓄積された技術を活用して同産業の世界的な成長を一層享受する余地は大きい。

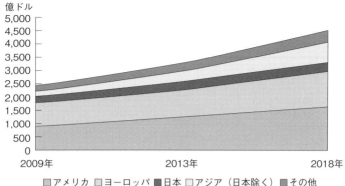

図 IV-2. 世界の医療機器市場規模見通し

(出所) Espicom (2013) より筆者作成

1-2 日本における医療機器産業の現状と振興に向けた取組み
(1) 日本の医療機器産業の現状

　医療機器が世界市場では現在約 30 兆円以上の規模で年々拡大しているのに対し，日本においても 2002 年には約 2 兆円であった市場規模が 2014 年には約 2.8 兆円と安定的に拡大している。しかしながら，2013 年では医療機器の輸出が約 0.57 兆円に対し，輸入が約 1.37 兆円と約 0.8 兆円の赤字となっているように，国内の医療機器市場では貿易収支の赤字が続いている[2]。日本の医療機器産業においては，診断機器分野では比較的健闘している一方で，人工心臓弁や心臓ペースメーカーをはじめとするクラスIII・IVの高度管理医療機器に分類される治療機器，先端医療機器，材料においてはそのほとんどを欧米等からの輸入に頼っており（木村, 2013），赤字額は増加する傾向にある。この背景として，同分野における日本の競争力が低く（中野, 2010），また輸入額が輸出額を大きく上回っている治療機器[3]の国内市場における規模およびシェアが近年上昇していることが挙げられる[4]。

2　厚生労働省「薬事工業生産動態統計年報」。市場規模については，(生産金額＋輸入金額－輸出金額) で算出している。
3　2011 年における治療機器の輸入額は 6,460 億円に対し，輸出額は 1,510 億円である（薬事工業生産動態統計年報）。

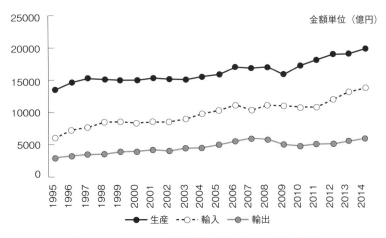

図 IV-3．日本における医療機器の生産・輸出・輸入（推移）
（出所）厚生労働省「薬事工業生産動態統計年報」より筆者作成

　このような日本の医療機器産業の現状からも，我が国に集積しているものづくりをはじめとする高度な技術を活用し，国内および海外市場をターゲットとして，医療機器を産業として一層発展させることが期待されている。

(2) 医療機器産業の振興を阻む要因
　我が国の医療機器産業は成長の潜在性の高い産業として有望視されており，また中小製造業をはじめ優れた技術を蓄積する企業が多く存在しているにもかかわらず，国内外の市場においてその潜在力を十分に発揮できていない要因については以下の点が指摘されている。

市場環境および制度の要因
　日本における医療機器産業の発展を阻んできた要因としては，まず市場環境や制度に起因するものが挙げられる。
　田中（2011）は，従来の医療機器産業は自動車等の他産業に比べて市場が小

4　診断機器およびその他の医療機器の国内市場規模がほぼ横ばいであることに対し，治療機器は 2004 年の 9,721 億円から 2011 年には 12,564 億円と拡大している（薬事工業生産動態統計年報）。

さく，企業がリスクを冒してまで参入しようとしないことを指摘している。また，それらリスクに関しては，医療事故による訴訟リスクに耐えられない中小企業等に対する法的な措置やPL保険等の環境整備が整っていないことを挙げている。

次に，薬事法（現，医薬品医療機器等法）に関連する要因としては，医療機器の承認までに時間がかかることからデバイス・ラグが生じ（厚生労働省，2013），海外メーカーが先行して同様の製品を発売する可能性があること（田中，同）が指摘されている。これに関連し木村（2013）は，アメリカやEUにおいては医療機器の特徴を踏まえ，産業振興および最新技術を搭載した機器が医療現場に届くようにデザインされた審査承認制度および政策が展開されている一方で，日本では薬事法によって薬剤と医療機器の特徴の違いを無視した審査・承認が行われてきたことにより，これらプロセスが必要以上の時間および費用を要し，産業振興および医療現場・患者への恩恵として届くことへの障害となってきたとしている。

さらに，承認を得た医療機器の保険適用を申請する際に，保険適用にかかる期間が必要となり上述の審査・承認の他に追加ラグが発生すること，また保険適用された医療機器は市場原理ではなく診療報酬制度によって価格が決定されることでコストに見合わない価格がつけられる場合があり（独立行政法人中小企業基盤整備機構，2012），事業者に負のインセンティブが生じることが指摘されている。

当事者の要因

以上の阻害要因に対して，医療機器開発・製造・販売に携わるあるいはこれらに参入しようとする当事者に起因すると考えられる要因としては以下が挙げられる。

第一に田中（2011）は，医療現場側の時間・人的余裕のなさや医工連携を円滑に進める仕組みが未整備であることから，医療機器開発のために必要な医療現場との密な連携が十分に実施できる環境が整っていないことを指摘している。

また，田中（同）は企業が医療機器の開発に取組むにあたり，医療現場のニーズと合致しているかどうかの検証が不十分なままに開発をスタートするケース

がみられるとしており，厚生労働省（2013）も特に中小企業は医療機関等とのネットワークが不足し医療ニーズを的確に把握できないこと，薬事に関する情報の機会が不足していることを問題として指摘している。

最後に医療機器の開発から販売に至るまでの過程では，市場やニーズに関する情報に加え，治験，データ処理，複雑な認可プロセスの処理等で様々な専門職による支援が必要となるが，特に中小企業ではそれらを自社で賄うことは困難であり（田中，同），企業とこれら諸機能を保有する外部組織との協働およびそのための支援が現状では不十分であることが挙げられる。

以上の問題点において，上述（1）の問題については政府や関連業界も含めた法律および制度改革への取組みが求められる。一方で，当事者の取組みで改善可能と考えられる（2）の問題について，特に単体で多くの機能を保持することが困難ではあるが高度な技能を保有する中小企業が医療機器産業の振興に向けてその潜在能力を発揮するための方策として，異業種も含めた企業間，医療機関，自治体，研究機関等の他組織との連携を通して，医療機器の事業化推進に関わる学習，ニーズの把握，開発，製造，販売を実現していくための支援体制を強化していくことが必要である。

(3) 医療機器産業振興への取組み

これまでに述べたように，日本の医療機器産業はその潜在力を十分に発揮しているとはいうことができず，その振興を阻んできた諸要因も存在する。しかしながら上述のように医療機器産業は世界的に高い成長率を保ち続けており，新興国も含め所得の向上に伴う慢性疾患の増加，国内外の人口の高齢化，国内における健康寿命への延伸の取組み等の国内外の状況を考慮すると，医療機器への需要は今後も増加する見込みが大きい。

このような状況を踏まえ，近年では国および各地域で医療機器産業を振興させるための体制づくりおよび支援が活発化している。

医療機器産業振興への国の取組み

国の医療機器産業の振興に関連する動向については，まず2010年に閣議決定された新成長戦略においてライフイノベーションが次世代の成長牽引産業に

掲げられ（首相官邸ホームページ１），2012年6月には「医療イノベーション5か年戦略」が示され医療機器に関する主な施策も明確にされた（首相官邸ホームページ２）。さらに2013年6月に安倍政権下で発表された「日本再興戦略」においても医療機器を含む医療関連産業が戦略市場創造プランの対象として明記される（首相官邸ホームページ３）等，今後の経済成長の担い手として振興の対象とすべき有望な産業であることが明記されたことである。これにより，医療機器産業振興に対する予算措置もとられ補助金や支援体制も拡充されてきている[5]。

　この流れの中で，医療機器の審査承認における問題が指摘されてきた薬事法について，医療機器の特性を踏まえた規定を構築するために，同機器に関する主な項目を医薬品と別章にした改正法（医薬品医療機器等法）が国会を通過し2014年11月に施行された。この改正により，医療機器製造業が許可制から登録制になったことや，クラスⅢの医療機器においても認証基準が定められれば登録認証機関による認証が認められる等，医療機器産業の振興促進につながる規制緩和が行われた（井上，2015）。

　その他の医療機器産業振興につながる国の取組みとしては，厚生労働省の管轄で医薬品・医療機器について治験前から承認までを一貫した体制で指導・審査（承認審査）すること等（PMDAホームページ）を主な業務とする独立行政法人医薬品医療機器総合機構（PMDA）の拡充が2007年から進められたことが挙げられる。取組み内容は，人員増員，審査承認の迅速化，事前評価や薬事戦略の相談制度の拡充等であり（佐藤，2012），医療機器においても審査承認期間や相談制度の活用において一定の成果を挙げている。また2015年4月には，医療機器を含む医療分野における基礎から実用化までの一貫した研究開発の推進，成果の円滑な実用化，研究開発のための環境整備を総合的・効果的に行う司令塔としての役割を果たすことを目的とした国立研究開発法人日本医療研究

5　例えば経済産業省による「医工連携事業化推進事業」では，中小企業や医療機関等との連携による医療機器や周辺機器等の開発・事業化に対して，国の委託事業として公募を通して支援を提供している。平成27年度以降は，内閣に医療分野の研究開発の司令塔機能が創設され，各省に計上されている医療分野の研究開発関連予算は国立研究開発法人日本医療研究開発機構（AMED）に集約されたことにより，現在は同機構によって医工連携事業化推進事業も実施されている（経済産業省ホームページ）。

開発機構（AMED）が設立された。同機構には従来は文部科学省，厚生労働省，経済産業省で別々に運営されてきた医療分野の研究開発予算を集約化し，研究費のワンストップサービス化も実施している（国立研究開発法人日本医療研究開発機構ホームページ）。

地域における取組み

　国が医療機器産業の振興のための促進策を実施する一方で，各地域においても今後高い成長率を見込むことのできる同産業の振興により地域経済を活性化させるために，自治体や経済団体等が旗振り役となって様々な取組みを展開している。

　これらについては，国の総合特区の認定による医療機器開発，経済産業省の産業クラスター計画や文部科学省の知的クラスター創成事業等の支援による産学官や異業種間ネットワークの構築を通した医療機器産業のクラスター化，経済産業省の医工連携事業化推進事業による中小企業や医療機関等との連携促進と医療機器や周辺機器の開発・事業化への支援等，国の支援を活用して医療機器の事業化推進に取組む地域が多く存在する。

　地域で実施されている具体的な施策には，1．製造業あるいは製造販売業許可の取得促進，研究会における企業の医療機器に関する勉強会，産学官および企業間の連携強化等による中堅・中小ものづくり企業等の医療機器事業への参入促進や技術力向上に向けた支援，2．臨床現場のニーズと工業側のシーズの発掘による医工連携の促進やコーディネーター人材の確保・育成等によるネットワーク形成および活用のための支援，3．拠点整備や特区の活用等が挙げられる（日本政策投資銀行，2014）。

　以上のような医療機器産業の振興やそのための医工連携の促進は，地域の中小企業にとっては大学との共同研究を通した技術力の蓄積・向上，試作・開発・部材供給等で大手医療機器メーカーのサポーティングインダストリーとしての役割を担う機会の拡大，既存製品や海外展開のための廉価モデルの製造を通して（日本政策投資銀行，同）事業機会を高めることにもつながる。中小企業の発展は，大都市圏に比べて雇用や経済の面で同企業のインパクトが大きい地方圏（日本政策金融公庫総合研究所，2015）では特に重要であり，その意味

においても各地域で医療機器産業の振興が積極的に取組まれている。

1-3　中小企業の医療機器産業への参入および事業化推進に向けて

　これまでに，医療機器産業が国内市場においては今後も安定的な成長を見込むことができ，世界市場ではそれ以上の成長を期待することができる有望な産業であるが，日本の医療機器産業は制度や当事者に起因する要因により潜在力を十分に発揮している状況ではないこと，これに対応すべく，国および各地域で上述のような医療機器産業を振興させるための様々な取組みが始められていることを紹介した。

　また，医療機器は多品種少量生産および販売の典型であり製品が基盤技術の集合で構成されていることから，現状においても医療機器製造販売業を営む企業が従業員数 100 人未満の企業が 52.1％，300 人未満の企業では 71.9％と多くの中小企業が占めており，今後さらに各地域の異業種中小企業が蓄積した高度な技術を活用し，医療機器分野を新規事業として発展させていく潜在性は大きいこと（経済産業省商務情報政策局医療・福祉機器産業室，2010；同，2011；田中，2011），これら中小企業の発展は地域の雇用および経済に大きなインパクトをもたらすことについて説明した。

　そこで本稿の最後に，現在の中小企業の課題を概観したうえで，医療機器の分野において中小企業が事業化推進するために何が必要かについて「組織間連携」をキーワードとして検討していくこととする。

(1) 新規事業の推進に向けた中小企業の課題

　中小企業の全企業に占める割合について，企業数では 99.7％，常用雇用者数では 62.8％を占めており（2012 年度版中小企業白書），経済・社会に与える影響は大きい。近年では，中小企業の役割に対する認識が積極的なものとなっており，2000 年版の中小企業白書では 21 世紀の中小企業の役割を，市場の創造・市場の活性化を促す「市場競争の苗床」「イノベーションの担い手」「魅力ある就業機会創出の担い手」「地域経済社会発展の担い手」としている[6]。これらの

6　前年（1999 年）には中小企業基本法の改正がなされ，中小企業政策の基本理念が従来の救済から自立支援へと移行した。

流れから，各地域の経済・産業をはじめ日本経済全体の活性化のために，企業数において大多数を占める中小企業が競争力をもつことの重要性が認識されつつある。

このように中小企業は蓄積してきた独自の高度な技能を活かして新規事業に参入し，競争力のある新規産業を振興させる担い手となることが期待されている。一方で，中小企業は規模が小さいことやこれまでに多くが大企業の下請企業として事業活動をしてきたことから，市場ニーズの把握，開発コストの負担能力の低さ，販売力の欠如（安楽城, 2008）等，新たな展開にとって不利になる要素を抱えていることが多い。しかしながら，1990年代になると経済の低成長，国際化の中で日本における中小企業の脱下請化が加速し，中小企業が経営の自立化を進め新たな事業機会を発掘する必要性が高まっている（平成8年版中小企業白書；植田他, 2006；関, 2011）。このような状況に対して，中小企業がその他様々な業種の企業，大学等研究機関，経済団体，地方自治体等の他組織との連携を成立させることにより，上述の不利な要素を克服して自立的に新事業に取組む動きが出てきている（安楽城, 2008；関, 2011；植田他, 2006）。

(2) 中小企業の医療機器事業への参入にあたって考慮すべきポイント

中小企業が自立的な新規事業の推進に向けて他組織との連携を進めることが多くなる中で，医療機器においても中小企業が上述のような国および地域における支援を活用して組織間連携を成立させ，同産業に参入することが多くなってきている。

中小企業にとって医療機器は，生産額が小さいニッチ市場が多く多品種少量生産および販売の典型であること，製品が基盤技術の集合で構成されていることから参入の機会が大きいという点で有利な側面がある。

一方で，医療機器特有の特徴として参入を検討する際に克服すべき事項も存在している。これらの事項としてまず，医療機器は医薬品医療機器等法の規制対象となっていることである。ここでは，事業に携わるにあたって製造業許可あるいは製造販売業許可を取得しなければならないこと，上市の前に複雑かつ厳格な審査承認プロセスに対応しなければならないことである。また，医薬品医療機器等法による審査承認に加え保険適用にかかるラグや価格設定の問題，

PL保険の未整備等の制度上の障害要因が存在する。さらに，ニーズを把握するための医療現場の情報や医療機関とのネットワーク構築，商習慣への対応，事業展開していくにあたって必要な専門機能等が求められる。このように中小企業の医療機器事業への参入にあたっては克服すべき特有の事項が存在しており，これらの要素を反映した組織間連携を成立させることが必要である。

(3) 医療機器産業への中小企業の参入と組織間連携
参入のパターンおよび連携対象

　中小企業が医療機器産業に参入するパターンとしては，医療機関・大学等の研究機関と新たな機器や技術を試作・開発する「研究開発タイプ」，医療機器部材を提供する「部材供給タイプ」，委託生産（OEM）を含め完成品を量産供給する「製造業タイプ」，最終製品を製造し自社ブランドで発売する「医療機器メーカー」が挙げられる（経済産業省，2014）。

　新たな医療機器を創出するには，「市場探索→コンセプト設計→開発・試験→製造・サービス供給の展開→販売・マーケティング」を経るのが一般的なプロセスである（同，2014）。上述の参入パターンにより必要となる要素は異なってくるが，ニーズの収集のための医療現場へのアクセス，薬事法の規制への対応，販路開拓等，医療機器産業に異業種から参入しようとする中小企業が単独で医療機器の創出プロセスを進めていくことは現実的ではなく，事業化推進のための他機関との組織間連携が必要となる。

中小企業の医療機器参入と求められる機能

　以下，中小企業が医療機器の新規事業を推進することを前提に，医療機器の研究開発から実際に機器が医療現場で使用されるまでのプロセスで必要と考えられる組織間連携について考察する。

　田中（2011）は医療機器産業に参入する中小企業が単独で持つことが難しく他組織に依存する機能として以下を挙げている。
- ニーズ，シーズの情報収集
- コンサルティング，コーディネート
- 市場調査

- 部品，部材開発，試作
- 動物実験，治験
- 国内外への承認申請
- 弁理士，弁護士業務
- 翻訳
- 人材派遣

例えば研究開発でのプロセスでは，医療機器の改良や革新のためには医療現場のニーズを収集すること（経済産業省商務情報政策局医療・福祉機器産業室，2010），必要な症例が確保され，医師による十分なフィードバックを受けることができ，医療ニーズと技術シーズをマッチングさせることが重要である（医療産業研究会，2010）。このためには，医療現場に従事する医師や看護師等が持っている具体的なニーズを開発に反映させるための仕組みが必要となる。また，医の専門家と工の専門家の間で互いの専門用語や常識の理解不足から生じるコミュニケーションの不足（田中，同）についても注意を払わなければならない。さらに，ある医師から提案されたニーズに普遍性があるか，活用する技術の開発方向の妥当性があるか，市場性があるか等の開発の妥当性の実証（POC: Proof of Concept Study）を検討することも必要である（田中，同）。その他，部材やソフトウェア分野への参入では，受注先のセットメーカーのニーズを把握するための連携が重要となる。

研究開発以降の，（非）臨床試験，承認申請，製造，市販のプロセスにおいても中小企業が単独で保持することが困難な機能をもつ他組織との連携が必要である。例えば中小企業であれば製造過程において量産を実現させるために，ISO製造認可を受けた中核となる地域の中堅企業との連携による受注体制を確立することが必要となる。また，承認申請や販路開拓を相談あるいは共同で取組むための連携も重要である（経済産業省商務情報政策局医療・福祉機器産業室，同）。

必要な組織間連携

以上の求められる機能を満たすことを目的に，中小企業が医療機器産業に参入し事業化推進のために連携を成立させることが必要なパートナーとしては以

IV-1. 日本の医療機器関連産業と中小企業の参入　77

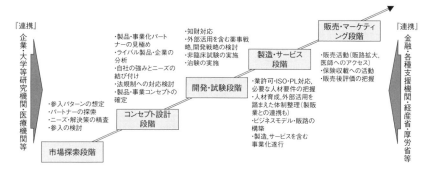

図 IV-4.　医療機器創出の段階と求められる組織間連携

（出所）経済産業省（2015, pp.8-9）を基に筆者加筆修正

下を挙げることができる（経済産業省, 2014）。

　まず，基盤研究，技術シーズの提供，有効性，安定性等の検証，材料評価で役割を果たす大学および研究所である。これらは，医学・工学・デザイン等の分野の域内外の大学や公設の研究所等が挙げられる。

　次に，市場である医療現場のニーズの提供[7]，臨床エビデンスの提供，開発機器の導入や普及に役割を果たす医療機関（あるいは医科大学）が挙げられる。これらは，域内外の医療機関の医師をはじめ，看護師や臨床工学士等も含まれる。また新製品の開発のみではなく，その後の製品の継続的な改良にも貢献するようなネットワークづくりも重要である。

　さらに，医療機器としての製品化・事業化，知財のとりまとめ，薬事・市場化を見据えた他機関への助言の役割を果たす「製販企業」との連携も必要である。

　以上の活動の支援や関係者の引き合わせには，組織間連携による新規事業を促進させる役割を担うコーディネーターも必要となる。コーディネーターについては，必要な能力や経験，要求される機能や役割を明確にしたうえで，必要な教育，人材の発掘，人材のプーリングや紹介のための仕組みを整備し活動を活発化させることが求められる（経済産業省商務情報政策局 医療・福祉機器産

---

[7] 通常の産学連携においては大学が技術，産業界が市場を知っていることに対し，医工連携においては大学が市場を知り，産業界が技術を知るという点で異なっている（経済産業省, 2015）。

業室，2010 および 2011）。これらコーディネーターは医療機器業界，薬事法，ビジネスに関する基礎知識に加え，開発，知財，臨床試験，薬事申請等の専門的知識も必要となり，これらすべての知識を保持することは困難であることからコーディネーター間あるいは専門家との連携も必要となる。

　最後に，公的な予算の獲得，マッチング，専門的支援等で役割を果たす専門支援機関，地域支援機関（公益財団，商工会議所等），学協会・業界団体で構成される「医工連携支援機関」，地域の医療機器産業の振興を中長期の施策として推進する自治体等の公共セクターの役割についても検討することが重要である。これら機関は，上述のような連携相手と中小企業との連携成立を促進させるための場の提供や介入を通して，医療機器の開発から承認・認証，市販化等，事業化に至るプロセスを一体的に支援することが期待される。

IV-2. 事例１：神戸市における医療機器関連産業振興のための中小企業を中心とした組織間連携の成立プロセスの促進への取組み

2-0　はじめに

　本節では，神戸医療産業都市構想が推進されている神戸市において，中小企業をはじめ医療機関，研究機関，公共セクターによる組織間連携の成立プロセスを促進させ，医療機器関連分野の事業化推進に取り組んだ事例についてケーススタディの結果を詳細に記述する。本事例は，1999 年に社団法人神戸市機械金属工業会が母体となり設立された医療用機器開発研究会（以下，「医療研」），および 2011 年に神戸大学医学部が中心となり設立された医療イノベーション神戸連携システム（以下，「MIKCS」）をベースとして，神戸市を中心とした中小企業をはじめとする互いに異業種および異分野の組織に属する自主的・自立的な人々のあいだで自発的な相互作用を展開し，それぞれの会員企業，神戸市，医療機関，大学等を主な構成主体とした組織間連携を成立させて医療機器関連分野への新規事業に参入し製品開発・商品化へとつなげた事例である。本ケーススタディでは，医療研設立までに会員企業が直面した状況，設立から開発・製造・販売の体制を整備するための 2003 年の販社設立を経て，MIKCS の設立

と医療研との協力関係の構築，両者の分離とその後のそれぞれの取組みについて 2015 年現在までの動向について解説する[8]。

2-1　医療研の体制および運営

　医療研の母体となる社団法人神戸市機械金属工業会（以下，「工業会」）は，1959 年 2 月に神戸市とその周辺における中小機械金属工業の振興等を目的として設立され自主的な活動を展開する中小企業により構成される団体であり，経営や技術等における会員交流，調査研究等の活動の場となっている。会員企業は 280 社を超えており[9]，神戸製鋼所，三菱重工業，川崎重工業，三菱電機等の地元大手企業の協力会社が主な構成企業である。

　工業会を母体として設立された医療研は 1999 年 11 月に設立され，成長が見込まれる医療機器関連分野への参入を希望する工業会会員企業の 32 社で活動を開始した。当初から工業会会員以外にも門戸を広げており 2015 年 5 月現在で会員企業数は 81 社[10]にまで増加している。現在では工業会会員以外の企業も参画しており，神戸市とその近郊地域以外では岐阜県・神奈川県等の企業も会員となっている。医療研は，神戸市，工業会，会員企業がそれぞれ約 3 分の 1 を出資して成立しており，年次総会，例会におけるセミナーや会員企業による事例発表，会員企業間および外部機関との連携による医療機器関連の開発等に向けた検討や事業化支援に取組んでいる。医療研による主な成果の一例としては，MRI 画像を見ながら手術ができる装置内で使用可能な非磁性の手術用具，手術用のドリル，手術の際にがん細胞の転移を予防するために腸を挟んで止める器具（腹腔鏡手術用デバイス）等が開発・商品化されている（NAVIS, 2009/3）。

2-2　初期条件：医療研設立以前の状況

　本節では，神戸市を中心とする中小製造業で主に構成される医療研が設立さ

8　以下事例については第Ⅲ章で紹介したインタビューおよび二次資料を基に記述する。二次資料からの引用についてはその都度出所を記載する。
9　2011 年 6 月時点（神戸市ホームページ）。
10　2015 年 6 月のインタビュー実施の際に受領した医療研の定例総会資料による。81 社の医療研会員企業の内，工業会会員企業は 49 社，工業会会員以外は 32 社の構成となっている。

れ，医療機器関連分野における新規の事業化推進のための組織間連携の成立プロセスとその促進に影響を与えたと考えられる初期条件について整理する。

(1) 制度的環境

　震災からの復興事業が進む中で，1998 年に神戸市が医療産業都市構想の検討を発表し，同年 10 月に懇談会が設置された。同構想は 1995 年の震災によりダメージを受けた神戸市の産業高度化や雇用確保等，経済の活性化を今後大きな成長が見込まれる医療関連産業を神戸市が支援し振興させることより達成することを主な目的とした。

　実際に 1999 年の医療研設立後の動きとしては，2000 年 3 月には（財）先端医療振興財団が神戸市・兵庫県・民間企業の出資で設立され，その下で先端医療センター等の医療機関や研究機関等が設置された。また，神戸市をはじめとする行政による補助金等の支援制度や神戸医療機器開発センター[11]の設置等を含む事業化支援も拡充され，2016 年 2 月現在では 316 社[12]の企業，大学等研究機関，医療機関が同構想の中心地であるポートアイランドに進出し，日本最大級の医療産業クラスターにまで成長している[13]。

　後に説明するように，同構想が検討・実施され神戸市による医療関連産業振興への支援体制が整備されていく中で医療研も設置された。

(2) 経済・産業

　神戸市では従来，神戸製鋼所，三菱重工業，川崎重工業に代表される重厚長大型産業を中心とする製造業が産業の中核にあった。工業会会員企業も鉄鋼・非金属製造業，金属製品製造業，電気・機械器具製造業が 80％を占め（鶴井，2002），多くが上述の大企業の協力会社として事業を続けモノづくりの技術を培ってきた。しかしながら，これら中小企業は 1990 年代には産業構造の変化

---

[11]　神戸医療機器開発センターは，手術手技トレーニングや医療機器の研究・開発・評価，事業化活動のための賃貸スペースを提供する等，医療機器関連分野における新事業の促進を目的とした独立行政法人中小企業基盤整備機構により設置された施設である（同センターホームページ）。
[12]　神戸医療産業都市 ポータルサイトより。
[13]　神戸医療産業都市については，神戸市企画調整局医療産業都市推進本部（2007），尾羽沢（2005），KBIC 発行資料を参照している。

による親企業の他地域への生産拠点の移転や業態のシフトによる受注・納入の減少という長期的な要因により，事業機会が徐々に減少するという状況に直面していた[14]。

さらに追い打ちをかけたのが1995年1月の阪神淡路大震災がもたらしたダメージによる受注量の激減であった。工業会会員企業の中には受注量が半減したところもあり，長期的な不況も合わせて考えると，このままでは事業が先細りしていくという危機感が同会会員企業の間で広まっていた。

(3) 医療研設立以前のソーシャルネットワーク

医療研が設立された当初の1999年においては，医療研会員32社全てが工業会の会員であった。従来大企業の協力会社として活動してきたこともあり，医療研設立以前に何らかの事業化推進のためにこれら中小企業間で自発的な組織間連携を実施した経験はなかった。しかしながら工業会の活動である研究開発やISO等について議論する技術交流部会，新規事業や経営の自立化等について議論する経営交流部会，年次総会，懇親会，新年の交換会等を通した交流によって各企業の代表は互いに顔を知っていることが多かった。医療研設立当初の32社の会員についてもその多くは互いを知っているという状況であった。しかしながら，この関係性が直ちに具体的な事業へのコンソーシアム形成等の動きにつながったというわけではない。その一方で，医療研の設立や各企業の参加を阻むような閉鎖的なネットワーク，企業間のトラブル等の負の要素についても特筆すべきものは確認されていない。

医療研会員の中小企業間の関係性以外に，医療研設立および設立後の運営支援をした神戸市やニーズの収集・試作品の評価で連携した医療機関とのネットワークについても特筆すべきものはなかった。しかしながら，医療研設立後に取組まれた医療機器製品の開発に際してアドバイス等の支援をした神戸大学工学部の教員と医療研会長であるT氏とは医療研設立以前から交流があった。

---

14 本台・内田（1998）は，製造業を含む神戸市の産業について，1995年の震災以外に構造的な変化という長期的な要因により衰退している業種が存在することを指摘している。

2-3 医療研設立時および設立直後
(1) 医療研設立の経緯

　工業会に所属する会員企業の多くが1995年の震災以降，ダメージからの事業の立て直しに追われていた。そのような中で同会会長が1998年に神戸市市長とともに海外プロジェクトのための出張で同行していた際に，医療産業都市構想を検討していた同市長よりものづくりをしている工業会も医療関連の事業に取り組まないかという働きかけを受けた。翌年の1999年に同構想の内容も明確になり行政のバックアップも期待できる中で，「神戸市の（医療関連産業への）取組みが進むにつれて工業会も何か関わりがでてくるかもしれず，そのための準備が必要なのではないか」，「今後の成長が期待される医療機器という分野において新たな事業機会にチャレンジしてみよう」という思いが工業会会員の中に芽生えた。また，医療機器という分野では協力会社として培った一品受注製品の生産に向く技術が強みとなり，医療機器の新規開発や改良の際の試作品製作に活用できるという判断もあった（NAVIS, 2009/3）。

　1999年の時点においては神戸市による医療機器関連を対象とした補助金等の支援プログラムは存在していなかった。しかしながら，市長の打合後に神戸市産業振興局経済工業課（以下，「神戸市工業課」）から工業会に対して同課が支援主体となり勉強会を開催することについての申し出があったこと，また医療機器関連という異分野に一社単独で参画するにはリスクが大きすぎるという認識から，同年11月に医療研を設立した（鶴井，2002）。医療研のリーダーとなる会長については，工業会においてはものづくりの経験のみをもつ会員企業が多い中で，化学等の技術も有する企業を代表し知識・経験ともに豊かなT氏が医療機器関連事業の推進に取組む医療研の代表としてふさわしいということで工業会会長からの指名があり，T氏もそれを受けて医療研会長に就任した。医療研の運営に携わる事務局機能は，当初は工業会の事務局内に担当者を置いたが，後に医療研に専属の事務局を神戸市産業振興センター内に設置した。

(2) 医療研会員の募集プロセス

　医療研の会員募集には幅広い技術を結集する必要性から，当初より工業会会員以外の企業も対象として幅広く呼びかけた（鶴井，2002）。現在では県外も含

めた企業が会員となっているが，設立時は会員を公募し名乗りを上げた工業会会員の32社が医療研会員として名を連ねたという経緯であり，当初から医療研の規模や会員企業間の技術の補完性等が計画的に考慮されたうえで参加企業が決定されたということではない。

32社が集まり医療研を発足させるにあたっては，過去に特筆すべきトラブルはないこと，具体的な受注案件のための集まりではなく勉強会を主体としたゼロからのスタートであり，自社から他社への技術漏れ等についての企業間の警戒や企業規模の差等から生じる支配関係もなく，全会員が同じスタートラインから医療研を発足させることができた。

(3) 当初の市場および開発対象となる製品についての認識，事業機会への期待と現実

医療研の設立当初には，会員間でターゲットとする製品や市場について明確に定めていたわけではなく，従来の事業における受注が減少傾向にある中で，今後高齢化が進む我が国の医療産業において医療機器関連分野も将来的に需要が伸びるのではないかという程度の認識であった。事業化については，勉強会で知識・情報を蓄積し，様々な案件にトライしていくことで徐々にターゲットを絞っていくというスタンスで活動を進めていった。

医療研のスタート時点においては，会員企業の間で医療産業都市構想により大手医療機器メーカーが進出し，会員企業が協力会社として部品加工等の受注機会を得ることができるのではないかという期待が強かった。しかしながら，医療機器関連の市場をリードするような大手メーカーの進出がなかったこと，域外大手メーカーから医療研会員企業への発注の打診もあったが金額等の面での折り合いがつかなかったこと，さらに一旦協力会社として取引を始めると大手企業と個々の医療研会員企業のつながりとなり医療研会員企業が自立したメーカーとして市場で製品を売るという目標から遠ざかることが懸念されたこと。以上の理由から会員企業間で大手メーカーの協力会社ではなく自立したメーカーを目指し，メンバー各社が市場でモノを売る主体は自分たちにあるという意識を持つようになった（NAVIS, 2009/3）。

2-4　医療研設立後の動き
(1) 会員企業の保有技術の把握

1999年11月に医療研を立ち上げ32社が参加したが，会員企業の保有する技術や何を得意とするのかについて医療研として把握していなかったことから，翌年早々から神戸市および財団法人新産業創造研究機構（NIRO）[15]の担当者と共に医療研会長であるT氏が会員企業を一社ずつまわりヒアリングをして技術シーズを調査した（鶴井，2002）。同時に各会員の医療研への期待や取組みへの希望を聞いたうえで，医療研の方針や進め方についても意見交換をした。

(2) 医療研における例会（勉強会）の内容および進め方

医療研では会員がそもそも医療機器とはどのようなものかということの理解から始めなければならず，その他には商習慣，薬事法，特許，先進事例等についての学習を進め，医療機器を開発して市場に出すためにはどのような規制や制度があるのかについて把握していく必要があった（NAVIS, 2009/3）。

会員の勉強会は年に数回開催される例会で進められ，大手医療機器メーカー社員等の外部講師を招聘したセミナーと質疑応答，他地域の中小企業の医療機器メーカー群との交流・情報交換，医療機器メーカーの工場見学等が実施された。

例会の運営は，T氏と事務局，および神戸市工業課もアイデアを出し毎回テーマを決めたうえで同市工業課関係者も参加して開催された。また，外部講師の招聘，他地域で医療機器の開発・製造を手掛けている企業[16]との交流や見学については神戸市のルートを活用する等，同工業課が医療研の運営に果たした役割は大きい。また，後述するように医療機関の紹介や補助金制度の創設，他機関の補助金の紹介等，医療機関のニーズの把握や製品開発の促進にも同工業課が貢献をしている。

15　NIROは兵庫県，神戸市，企業等により，1997年に新産業創造による兵庫・神戸地域の創造的産業振興を目的に設立された財団法人であり，「研究コーディネート活動」「リエゾン（橋渡し）」「技術移転活動」「技術相談」「事業化支援」を提供している（NIROホームページ）。
16　例えば，東京で医療機器の開発・製造を手掛けている中小企業との情報・意見交換の場を設けている。

(3) 医療機関のニーズの把握，製品開発への流れ

　製品開発に向けた医療機関のニーズを把握するためのヒアリングは医療研が設立された翌年の 2000 年から開始された。全く面識のない医師へのアプローチは難しいこともあり，最初のアプローチは医療産業都市構想の主体である神戸市が経営主体であった神戸市立中央市民病院[17]に協力を要請して医師とのパイプを構築し（NAVIS, 2009/3），同市のアレンジのもとで工業会事務局の医療研担当者（後に，医療研専属の事務局担当者）が中心となり医師へのヒアリングを実施した。中央市民病院の他には，医療産業都市構想の一環で設立された先端医療センターの医師にも実施している（鶴井, 2002）。これらのヒアリング活動を通して，試作の対象となった製品の評価について医師の協力を取り付けることもできた（NAVIS, 同）。また，医療研設立後の数年間で実施したヒアリングにより，ニーズに基づく数十件の開発テーマを抽出するに至った。

　ヒアリングの実施に際しては，医師側も常に開発すべき製品に具体的なアイデアがあるわけではなくただ現状で困っていることについて説明を受けることも多く，それに対して解決策を提案して開発に反映させ，具体的に製品化することが最も重要な点となった。また，ヒアリングにおけるコミュニケーションにおいては医師側の専門的な内容や用語を会員企業のみで理解することは困難であることから，初期は NIRO の職員の同行を依頼して解釈の助けを得ていたが，後に医療分野の理解が深まってきた会員企業が自力でヒアリングを実施することが可能となった。現在では多くの会員企業がコミュニケーションの困難を克服するに至っている。

　医師に対するヒアリングについて，通常初回の訪問は上述のように事務局担当者を中心に実施した。その後の開発への流れとしては，医療研設立当初に実施した保有技術や希望等のヒアリング結果を基に開発に参加する企業を事前に選定，あるいは医療研会員企業から手を挙げる企業を募集し決定した。その後，開発に参加する企業を同伴してより具体的な話をするために再び医師にヒアリングを実施した。

17　現在は，地方独立行政法人神戸市病院機構が経営主体である。

(4) 非磁性鋼製器具の開発事例（2001年）

　例会の座学だけでは更なる進展がないと医療研会員が感じていた 2001 年当時に，先端医療センターに MRI のリアルタイム情報をもとにした低侵襲手術が可能となるオープン型 MRI が導入されるが，その際に必要となる既存の非磁性の手術用具が外国製品のみで非常に高額でありまた十分に医療現場のニーズに対応できていない（鶴井，2002）という情報を同センターへのヒアリングで得た。これに対応し，高品質・コストパフォーマンスの高い製品の開発と普及を目的に国産製品の開発プロジェクトに取り組んだ。同プロジェクトは，神戸市を通じて紹介された経済産業省近畿経済産業局の 2001 年度創造技術研究開発補助金事業に採択され，開発費用 4,600 万円のうち 2,000 万円の補助金交付を受け，開発期間が 2001 年 5 月から翌年 3 月のプロジェクトとして開始された。

　同プロジェクトは，ピンセット・ハサミ・カンシ等の非磁性鋼製器具を 70 種類，約 140 体を製作するというものであった（鶴井，同）。実施にあたり医療研会員企業から参加希望者を募集した結果，20 社が手を挙げ参画し，ハサミの開発・製造には既存会員企業では対応できなかったことから，兵庫県立工業技術センター[18]の紹介を通して兵庫県小野市の企業に参画を要請し同企業が医療研に入会しプロジェクトに参画することになった。プロジェクトは，非磁性材料の選定から始まり，既製品の材料調査，図面作成を行い，製作方法の検討についてはエンジニア能力の高い 1 社がリーダーシップをとりながら参画企業全体で進め，試作や製造については加工技術に自信のある 5 社が担当した[19]。

　同プロジェクトは外部機関との連携も得たうえで進められており，開発や製作方法について T 氏が以前から交流のあった神戸大学工学部の教員とも連携し毎月定期的に参画企業が進捗を発表，そのうえで技術的な課題の解決を中心に議論しながら進め，同工学部教員からの試作品の評価も得た。また，（財）先端医療振興財団の支援のもとで先端医療センターのオープン型 MRI を利用して実証試験も行っている（鶴井，同）。プロジェクトの成果物である製品は，先端医療センターや神戸市立中央市民病院からの受注を得た。

18　兵庫県立工業技術センターは，県下の中小企業や産業界の中核的技術支援機関である。
19　開発プロセスについては，鶴井（2002）およびインタビューをもとに記述している。

医療研会員企業は同プロジェクトにより，開発から製品化まで産官学連携のフローを体験することができ，今後の医療機器関連の開発から製品化までの自信を得るとともに，以降の会員企業の積極的な開発・試作への取組みにつながった（鶴井，2007；NAVIS，2009/3）[20]。

(5) 2001 年のプロジェクト以降の動向：神戸大学医学部とのつながり，神戸市の補助金制度，会員企業の積極的な研究開発，医療研の再編

2001 年の非磁性の手術用具のプロジェクト以降の動きとしては，まず同プロジェクトで協力関係を構築した神戸大学工学部の教員が個人的につながりのあった神戸大学医学部の医師を紹介し医療研からもアプローチをすることで，同大学医学部の医師へのヒアリングの機会を得ることができた。このヒアリングからは，現在も開発した主な商品の一つとして位置づけられている腹腔鏡手術用デバイスの開発（ガットクランパー），その他既製品の改良等を産学共同で実施している。

さらに 2001 年のプロジェクトを契機に，会員企業が積極的にそれぞれの技術を活かして医療・福祉関連機器の研究開発に取組むようになった。これに対応して資金の必要性から T 氏より神戸市に相談を持ち掛けた結果，一件の開発につき 200 万円ほどを見込むことを前提に，100 万円を上限に開発費用の50％を支援する補助金制度（医療・健康・福祉分野開発研究費補助金事業）を同市が 2002 年に創設した。

医療機関側としては，手術用具等でより使い勝手のよい医療機器のニーズはあるが，一度の開発・製品化でボリュームを要求する大手の医療機器メーカーでは一定規模に満たない開発案件は受注を断ることも多く，少量でも対応する医療研会員企業とやり取りをすることにメリットがあった。この結果，神戸市立中央市民病院および神戸大学医学部を中心に医療機関へのアクセスの機会が増えたことに加え，同補助金制度も後押し材料となり，医療研設立の 1999 年から 2002 年の間に会員企業の内で延べ 44 社が開発に参画し，27 件のテーマにつ

---

[20] T 氏へのインタビューにおいても本プロジェクトにより医療研会員企業間で，「これまでやったことが無い外部機関との連携や開発から製品化までの経験を通して，とにかく試作というか物づくりをしていかないといけないなということがわかった」という証言を得ている。

いて商品化の目途をつけることができた（NAVIS, 2009/3）[21]。

　これらの製品開発においては，T氏をはじめとする医療研の中心メンバーが医療機関にヒアリングをした後に妥当な会員企業を選定するという従来の進め方で開発したものもあったが，医療研設立後数年が経ち，会員企業の中には個々でニーズを収集して開発にまでつなげる企業も現れ始めた。また，外部機関の県立工業技術センター等からの製造に関するアドバイス等の支援を受けながら開発・製造を進めていく案件もあった。全体としては2001年のプロジェクトのようないくつかの企業がコンソーシアムを組むような形態ではなく，今日に至るまで1社引き受けの案件が多い[22]。新規製品の開発が会員企業の中で活発になる一方で，試作まで進めたが商品にならないものも多く，医療機器関連の開発を事業として進めるにあたっての課題も会員間で認識されるようになってきた。

　その他の動きとしては，医療研会員が50を超えるほどとなった2002年に，医療機器のみではなく介護関連の機器やその他周辺機器等，医療機器の製造業許可を取得しなくても取組むことができる分野の開発を希望する会員企業が出てきた。これを踏まえ，医療研組織を再編し，「医療用機器委員会」「介護・健康機器委員会」「周辺機器委員会」の3つの委員会を下部組織として設置してそれぞれの分野に集中する体制とした。この体制は数年続いたが，各企業の保有技術と取組み分野への希望というシーズ志向の体制が，ニーズを反映した開発案件へのマッチングにおいて当初期待していたほどの成果がでなかった。これに対応し，現在では委員会組織を解消しニーズの発生ベースでプロジェクト体制を編成する方法に戻している。

(6) 海外視察，販社の設立

　医療研では2002年および2004年に医療機器の開発から商品化までの先進事例を視察するために，欧米の海外先進クラスターを訪問した。視察には医療研会員の中でも特に積極的に活動している企業が参加し，アメリカの視察ではミ

21　同期間で開発された製品としては，「顎骨拡張機」「脱気式形状保持クッション」等がある。
22　T氏へのインタビューによると，1社引き受けの案件が多かったこともあり，事業化推進をめぐっては特筆すべき企業間のトラブルは認知していないとしている。

ネソタ州のメイヨークリニック，メドトロニック社等を訪問している．視察を通して参加メンバーは，医工連携，マーケティングや研究開発に注力し収益を高めること，研究開発で得意分野に特化することの重要性を認識した（NAVIS，2009/3）．

この視察に先立ち，医療研会員の間では上述のように開発から試作までの様々な取組みにもかかわらず商品化に至らないことが多く，改善すべき課題として会員間で共有されていた．またこの原因として，会員企業がもともとは大手企業の協力会社であり自社販売の実績が乏しく，販売や流通に関する具体的なノウハウや人材が欠け営業力が不足しているという認識があった（NAVIS，同）．

これらの経緯から，2002年の一回目の海外視察の最中に，参加した会員企業より医療研会員企業から出資を募り販社を設立するべきというアイデアが出た．帰国後に医療研例会にて会員企業に提案し出資を要請したところ多くの企業が賛同し，会員企業35社と5個人の出資による会員制で運営する「神戸バイオメディックス（株）」（以下，KBM）を2003年6月に設立し，医療研会長であるT氏が代表取締役に就任した（鶴井，2007）．KBMは，製造したのち販売する際に必要となる「医療機器製造販売業許可」を取得し，医師からアイデア，ニーズを集めて医療研メンバーへ情報提供を行い，合議によって開発・試作する企業を選び，許認可申請および市場開拓・販売，その他受発注業務の代行，薬事法に関わるコンサルタント業務等を担当することを目的とした企業としてスタートした（NAVIS，同）．設立当初は，専任スタッフとして医療研会長であるT氏が代表を務め，1名を専属社員として着任させ，本社登録は工業会会長が経営する本社の住所を借りていた状態であったが，現在では医療機器メーカーの営業経験のある人材を採用して実働部隊を3名とし，本社も神戸医療機器開発センター[23]内に移転している．

2-5　KBM設立後の動き（2003年〜）
(1) 医療研への企業の参画状況，背景

医療研への企業の参画についてKBM設立後も会員数は増加しており，特に

23　同センターについては，本節2-2を参照．

工業会会員以外の企業が医療研会員となるケースが多くなってきた。また，神戸市およびその近郊だけではなく，大阪，岐阜，神奈川等の県外企業も医療研会員企業として登録している。

　これら会員企業の中には大手の医療機器メーカーの協力会社として成り立っている企業も存在しているが，それら企業も含め，医療研で様々な情報や事業機会を得ること，KBMという販社を利用して開発した製品を販売するという手段を得ることができ，いずれは下請ではなく自立した企業として事業展開する機会を得たいと希望する企業が医療研に参加している。

(2) KBM 設立後の新規製品の開発〜商品化

　KBM の設立後は，従来医療研が主体で行っていた業務のいくつかを同社にシフトしている。シフトの対象となった業務は，医療機関のニーズを把握すること，開発参画企業の選定については引き合い・受注検討委員会を開催して開発案件の受注企業を選定すること，国内の医療・福祉機器の展示会の出展等による販売促進活動等が挙げられる[24]。ただし，引き合い・受注検討委員会による開発企業の選定については決定に時間がかかるという理由から，医療研会長（KBM 代表取締役）T 氏を中心に適切な企業に声がけをするという方法に移行していった。

　KBM 設立後もいくつかの新規製品の開発や上述の腹腔鏡手術用デバイス（ガットクランパー）等の既製品の流通に力を入れ，いくつかの製品は現在でもKBM の主力商品になっている。しかしながら，KBM を利用する会員企業や新規商品の開発数が限定されていることから販売する商品のラインナップが少ないことと，各地域のディーラーを通して病院に販売しなければならないという販売チャネルの複雑さという要因も加わり営業効率は思わしくない。また人員不足の問題もあり，薬事等に関するコンサルティング機能については十分な対応ができるまでには至っておらず，販売機能を中心に活動を続けているという状態が今日まで続いている。

24　ただし，医療研会員企業に対して KBM の利用は強制ではなく各企業の判断に任せている。

(3) ニーズの収集から開発参画企業決定プロセスの改革，情報交換

　KBM 設立後は，新たなニーズの収集とともにそれまでに収集していたニーズをフォローして開発対象の案件を発掘しつづけていた。しかしながら，ニーズの把握から開発へのプロセスで会員企業の中で参画する企業に偏りが生じていた。これに対し，より幅広い会員企業の開発への参画を促進するべく，医療研に新しい事務局長 N 氏を迎えた 2010 年に，収集した情報を医療研の例会において会員企業間で公平にシェアし，参画希望の企業による合議で決定することを徹底した。また，ニーズの収集ルートの拡大にも取組み，神戸市工業課との協議および同課の紹介により N 氏の主導で兵庫県の看護士協会や臨床工学士学会等とのパイプを広げ協力関係を構築していった。さらにこれら協力機関のニーズの収集プロセスについては効率化を進め，開発案件のアイデアについてまずアンケートを実施して既存製品か否か・市場性があるか等を吟味したうえで取捨選択し，有望と判断した案件について参画企業を決定し，さらに詳細をアイデア元との間で検討して開発を進めていくという方式を採用した[25]。本方式を採用した後の成果の一例としては，胃ろうおよびたん吸引のシミュレーション用の人形を，従来品は価格が数十万円であったのに対し数万円の製品を新たに開発・商品化することに成功している。

　外部組織との情報交換では，医療研，KBM，神戸市，神戸大学医学部，NIRO，先端医療振興財団のあいだで毎月第 3 火曜日に「三火会」という情報交換会を開催し，それぞれの取組みや業界のトレンド等について話し合いの機会を設けている。ただし，当会については情報交換が中心であり現在に至るまで新規開発等の実質的な成果にはつながっていない。

(4) 医療機器関連事業の継続および発展への課題

　KBM 設立後にも以上のような取組みを進めてきたが，医療機器関連をより一層の規模と採算性の高い事業および各企業の主力事業として発展させるためには以下の課題が残されていた[26]。

25　アンケートは統一したフォーマットを作成し，アンケートの依頼先とは機密保持契約を結んでいる。
26　課題については，医療研の活動に携わってきた T 氏，N 氏の認識を主に紹介している。

まず，医師をはじめとする医療機関とのコミュニケーションであるが，従来はニーズ把握・製品開発のためのヒアリングを単発的に限られた時間内で実施しているという状態が続いていた。また神戸大学医学部の医師との関係では，同大学工学部の教員の知り合いの医師を紹介されて個人的なつながりを築いてもその医師が異動するとコミュニケーションが途絶えてしまうことがあり，同様のケースがその他医療機関の医師についても多かった。一度開発した医療機器については使用する医師の意見や要望を聞いて継続的に改良すること，新規開発した製品が承認に至るまでに数年間要する場合にはその間のニーズや競合製品の変化等に対応するための情報収集等が必要となるが，医師との関係が継続的ではない状況ではそれらの対応が十分になされていなかった。このような課題には，医療機関の医師等と定期的にコミュニケーションを行い，目線を合わせ・共有することが重要となる。KBMに医療機器メーカーの営業経験者を採用後は，機器改良のアドバイスや使用上の長所・短所等について直接医師とコミュニケーションする機会を広げつつあったが，医療研（あるいはKBM）と医療機関の間での太いパイプあるいは定期的にコミュニケーションをとるためのシステムが十分に構築されておらず，克服のための双方の取組みが必要とされた。

　次に，医療研会員企業の姿勢としては全企業が積極的に事業開発に取り組んでいるというわけではなく，「何か機会があれば」という程度の認識で会員登録をしている企業も多い。2012年時点では会員企業の約25％にあたる16社が医療機器の製造業許可を取得し積極的に事業化に取り組んでいるが，一部の積極的な企業を除いて医療研を単に勉強会の場として活用する会員企業も多く，このことが医療研発の新規開発製品が多く出ない要因にもなっている。さらに，会員企業の多くは医療研で得た知識を使ってKBMを通さずに直接大手医療機器メーカーに部材等を納入するケースも多く，T氏へのインタビューにおいてもその実態については正確な把握はできていないが会員企業のビジネス機会としては一番主流ではないかとしている。医療研発の新製品（最終製品）の開発，KBMを通した販売についてよりラインアップを多くして活発にしていくことは今後の課題である。

　さらに，KBMの機能としては上述の医療機器メーカーの営業経験者を採用

してからは機器の改良も含めた医師のニーズ把握,市場性の考慮や販売ルートの確保等の状況は改善しつつあるが,一度商品化した製品の販売実績が思わしくなく製造中止になるケースが多く,事業としての採算性も十分なレベルではない。これらの原因としては,ヒアリングした特定の医師のニーズに対応した製品開発をする一方で市場性・経済性の検討がまだ十分なレベルに行われていないこと,マーケティング活動も不十分であることが挙げられる。

その他に考えられる課題としては,企業間あるいは企業と医療機関・研究機関等とのマッチングやコーディネーションによる地域内における医療産業への参入を容易にする仕組みづくり,薬事法の新たな規制に対応し中小企業が開発・製造に専念できる仕組み,許認可の難しさや多大な時間と手続きに対応するためのノウハウ,医療産業都市構想で集積した知的資源の有効活用,数年の開発期間に対しリスクやコストに耐えるための企業の体力,開発案件の事業化推進のための相談窓口やアドバイザー等の支援を拡充していくことが指摘されている(鶴井,2007)[27]。

2-6 医療機器関連の事業化推進に向けた促進体制の変化

(1) 新たな連携体制の構築― MIKCS の設立と医療研との協力関係の構築―

上述の課題を克服し神戸市における一層の医療機器関連産業の振興に向けた組織間連携の成立を促進するための新たな動きとして,2011年9月には医療イノベーション神戸連携システム(Medical Innovation Kobe Community System; MIKCS)が発足した。発足の経緯は,神戸市の医療産業都市構想の取組みについて検討するワーキンググループのメンバーであった医療研会長T氏が,医師をはじめとする医療機関のメンバーとの接点を拡大するために,同グループメンバーであり神戸大学の産学連携を担当していた教員I氏に同大学医学部および附属病院等との仲介を依頼したことに始まる。当時,同大学医学部ではA医師が主導して医療機器開発のマネジメントを推進する人材育成プロジェクトに取り組んでおり,それら人材の活躍の場としても多くの会員企業を有する医療研との接点をもつことが有益であったことから,I氏の仲介により両者

---

27 T氏へのインタビューではその他の要因として,許認可の基準・費用の高さ,時間の長等の制度的なハードルが未だに高く,中小企業の参入の大きな障害となっていることを指摘している。

が協力関係を維持することで合意に至った。

　この協力関係の開始を機に，I 氏および A 医師が中心となり，商品化（出口）を強調した医療機器関連製品の開発を推進することを目的とした MIKCS を設立した。MIKCS は A 医師が会長に就任し，神戸大学医学部[28]をはじめ，神戸市，中小企業基盤整備機構，（株）みなと銀行等が賛助会員（支援団体）となっている。

　MIKCS は，産学官が連携して神戸発の医療機器，介護・福祉機器および周辺機器の共同開発の推進，会員相互の情報交換・共有・マッチング，医療機器の共同受注・試作研究・共同開発体制の構築，医療機器開発に携わる人材育成等を具体的な目標としている。その運営のために独自の事務局を設け，医療研事務局長を務め I 氏とも長年交流のあった N 氏が 2013 年 5 月より事務局長に就任している。

　MIKCS への入会については，医療研会員企業は MIKCS の入会金や会費等が免除され自動的に MIKCS の会員となったが，MIKCS は独自に会員募集もしており，全国規模の広い範囲で企業が入会している。また企業の入会については，薬事を理解している企業等を対象に MIKCS 側から働きかけて会員企業を集めており，神戸発の医療機器関連産業の振興に向けた基盤を拡充させている。入会条件の一つとして，MIKCS の提供サービスを活用して製品を販売した会員企業に対しては，売上の一定率を MIKCS に収めることを定めており[29]，受益者負担に応じ医療機器関連分野の事業化に本腰で臨む企業が集まってくることを狙いとしている。

(2) 連携体制の模索および分離

　1999 年の医療研の設立以来，医療機器関連の開発は同会を中心に進められ，同事業の推進への取組みは一定の成果をおさめてきた。一方で，神戸市における医療機器関連産業を一層発展させるためには，必要な仕組みが不足している等の克服すべき課題が存在していた。

28　神戸大学からは医学部の他，工学部の教授も参加している。
29　MIKCS を通して商品化に至った案件に対して，料率検討委員会を設置し料率を決定することとしている。

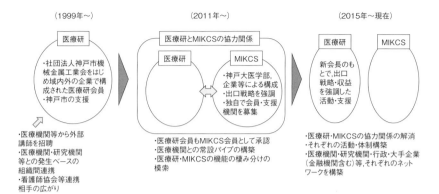

図 IV-5. 医療機器関連製品の開発・事業化に向けた組織間連携を促進させるための場の発展（神戸市）

（出所）筆者作成

　MIKCSを設立したことにより，コミュニケーションについては医療研と神戸大学医学部との間でパイプを太くし互いにアクセスが容易になった結果，MIKCS会員企業および医療研会員企業と同大学医学部医師による複数の新規製品の共同開発が新たにはじまった。

　MIKCS発足後には，これまでに十分に機能してこなかった薬事や異業種から参入する際の相談窓口の機能を強化する取組みを進めた。これら機能については，MIKCSを中心に一本化する案が出たことにより，MIKCSと医療研の間で話し合いが進められた。また，会員についてもMIKCS独自の募集に対して入会する企業も増えている。一方で，医療研はMIKCS発足後も従来の例会を開催し，事務局や販社（KBM）をはじめ独自の運営体制を保ち，MIKCSについては有効な連携先の一つとして活用しながら医療機器関連製品の開発・販売までの活動を継続することとなった。

　以上のように，医療研とMIKCSの間では様々な機能についての調整や棲み分けについての話し合いが進められた。しかしながら，発足から2年ほどたった時点において，MIKCS内において国の補助金を受けた場合の管理を実施するにあたり，従来の任意団体ではなく法人化をする必要があるという意見がでたことを踏まえて，I氏を中心に一般社団法人への移行が進められた。法人化

を実施するにあたり，MIKCS 会員の入会・会費・活動等の条件を統一する必要から MIKCS 会員でもあった医療研会員への対応が協議されたが，工業会の下部機関として位置づけられ神戸市の補助金等も受けている医療研が法人化した MIKCS と統合することは困難であった。結果，両者は分離することを決定し，会員については 2015 年 4 月に MIKCS が法人として活動を開始するまでに両者のいずれの所属となるかの判断については各自に委ねられた。現在では医療研および MIKCS がそれぞれの会員を有し活動しているが，両者に所属して医療機器関連の事業化への機会を探求している企業も存在している。

2-7　近年の医療研および MIKCS それぞれの体制，活動・成果および課題

以下，近年の医療研および MIKCS それぞれの体制，活動・成果，今後の課題についての動向について整理する。

(1) 医療研
医療研の新たな体制および体制構築のための取組み

医療研における近年の新たな動きとしては，2014 年 6 月の総会において K 氏が新会長に就任したことが挙げられる[30]。K 氏はソフトウェア・情報システムの開発等を事業とする企業の代表取締役であり，医療研には当時において約 10 年所属していた。K 氏自身は営業経験が主な経歴である。

新会長の K 氏は就任とともにその経歴も活かし，勉強会としての性格が強かった医療研をより一層出口戦略（商品化・販売）および収益を意識した活動を充実させるための体制構築に取り組んでいる。

主な取組みの 1 つはサプライチェーンの構築である。これは，2015 年に会員数が 81 社となり中小企業に加えて出口のネットワークおよび経験の多い大手医療機器メーカーも数社所属するようになったこと，また外部の大手メーカーとの交流機会も増加する中で，中小企業と大手企業をマッチングさせることにより，完成品に比べてより参入の敷居の低い部材等のサプライ品を納入する機会を中小企業に提供することを目的としている。

30　KBM の代表取締役は現在も T 氏が就任している。

2つ目の取組みとしては，従来の総会・例会に加え，2014年10月より月1回のペースで限定したメンバーで運営されるオープンラボの設立が挙げられる。オープンラボの目的は最も大きな市場である市中病院をターゲットに，中小企業が取組むことが可能な比較的開発期間が短くデバイス・ラグの問題も少ないクラスⅠあるいはⅡの比較的薬事申請が容易な医療機器，理学機器，アメニティおよびファシリティ関連製品等で，市場性が高く大きな需要が見込める製品の開発あるいは改良を通した事業化である。メンバーは商品開発に意欲のある会員企業を10社程度募集し選定した[31]。医療側のメンバーは，K氏が医療研の例会で講演を依頼した市中病院の医師にアプローチしたところ，上述のオープンラボの趣旨に賛同し，同医師がファシリテーターとして食事会形式のカジュアルで対等なディスカッションを通して検討することで合意した。医療側のメンバーはM医師を中心に市中病院の医師，看護師，臨床工学士等を企業側と同様に10名程度招集している。さらにオープンラボの進展に合わせて外部より医療機器関連のメーカーや医師等を招聘し，ニーズの発表，メンバーによるディスカッションを通して新規事業への機会を検討しており，開発テーマが決定すれば分科会を開設し同テーマに取組むメンバーが集中的に検討することを可能にしている。

　その他の連携成立の促進に寄与する体制づくりとしては，医療研が発足して10数年経過する中で，例会等の活動に加え，学会への参加等を通して神戸医療産業都市で活動する医師をはじめとする医療関係者とのネットワークが構築されてきている。さらにこれら医療関係者の紹介を通してさらに製品開発等の活動目的に応じた新たな協力関係を築くことも可能となってきており，医療関係者へのアクセスの制限は以前に比べて解消されている。また，ファンディングについては地元金融機関からのアプローチもあり，必要に応じて活用することが可能な状態である。最後に，神戸市工業課との協力関係は現在も継続しており，同工業課が医療研の例会等に参加し外部講師の招聘等必要なコーディネーションや運営への支援を行っている。

31　2015年10月にオープンラボ設立1周年を機に企業側のメンバーのリリースおよび募集（1年目のメンバーの再応募可，上限15社）を実施している（医療用機器開発研究会ホームページ）。

医療研の活動および成果

　2014年にK氏が新会長として就任して以来，医療研は一層出口を意識した活動に取り組んできた。以下，現在の医療研の諸活動の内容および成果について紹介する。

　医療研の設立より継続している総会（年1回）および例会（年3回）においては，勉強会，新規会員の紹介，会員による開発事例の発表，大学等によるニーズ発表等の幅広い活動に取り組んでいる。ニーズ発表では，K氏が就任後も発表側の共同開発の応募に対して数社が参画を表明し，守秘義務等の共同開発を推進するうえでの要件を検討するというように事業化に向けた進展がみられる。

　K氏の就任を機に開設したオープンラボについては，上述のようにメンバーに加え，医療機器関連のメーカーや医師等を招聘し，臨床現場のニーズや商品開発・既存商品の改善のニーズ・製品化へのアイデアについて意見交換をしている。2015年6月時点においては，市中病院の医師のニーズに対して関心を示し参画した企業と同医師で構成される分科会が設立され，継続的に開発・商品化について検討している。

　サプライチェーンについてもK氏が新会長に就任後に開始された取組みであり，大手医療機器メーカー数社との商談が始まっている。ここでは，医療機器メーカーによるサプライ品納入の要請に対し，研究会に配置している工学的な知識を持つサプライチェーン担当の監事により，実績や設備等を考慮した上で会員企業の中から候補を選抜し，商談を進めていく形式が採られている。2015年6月時点においては既に部材供給取引において数件の受注を会員企業が獲得している。また，サプライチェーンの推進により交流を深めた大手医療機器メーカーの研究所の要請による改良品の試作についても受注が発生している。これらの組織間連携では，会員企業1社で対応することが多いが，発注内容によっては複数の分野にまたがる案件もあり，この場合は業種を超えて会員企業数社がコンソーシアムを組んで受注する場合もある。

　その他の活動で特筆すべきものとしては，まず市場性の確認や販売への支援が挙げられる。ここでは，医療研と臨床工学士学会の協調体制の下で，同学会員で医療機関に勤務する臨床工学士が医療研の副会長にも就任している。同臨床工学士を中心に医療機関における経験や医療関係者からの聞き取り等を踏ま

え，会員企業に対して販売の際の妥当な価格帯，販売に向けた医療機関関係者へのアプローチの方法，より市場性の高まる改善案をアドバイスしている。また，これら臨床工学士を通じて，会員企業が医療機関を見学し現場の医療関係者の抱える問題点やニーズを収集する機会も設けている。次に，連携に向けたコーディネーションやマッチングについては，上述の例会，オープンラボ，サプライチェーンにおける事業化のための関係性の構築に向けた活動に加え，神戸市やその他団体が主催する展示会への会員企業の積極的な参加を医療研としても支援している。最後に，補助金等へのアクセスについては上述の神戸市が支給する補助金をはじめ，県，経済産業省や厚生労働省等の国が支給する補助金に対して企業レベルで申請し受給している事例が複数存在している。

今後の課題

医療研の今後の課題としては，以下が指摘されている。

まず，従来ハードウェアに特化していた活動範囲をソフトウェアにも広げ，業務支援アプリケーションの開発，ライフサイエンスにおけるビックデータの処理，ヘルスケアにおけるIOT（Internet of Things）デバイスにおける事業化にも取組むことが課題として挙げられている。

次に，サプライチェーンにおけるOEMの受注については，大手医療機器メーカーからの依頼を受けているが，海外生産との競争となることや一つのオーダーで生産する数量が少ないことから，コストの面で折り合わずに現時点では受注の実績が無い。医療研の会員企業が，コスト削減および少量生産に対応できる体質に改善し，OEMの受注も可能にしていくことが課題として指摘されている。

さらに，販売面においては上述のように医療研としての支援を充実させてきているが，多くが下請として事業展開してきた会員企業の中には営業活動自体の重要性を認識していないあるいはノウハウを持っていないケースも多い。医療機器関連の市場が属人的な面が強く売れ行きの見込みが読みにくいという特徴があること，また大手企業のサプライチェーンにおけるビジネス機会を獲得するためにも会員企業それぞれが営業活動を展開することが重要となる。今後，会員企業がそれぞれ独自の営業力およびマーケティング力を高めていくことも

課題として認識されている。

　最後に，医療機器関連の事業化を推進していくにあたり，地域を挙げた協力体制を構築していくことを課題として，医療研会長 K 氏を中心に以下の取組みを行っている。まず，上述のようなソフトウェア関連の事業拡大に向けて，神戸国際医療交流財団が提供する「医工連携人材育成セミナー」を神戸商工会議所に所属するソフトウェア事業関連の会員企業の社員が受講して医療情報技師を育成し，そのうえでこれら会員企業が医療研のメンバーとなりソフトウェアの事業化を推進していくという構想について，同交流財団および同商工会議所にアプローチし，カリキュラム開発等の構想の実現に向けたプランを協議している。また現在神戸市は，兵庫県下に存在する多くの医療機関[32]の診療データ等を集積し，地域包括ケアの向上，医療機器やスマートデバイス等の事業化等への活用を通して高度医療の供給や QOL の向上に役立てるという構想を検討している。このような取組みの執行部分を，医療研として引き受けることについても検討しており，神戸市にアプローチをして提案・協議を進行させている。これらの取組みは現在進行中でありその結果は今後の進展を観察しなければならないが，医療研では従来の枠組みを超え，地域の豊富な資源を活用した協力体制を構築することの必要性を認識し，その実現に向けた活動を促進させている。

(2) MIKCS
MIKCS の体制および体制構築のための取組み

　2015 年 5 月現在の MIKCS は，法人正会員 27 社，個人正会員 12 名の他，賛助会員として神戸信用金庫と（株）みなと銀行，大学・医療機関・介護施設等で構成される機関会員として神戸大学，神戸芸術工科大学，神戸低侵襲がん医療センター，東京工業大学，支援機関として神戸市と中小企業基盤整備機構，協力機関として近畿経済産業局が参画し，産学官金の連携を成立させる場として活動を続けている。

　医療機器関連の開発・商品化を推進するための組織間連携の成立プロセスを

---

[32] 兵庫県の医療機関については，例えば県立病院だけで 13 の病院に 4400 床が存在する。

促進させるにあたり，場への参画者を招集してきた。主な構成員が参画に至った経緯は以下の通りである。

　まず医療機関および大学については，当初より参画していた神戸大学に加え，神戸低侵襲がん医療センターおよび神戸芸術工科大学が参画している。神戸低侵襲がん医療センターについては，2013年の夏季に前出のI氏およびN氏が同センター院長にMIKCSへの協力を要請するためにアプローチをした。同院長は元神戸大学医学部付属病院に勤務歴があり，MIKCSの活動が同センターも必要としていた産業界との医工連携を推進するにあたり有益なことを認識し，医療現場のニーズを提供することを通してMIKSと協力関係を結ぶことに合意した。神戸芸術工科大学については，MIKCS事務局長であるN氏が会員企業であるF社の営業所長を兼任しており，以前より同社が医療機器のデザインで協力関係を築いていた。2013年に同大学において「医とデザイン」というセンターを設立し連携相手を探していたことをN氏が知り，MIKCSも需要のある医療機器として商品化を進めるにあたって，使用する医療関係者の使いやすさを追求した開発を行うためにもデザインは重要であることから，I氏およびN氏が上述センターの担当教員にアプローチをしたところ両者が協力関係を構築することに合意し，MIKCSの賛助会員として同大学が参画することとなった。

　次に金融機関については，MIKCSの会員企業が医療機器関連の開発を進めるにあたり必要となる資金の提供者を確保するために，MIKCSの設立当初から金融機関との協力関係を構築することを重視し，I氏およびN氏が中心となり地域の複数の金融機関にアプローチをしていた。その中で地域の中小企業を対象に融資を行っていた（株）みなと銀行および神戸信用金庫が，将来的に成長する可能性が高い医療機器関連の製品化に取組む中小企業に対しても融資の機会を検討していた。しかしながら，両行とも医療機器関連についての知識に限界があり評価を行うことが困難であることから，MIKCSを活用することが有益であると判断した。結果，医療機器関連を対象としたファンドを設立し，MIKCSの認定を受けた医療機器関連を開発・製品化する企業に対して融資をするという両者の協力関係が成立した。

　神戸市については，MIKCSの設立および活動にあたりI氏が同市工業課に

補助金の要請を行ったことに対し，市への寄与が認められる活動であることから，支援機関として MIKCS に参画するとともに運営補助金の支給を実施した。同補助金の支給は，MIKCS が法人化したことを契機に廃止されたが，同工業課は支援機関として MIKCS の例会等に参加し，市の医療機器関連を対象とした開発補助金の紹介や支給対象となる会員企業の情報共有等を通して，両者の協力関係は継続している。

　その他の協力関係としては，以前に I 氏がインキュベーションマネジャーであった中小企業基盤整備機構において，現在は N 氏が同職を受け継ぎ兼任していることで同機構が支援機関として MIKCS に参画している。また，N 氏は NIRO[33] のメンバーでもあることから，技術協力等の交流を維持している。さらに，MIKCS は三火会[34] にも参加しており，意見交換や関連する集会の情報をシェアする等，人的ネットワークを通して外部機関との協力関係を維持・発展させている。

MIKCS の活動および成果

　MIKCS は産学官に加え金が連携して，出口をイメージした医療機器，介護・福祉機器および周辺機器の共同開発の体制構築および推進，共同受注・試作研究，会員相互の情報交換・共有，異業種間交流とマッチング，薬事コンサルティング，公的助成の獲得支援あるいは融資の利用，各種専門家等の紹介，医療機器関連の開発に携わる人材育成等を推進することを通して開発から事業化まで切れ目のない相談と支援を提供することを目的としている。

　主な活動は，毎年 5 月の総会と 3 か月に 1 回開催される例会である[35]。例会は勉強会という内容ではなく，医療現場のニーズ・企業のシーズを発表し開発に向けた組織間連携の可能性を探る場として運営され，企業・医療機関・研究者等が参加している。ニーズに対して関心をもつ企業が存在した場合は，MIKCS 事務局のコーディネートにより関係する医療機関・企業等で構成され

33　NIRO については，本節 2-4 を参照。
34　三火会については，本節 2-5 を参照。
35　例会は，発表した開発ニーズを企業が検討する期間を考慮して，3 か月に 1 回開催されている。

るワーキンググループを立ち上げて開発に向けた事業連携について検討し，開発案件が合意に至ればプロジェクトが成立するというプロセスを経る。プロジェクト体制は最初にニーズを発表した医療関係者および手を挙げた企業関係者に加え，推進に必要な医療機関および企業関係者等を MIKCS 事務局のコーディネートにより追加することで，複数人の医療関係者および複数社の企業関係者で構成されることが多く，リーダーは企業関係者の中から選出される。例会では，ニーズ発表以外に医療機関の臨床現場の見学，医療関係者や企業関係者間で医療機器関連の開発への応用を検討するための企業側の技術等に関するシーズ発表，企業が融資を行う金融機関や販売機能をもつ企業へのアピールを目的に製品化の段階に達しているプロジェクトを紹介すること等が行われ，多面的な組織間連携への可能性を探る場を提供している。また，例会の後には懇親会も開催され，例会における検討内容の相談や現行の開発案件の別用途への応用の可能性，互いの近況のシェア等自由闊達な話し合いや交流が行われている。

　上述の金融機関の融資については，参画するみなと銀行および神戸信用金庫それぞれが医療担当の部署を設置し，例会にも参加して融資対象になる案件を検討している。具体的には，プロジェクトで開発から試作・製品化に至り事業化を展望することができる段階において，MIKCS より市場性や技術内容等のアドバイスを受けたうえで審査を進める。融資対象は MIKCS の会員企業であり[36]，神戸医療産業都市構想に基づきポートアイランド内に立地または進出している企業であること，MIKCS の認定を受けた案件であることを要件としている。

　MIKCS のその他の活動としては，事務局 I 氏等が中心となり会員企業が医療機関のニーズを収集する際に専門用語等の理解を助けるために同行すること，試作品を製造する際に必要となる企業の紹介，技術や素材についての相談の必要性が生じた場合の NIRO 等の専門機関の関係者の紹介をしている。また，薬事関連のコンサルテーションにも取り組んでおり，会員企業の薬事申請に加えその前段階である独立行政法人医薬品医療機器総合機構（PMDA）への相談を

36　神戸信用金庫では，医療研の会員企業も融資の対象としている。

表IV-1. 神戸市の事例（年代記）：初期条件，

	(正に寄与する要因)
（～1998年）初期条件（連携を検討するにあたって関係者が直面していた状況）	・産業構造の変化による協力会社としての納入機会の減少 ・医療機器関連事業の成長性への期待 ・1995年の震災のダメージ，受注量の激減 ・神戸医療産業都市構想の進展 ・NIRO・県立工業技術センター等の研究機関，大学，医療機関の存在 ・医療研の母体である工業会の存在。工業会をベースとした会員企業間の交流 ・医療研会長と神戸大学工学部教員との交流 ・協力会社として培った一品受注生産のための多様な技術を蓄積した中小企業の ・一社単独での医療機器関連分野への参入は困難
全体状況	工業会会員企業の間に，事業機会が先細りしていくという不安感および新規の事

		関係者間の相互作用と共通理解の形成	
	関係者	相互作用	
（1998～1999年）医療研立ち上げまで	工業会会長，神戸市市長	海外出張中の話し合い	医療機器関
	工業会会員	工業会会長からの医療機器参入の提案	行政のバッ 医療機器関 協力会社と
	工業会会長，医療研会長（T氏），神戸市工業課	勉強会開催についての申し出	勉強会の必 一社単独参 T氏が代表 医療研の設 医療研事務
	工業会会員，その他中小企業	医療研会員の公募と応募	医療機器関 くという医
全体状況	医療研会員企業の共有した認識： ・勉強会を主体とした互いに同じスタートに立ったゼロからのスタート。 ・将来需要増加の見込みの大きい医療機器産業について，勉強会で知識・情報を ・協力会社として納入する大手が地域に存在しないので，自立したメーカーとし		
（1999～2001年）医療研設立～2001年のプロジェクト	医療研会員企業（T氏含む），神戸市，NIRO	各会員企業の保有技術，得意分野を把握するための話し合い（T氏・会員企業）	各会員企業
	医療研会員企業，神戸市	医療研例会における勉強会でのやりとり（T氏，神戸市が医療研会員に提案，企画・運営）	医療機器，
	事務局（およびT氏），市民病院，先端医療センター，神戸市，NIRO	医療機関医師へのヒアリング	医師のニー
	医療研会員企業20社，先端医療センター，神戸大学工学部教員	非磁性の手術用具の開発プロジェクトに向けた体制づくり，役割や進め方の確認	非磁性手術 開発・製造 者（先端医 の役割，進 開発予算の
全体状況	医療研会員企業の間に，産官学の連携フローを経験したことによる医療機器開発		
（2001～2003年）開発・試作の活発化～KBM設立	医療研会員企業，神戸大学医学部医師	神戸大学工学部教員の仲介後とT氏の神戸大学医学部医師へのアプローチ	大型案件で
	医療研会員企業，複数医療機関（神戸大学医学部，市民病院，先端医療センター等），県立工業技術センター等の外部機関	ヒアリングによるニーズの把握，製品の提案・開発	ニーズ，具
	T氏，神戸市	T氏と神戸市との話し合い	開発一件当
	医療研会員企業	会員企業相互の話し合い	各会員企業 ループ化 マッチング 消
	医療研会員企業	各会員企業の開発・試作後の販売活動	試作までで と
	医療研会員企業	海外視察，その後の全会員企業への提案	会員企業の 不足
全体状況	医療研会員企業の間で，自らは得意分野の研究開発に特化し，営業力を高めるた		

相互理解と共通理解の形成，介入および場

	（負に寄与する要因）
集積	・薬事法 ・複雑な取引慣行 ・中小企業間の連携経験の乏しさ

業化推進への取り組みの必要性の認識

共通理解	介入	場
連分野での医療都市構想への参画	神戸市市長から工業会会長への呼びかけ	—
クアップの期待 連分野への期待 して培った技術の応用可能性	工業会会長から会員企業に提案	工業会
要性 加はリスクが大きい にふさわしい 立 局機能を工業会が担当	神戸市から工業会会長等に申し出 工業会会長からT氏に医療研会長就任要請	—
連分野を新規事業として開発してい 療研の趣旨，会員の募集	医療研として工業会会員およびその他企業に会員公募	医療研

蓄積して様々な案件にトライをしながらターゲットを絞っていく。
て市場で製品を販売することを目標とする。

の保有技術，得意分野	—	医療研
商習慣，薬事法，特許，先進事例等	—	医療研（例会）
ズ	神戸市による仲介・T氏から医師へのアプローチ	医療研
用具という具体的な製品ニーズ における各会員企業および外部協力 療センター，神戸大学工学部教員） め方 確保	T氏が参加企業を募集・協力者へ支援要請，外部機関（県立工業技術センター）による連携企業の仲介	医療研を基盤としたプロジェクト

から製品化までの自信。積極的な開発・試作への姿勢。

はなくとも医師のニーズに対応	神戸大学工学部教員による仲介	医療研
体的な製品	会員企業から医療機関への提案・協力要請，外部機関への協力要請	医療研を基盤とした複数のプロジェクト
たりの費用および補助金額	T氏から神戸市関係者への要請	医療研
の取り組みの希望とそれに基づくグ （委員会組織） ニーズに必ずしも しないことを認識し委員会組織を解	—	医療研（委員会組織）
きたが商品化できない製品が多いこ	—	医療研
多くが大手企業の協力会社で営業力	海外視察した会員企業から会員企業へ提案	医療研

めに販社を設立するべきという認識を共有。KBMを設立。

	医療研会員企業（N氏含む）	N氏の提案，改革	開発への参公平にシェ
（2003〜2011年）KBM 設立〜更なる事業化のための課題の認識	医療研会員企業，看護師協会，臨床工学技士会等	神戸市を介したN氏のアプローチ	連携による
	医療研会員企業，看護師協会	アンケートに基づく市場性の検討，案件選択のうえ看護師協会に提案，開発へ	市場性，具
	医療研，KBM，神戸市，神戸大学医学部，NIRO，先端医療振興財団	医療機器産業や事業化に関する情報交換	業界情報，
全体状況	医療研会長（T氏）をはじめ多くの医療研会員企業の間で更なる事業化推進のた ・医療研発の商品化が少なく事業としての採算性が十分なレベルではないこと ・最新のニーズを反映した製品開発・改良のための医師とのコミュニケーション ・市場性・経済性の検討やマーケティング活動が不十分であること ・参入・事業活動のための相談窓口（アドバイザー）・コーディネーションなど薬		
（2011年）MIKCS の設立	神戸大学産学連携担当教員，医療研，神戸大学医学部・工学部等	医療研会長（T氏）から神戸大学産学連携担当教員への相談の持ち掛け	神戸市の医一体化の
（2011〜2014年）MIKCS と医療研の協力・分離	MIKCS，医療研	MIKCS（I氏，N氏），医療研（T氏）らによる活動の調整，協力体制の模索	MIKCS のことを決定
（2011年〜現在）MIKCS における連携促進のための協力体制	MIKCS，神戸低侵襲がん医療センター，神戸芸術工科大学，金融機関，中小企業基盤整備機構，神戸市・神戸医療産業都市の研究・医療関連機関	I氏・N氏による出口をイメージした事業化推進のための外部機関へのアプローチ	MIKCS，神術工科大学，による MIK 築，神戸市・機関の関係
（2011年〜現在）MIKCS における事業化に向けた連携の動向	MIKCS 会員企業，医療機関，大学等研究機関，金融機関	総会・例会における会員企業・医療機関等のニーズ・シーズの発表および議論，開発テーマに関心のある関係者による協議	会員企業・マの共有と連携のため融資が伴う事業への認
（2014年〜現在）医療研における連携促進のための協力体制	医療研，医療関係者，大手医療機器メーカー，神戸市，神戸医療産業都市の研究・医療機関	新会長K氏による出口戦略を推進するための外部機関へのアプローチ	医療研・医との出口をのための協ライチェー究・医療関
（2014年〜現在）医療研における事業化に向けた連携の動向	医療研会員企業，大手医療機器メーカー，医療機関	例会・オープンラボにおけるニーズ・シーズの発表・議論，大手医療機器メーカーの部材等供給の要請・医療研によるマッチング	例会・オー企業と医療化，事業化部材供給等容・取引条

医療研・MIKCS それぞれの課題の克服のための取組み，双方とも地域を挙げた医療機器の事業化

（出所）筆者作成

IV-2. 事例1：神戸市における……　107

画企業に偏りが生じており，情報をアする必要性	N氏から会員企業への提案	医療研
相互利益，ニーズ収集の効率化	N氏から看護師協会，臨床工学技士会等へアプローチ	医療研
体的な製品（および価格）	開発参画企業から看護師協会に提案	医療研
参加機関のそれぞれの取り組み	―	三火会

めの以下の課題を認識：

のパイプが十分確立されていないこと

事法をはじめとする制度的な要素に対応する仕組みが不十分であること　等

療機器産業の振興に向けた取り組みための連携，MIKCSの設立	T氏から神戸大学産学連携担当教員（I氏）への協力要請	―
法人化決定を機に両者を分離する	―	MIKCS・医療研
戸低侵襲がん医療センター，神戸芸金融機関，中小企業基盤整備機構等CSへの参画を通した協力体制の構神戸医療産業都市の研究・医療関連者との協力関係	MIKCS（I氏・N氏）による産学官金へのアプローチ，協力体制・連携推進の要請	MIKCS
医療機関等連携参画者間の開発テー具体化，推進体制等事業化に向けたの合意 場合は当該金融機関の（MIKCSの定を伴う）連携事業の内容把握	会員企業・医療機関の双方のアプローチ・MIKCSのコーディネーション・必要な専門家の紹介 融資が伴う場合は，MIKCSの事業への認定・当該金融機関による審査	MIKCS
療関係者・大手医療機器メーカー等見据えた医療機器関連の事業化推進力体制の構築：オープンラボ，サプン，神戸市・神戸医療産業都市の研連機関の関係者との協力関係	医療研（K氏を中心）とした外部機関関係者へのアプローチ，協力体制・連携推進の要請	医療研
プンラボ：テーマに関心のある会員機関による開発テーマの共有・具体への可能性の検討 ：大手医療機器メーカーの要請内件・会員企業の能力	例会・オープンラボ：会員企業・医療機関双方のアプローチ・市場性の検討等の医療研による支援 部材供給等：医療研による大手医療機器メーカー・会員企業の引き合わせ	医療研

および産業振興への取組みへの働きかけの必要性を認識

する際の論点整理等の支援も実施している．さらに，公益財団法人神戸市産業振興財団等が開催する商談会への出展の案内や販売支援等も会員企業に提供している．これら支援については MIKCS 内部の人材ではなく，公益財団法人先端医療振興財団のスタッフや神戸市が雇用する嘱託職員等，関連分野の専門家に都度協力を要請しており，神戸医療産業都市を中心とする I 氏および N 氏らが従来の活動で構築してきたネットワークを活用している．

以上のように，MIKCS は医療機器関連の事業化に向けたステージに応じた支援を展開している．これら取組みによる成果としては，2015 年 6 月現在，医療機器・周辺機器の試作や製品化以降の段階に進んだ複数の会員企業，医療機関および大学等で構成される連携プロジェクトが数件進行している．これら事業化への取組み内容は，医療機器等の殺菌器具の開発から医療施設の改修まで幅広いものとなっている．また，上述の金融機関による融資が決定した案件も数件存在している．

今後の課題

MIKCS は 2011 年の設立以来，医療機器および関連機器の事業化推進に向けた組織間連携を促進するための支援を展開しているが，今後の活動に対して事務局を担う I 氏が以下の課題を認識している．

まず，機関会員として神戸大学，神戸芸術工科大学，神戸低侵襲がん医療センターが MIKCS との協力関係を締結しているが，事務局の人手不足により，これら機関の医師や教員等との意見交換・ニーズの収集やこれら機関と会員企業へのコーディネートが十分になされておらず，人員増強も含めた事務局機能の強化が必要であることが指摘されている．

次に，文部科学省や経済産業省等が募集する競争的外部資金の獲得について現時点では実現しておらず，これに向けた神戸市等との協力体制の強化等による申請・獲得に向けた体制づくりについて検討していく余地がある．

またこれに関連し，神戸市が主催する医療産業都市の中核機関である先端医療振興財団も医療機器等の事業化推進の支援に取り組んでいるが，MIKCS のような同様の取組みを行う団体との連携が十分ではなく，地域を挙げた医療機器関連の事業化推進のための協力体制を構築していくとともに，関連する産学

の集積を一層促進させていく必要性がある。

　さらに，参画する中小企業については，一部は医療機器関連の開発・事業化に向けた意識が高く経営資源の配分においても持続的な取組みをしているが，同資源の制約のある中小企業では持続的な取組みを継続しない企業も多く，景気が改善して従来事業の受注が増加すると医療機器関連に関する活動を停止させることもある。医療機器関連を今後に拡大させるべき主要事業としてとらえ，持続的な取組みを継続させる企業を増やしていくことが課題として認識されている。

　最後に，医療機器の事業化において取組むべき対象としては，クラスⅢ，Ⅳに分類されるような難易度の高い機器や開発に多額の資金を要する大型の装置ではなく，デザイン性に優れた製品や輸入代替，医療機器の部材供給・OEM等における中小企業の医療機器関連事業への参入を促進させ，より実行性が高く市場性・収益性の高い製品の事業化への取組みを推進していくことが今後の方針として認識されている。

2-8　本事例のまとめ

　ケーススタディを通して，神戸市における医療機器関連産業の振興に向けた組織間連携の成立プロセスおよび促進への取組みについて明らかにした。本事例では，組織間連携に向けた相互作用を開始する時点で関係者が直面していた初期条件を踏まえ，関係者間の相互作用と共通理解の形成が進められ，その促進には場の設立・発展および介入の実施が大きな役割を果たしている。

　表Ⅳ-1は，本ケーススタディで明らかとなった初期条件，相互作用と共通理解の形成，介入および場について時系列的に整理したものである。

IV-3.　事例2：浜松市における医療機器関連産業振興のための中小企業を中心とした組織間連携の成立プロセスの促進への取組み

3-0　はじめに

　本節においても，地域における医療機器関連産業の振興に向けた中小企業，

公共セクター，医療機関，研究機関等による事業化推進のための組織間連携の成立プロセスの促進に取組んだ事例について，関係者が直面していた状況から現在に至るまでの詳細な動向について記述する。

ケーススタディの対象は，浜松市において地元中小企業をはじめとする組織間連携を成立させることによる医療機器関連分野における事業化推進を目的に，商工会議所が主導して設立した浜松医工連携研究会にはじまり，その後医療機関や研究機関等との連携を促進させるための体制を拡充し研究開発や商品化を実現させた事例である。以下，浜松医工連携研究会（以下，「研究会」）が2005年3月に設立されるまでに会員企業が直面した状況から，「はままつ次世代光・健康医療産業創出拠点」（以下，通称の「はままつ医工連携拠点」）が2011年に採択され，浜松市の医療機器関連分野の事業化推進のための組織間連携の成立に向けた体制が拡充された現在までの動きを対象に解説する[37]。

3-1 研究会の体制および運営

本ケーススタディの対象となる研究会は，2005年3月に浜松商工会議所の副会頭（当時）のイニシアティブにより設立され，浜松市の企業を中心に会員が召集された。立ち上げ当初の会員数は40社程度であったが，2013年10月には130社にまで至っている。会員企業の75％が99人以下の中小企業で構成され，情報サービス（11社）や卸売業（11社）以外はすべて輸送用機器・電気機械器具・金属製品・電子製品等の製造業で占められている[38]。

研究会の活動内容としては，
- 医療・福祉機器メーカーとの商談会・マッチング事業
- 浜松医科大学を始めとする地域の医療機関の現場ニーズを収集するための，情報交換会，医療現場の見学会
- 医療機器関連の展示会への出展
- 市場動向，医療機器開発に向けた戦略と準備，薬事法対策に関するセミナーや相談会等の情報提供

---

[37] 以下事例については第Ⅲ章で紹介したインタビューおよび山本医師らの講演を主に記述する。二次資料からの引用についてはその都度出展を記載する。
[38] 浜松商工会議所（2013）。

● カタログ作成等による研究会会員企業の情報発信

以上が挙げられる[39]。

3-2　初期条件：研究会設立以前の状況

　本節では研究会を設立し，医療機器関連分野において新規事業を推進させるために，中小製造業をはじめとする組織間連携の成立プロセスとその促進への取組みに影響を与えたと考えられる初期条件について整理する。

(1) 制度環境

　政府が地域産業振興の支援策を打ち出していく中で，2002年度に文部科学省による「第Ⅰ期知的クラスター創成事業」に浜松地域が指定された。当事業は，自治体の自主性をもとに特定の技術領域で大学等の知的創造拠点を核に知的クラスターの創成をめざしたものである。浜松地域では，その事業のもとで光電子技術における企業・研究機関・研究者を一層集積化させること，新事業・ベンチャー・イノベーションが連鎖的に創出されることを目指した「浜松オプトロニクスクラスター」が開始された（阿部，2014）。この中で，医療機器関連の研究についてもイメージング技術を応用する研究が浜松医科大学[40]と後に研究会会員となる地元企業の間で進められた[41]。研究会設立に直接関係する公的支援としては，産学官の広域人的ネットワークの形成・地域の特性を活かした技術開発・企業家育成施設の整備等を通して地域産業の活性化を目指した経済産業省による「産業クラスター計画」[42]が2001年6月に開始され，浜松市を含めた「三遠南信[43]バイタライゼーション」が発足し事務局を浜松商工会議所に設

39　浜松商工会議所（同）。はままつ医工連携拠点が2011年に活動を開始した後は，同拠点の活動の一つとして研究会は上述事業を展開している。
40　浜松医科大学は，1980年代～90年代より既に光技術の医学への応用に取組み，1991年に光量子医学研究センターを設立，その後2002年に同センターを改組・拡充して「光医学」を同大学の代表的な研究として位置づけている（阿部，同）。
41　同研究は，後に東京の医療機器メーカーの参画も経て「内視鏡手術ナビゲーター」として製品化に至り，2012年3月に薬事承認を取得して同年5月に発売を開始している（はままつ次世代光・健康医療産業創出拠点ホームページ）。
42　知的クラスター創成事業および産業クラスター政策の下での浜松の事業については，岡本（2007）を参照。
43　三遠南信とは，遠州（浜松），東三河（豊橋市周辺），南信（飯田市周辺）を指す。

置した。この二期目となる 2005 年 3 月に，同計画の予算や枠組みを活用して振興する地域新産業として医療機器関連分野が指定され，浜松医工連携研究会が設立された[44]。

(2) 経済・産業

　浜松市の製造業の歴史は古く，昭和に入った頃からは軍需産業が大きくなり，織機製造やピアノフレームの鋳物技術に加え，鉄（特殊鋼）を削る技術が定着しこれら二つの技術を基礎にオートバイ産業や自動車産業が発展した（伊藤，2001）。同市における製造業比率は他地域に比べて高く（総務省統計局事業所・企業統計，1999；伊藤，2002），輸送用機器，一般機械，電気機械，プラスティック製品，金属製品等の製造業が同市の主力産業となった。このように，浜松では時代に合わせた産業転換および地域企業の業種転換が取り組まれ実現されてきた。

　しかしながら，1993 年には製造品の出荷額が対前年比 7.8％減となる等 1990 年代に入ると同出荷額の伸びは低迷した（柴田，2009）。また生産拠点の海外移転が進む中で，主力となる自動車関連の出荷が 2000 年を過ぎたあたりから減少し，特に 2 次〜 3 次の下請中小企業が打撃を受けることとなった。浜松地域におけるこのような産業空洞化が懸念される中で，いち早く商工会議所において空洞化対策特別委員会を 1994 年に設置・検討し，光技術をコアにその他多くの分野の技術が集積している状況を活用して，異分野融合を含む既存技術の高度化・高付加価値化と新事業の連鎖的な創出を通して次世代の産業育成に取組む方針を確認した（柴田，同）。

　以上のような産業の中長期的なトレンドに直面し浜松地域の産業界関係者が危機意識を共有する中で，振興すべき次世代産業が検討された。その 1 つとして，高齢化が進む日本において需要増が見込まれ，開発に向けて地域の様々な企業が蓄積してきた多様な技術を活用することのできる医療機器関連事業が注目され，当時の商工会議所副会頭のイニシアティブにより研究会が設立された。

---

[44] 医工連携の他に，振興すべき新産業として「宇宙航空技術」，「農商工連携」，「輸送用機器」，「光技術」の分野が指定された（柴田，2009）。

(3) 研究会設立以前の組織間のソーシャルネットワーク

浜松市では古くから外部の出身者に対して開放的な風土が形成されており，ヤマハの創始者をはじめ，地元の出身ではない経営者も多く活躍してきた。また，商工会議所をベースに政策提言，事業委員会，研修交流等を通して情報面における異業種を含めた企業間の助け合いのネットワークが形成されていた（伊藤，2001）。

しかしながら，研究会が設立される以前までの中小製造業の事業展開としては，輸送機器等の主力産業における大企業の下請をメインとして操業する企業が多く，企業間の縦の関係は形成されてきたが，新規事業を推進するための中小企業間の自立的な横の関係の形成はなされてこなかった。また大手の要請に対して高度なレベルで対応することは得意としてきたが，ゼロベースからの開発や提案，自らの強みをアピールすることに長けている企業は少なかった。医療機器関連分野に関しても新規事業のための企業間の横のつながりへの動きは，研究会設立の時期を境としたごく近年のものであり，地域内あるいは地域間・産官学における異分野の連携による事業化への取組みがみられるようになってきている。

医工連携への取組みとして，古くは1980年代初頭に大学医学部と企業の間で医療機器開発の取組みを実施したが，その後の継続的な発展には至らなかった。また，上述の知的クラスターが開始される以前にも浜松医科大学・静岡大学・豊橋技術科学大学の医師を招集して，地元企業と交流会を実施し，医療機器に関するニーズや関心のあるトピックについて話し合うという「浜松サロン」を開催したが，専門的な内容に企業側が対応することが困難であることから企業が積極的に参画せず医師の参加も少なくなり，同サロンの活動も立ち消えとなった。これら活動により継続的に医療側と企業側が交流を継続し事業化推進のための組織間連携が成立したということはなかった。また，上述のように2002年より浜松医科大学と一部の地域企業による医療機器の共同研究開発は取組まれていたが，医療機器関連分野における新規事業の推進に向けた組織間連携の多くは，研究会設立以降の取組みによるものである[45]。

---

45 上述の「内視鏡手術ナビゲーター」については，研究会設立以前からの取組みが継続発展して商品化に至ったケースである。

以上のように，浜松地域における医療機器関連産業の振興に向けた企業間あるいは医療機関等とのネットワークは研究会設立以前には確固としたものは存在しなかったが，後述で詳しくみるように，研究会の設立および会員の招集については製造業が多くを占め約1万4千の会員を要する浜松商工会議所が基盤となり，場の発展については関係者間のネットワークが寄与している。

3-3 研究会設立の経緯

　研究会の設立は，上述の三遠南信バイタライゼーション事業の二期目にあたる2005年3月に，浜松商工会議所副会頭のイニシアティブにより実現した。

　上述のように，同バイタライゼーション事業のもとで，地域の特性，産業の将来性，国の方針等を考慮のうえで，5つの事業分野で研究会が発足した。そのうちの一つである医工連携は，浜松市には浜松医科大学，聖隷福祉事業団，遠州病院等の医療環境が充実していたこと。そこでこれら医学関係の大学・病院等との連携により，輸送機器，工作機械，光技術等で培われた高度な加工・開発技術を活用して，医療機器関連の開発や事業化に向けた取組みが可能であるという期待により，振興すべき次世代産業として選択された（山本, 2014a）。しかしながら，設立当初は開発対象となる製品や医療機関とどのように連携を進めていくかということに関しては具体的なアイデアが存在したわけではなく，連携を進めていくためには中小企業側も医療機器関連に関する知識を蓄積しなければならないという認識から，勉強会を中心とした研究会活動を開始した。ここでは各会員企業とも勉強会の場で技術的な機密事項について意見交換をすることはなく，また実際に連携して開発に携わる場合には互いに守秘義務契約を締結するという前提が存在することから，技術漏れに関する不安等の問題は生じなかった。

　医工連携を含めた5分野の研究会の設立に第一声をあげてリードした人物は，浜松市の民間企業出身者で，当時浜松商工会議所の副会頭を務めていたS氏である。同氏は，研究会のための事務局を組織化し，上述のバイタライゼーション事業のもとで活動し国の支援[46]を得るための申請，代表幹事および幹事の選

---

[46] 同バイタライゼーション事業のもとでの活動であり，年間数千万円の支援を受けていた。

定，研究会の立ち上げや活動内容に関する商工会会員企業の意見の収集，研究会会員の募集を進めていった。このプロセスにおいて，最初に代表幹事および数名の幹事の招集については，S氏が事前のやりとりから各研究会の分野に関心があり代表を引き受けてくれそうな企業の経営者あるいは管理職を選別し相談のうえで就任が決定した。その後，研究会設立にあたっては，S氏と代表幹事・幹事らが相談しながら進めていった。次に，商工会会員企業に対する意見の収集に関しては，事務局メンバーやS氏自身が商工会議所の部会において，あるいは商工会議所の経営指導員が各企業を巡回する際に収集した意見を集約していった。研究会会員の募集については会報等を通じて完全公募の形で進め，立ち上げ当初は42社が集まった（柴田，2009）。研究会の体制は，代表幹事1名，幹事5～10名，そのもとに各研究会の会員企業で構成されるシンプルな構造である。会費については，当初（2007年までは）無料，その後運営費をまかなう必要性から有料となった。研究会組織は，2009年の政権交代に伴いバイタライゼーション事業が廃止されたことで，それまでの三遠南信全体の組織の中での研究会という位置づけから2010年に浜松商工会議所内の研究会としての位置づけとなったが，三遠南信としてのネットワークや相互の交流は現在も継続している。

3-4 研究会の活動

　研究会の活動は，設立から3年程度は4半期に1回の勉強会を開催するという形で続いた。内容は，大学医学部（または医大）や医療機器メーカー等から講師を招聘してレクチャーを開催しそれに対する質疑応答・議論を行ったが，医療現場のニーズが把握でき会員の多くを構成する中小企業が事業化に直結できるような内容ではなかった。また，同時期には医大や病院等の医療機関との常設的なパイプも確立していなかった。

　このように，研究会設立初期の数年は座学中心の勉強会を中心に進めていたが，研究会会員の間ではこの活動内容のみでは事業化の成果に至ることが難しいという認識が生じていた。また2007年に会員費が有料化されたこともあり，2008年には会員数が20数社にまで減少していた。

　このような状況の中で，研究会の事務局に新たに配属されたF氏が，研究会

をより一層会員のメリットとなり求められる内容を提供する場とするための改革を推進する必要性を感じ，就任直後に会員企業20数社のヒアリングを実施した。その結果，浜松医科大学をはじめとする医療機関のニーズを把握し，連携で事業開発に取組みたいという意見が多くを占めた。これを受けて，元々は浜松市の民間製造業の出身で2008年当時は商工会議所のコーディネーターとして活動していたH氏との相談のうえ，同氏の知り合いであった浜松医科大学の山本医師を紹介された。F氏をはじめとする研究会からの医療機器関連の開発に向けた連携の要請に対して山本医師が承諾し，研究会会員と同医科大学の医療関係者双方が研究開発プロジェクトの初期段階から関わり，医療現場のニーズに沿った開発や製品の企画・設計を両者が連携して行う体制が整った[47]。山本医師は2008年当時には同医大の光粒子医学研究センター（現，メディカルフォトニクス研究センター）において光技術を使った産学連携の研究開発に携わる一方で医療現場にも医師として携わっており，研究会への協力は本来業務ではなかった。しかしながら，以前にも製造業との産学連携に取り組んだ経験から技術およびビジネスへの理解も深く，研究会の意図や取組みへの価値を理解し連携にも前向きに対応した。これにより，医療現場のニーズおよび企業側のビジネスおよび技術に関して見識のある山本医師と同医師をコアとして医療機器関連産業の振興に賛同する浜松医科大学のOBを中心とした医療関係者のネットワークを活用する基盤が整うこととなった。

　研究会と浜松医科大学の活動として，2009年より同医大側が医療現場のニーズを発表し企業側と意見交換をする「情報交換会」を年二回のペースで実施し，さらに発表したニーズを実現するための医療機器関連の開発に関心のある企業に対して医療現場や使用されている医療機器等に実際に接する機会を提供する「見学会」を開催している。情報交換会についてはオープンにしているが，見学会に関しては研究会会員企業のみが参加可能としている。このように研究会会員と浜松医科大学の医療関係者との連携を促進させるための体制が整い，医療機器関連の開発・事業化に向けて企業側も研究会への参加のメリットを感じるようになり，研究会の会員企業数は再び増加した[48]。

47　H氏と山本医師は，2011年から活動を開始した「はままつ医工連携拠点」においてそれぞれ拠点長および研究統括に就任している。

情報交換会の内容・運営については，ホテルを利用して第一部が現場の医師や医療関係者が日常業務において「このようなものがあればよいのに」というニーズや現場の課題を説明して企業側と意見交換をすること，第二部は懇親会を開催し，「肩に力をいれず和やかにざっくばらんな話をする」機会を提供している。この懇親会から医療機器関連の開発へと企業と医療関係者の連携に発展したケースも出てきている。情報交換会では企業側からは毎回 60〜80 社程度が集まり（山本，2014a），医療機関からの参加者は山本医師が中心となってコーディネートし，浜松医科大学をはじめ同医大の出身者が多い聖隷福祉事業団の病院からも参加している。見学会については，情報交換会と連動して，講演内容に興味をもった研究会会員企業から毎回 8 名程度の少人数グループで参加し，浜松医科大学等の手術室やリハビリテーション室等の医療現場を訪問し，情報交換会発表者の医療関係者の説明とともに，機器や装置を触りながらディスカッションするという形式で運営されている。見学会は 2011 年度には 13 回，2012 年度は 7 回，2013 年度は 9 回（毎年のべ 80 人ほどが参加）開催されており，見学会を通して医療機関と企業がマッチングしたケースは現在までに 5 件であり開発プロジェクトが進行している[49]。また，情報交換会や見学会を機に，医療機器の製造業許可を取得する企業も出てきている。

3-5 はままつ医工連携拠点の形成
(1) 拠点形成の経緯

近年になり，浜松市における医療機器関連産業の振興に向けた組織間連携の成立・発展を促進させるための体制に大きな変化が生じ，より地域をあげた体制が整備された。

まず 2010 年に浜松医科大学において，国立研究開発法人科学技術振興機構（JST）[50] の補助金および同医大の予算をもとに，学長のイニシアティブのもと

---

48 会員企業は浜松市とその周辺地域が多くを占めるが，名古屋市や長野県等の遠方の企業も会員として参加している。
49 2014 年 7 月インタビュー実施時点。
50 国立研究開発法人科学技術振興機構（JST）は文部科学省傘下の機関であり，イノベーションによる創造を推進し，知の創出から研究成果の社会還元とその基盤整備を担う中核的機関である（国立研究開発法人科学技術振興機構ホームページ）。

で産学官共同研究センターが設立された。同センターは浜松医科大学が産学官連携に取組むにあたり，臨床研究用に PET-CT 装置等を設置して地域の企業等に開放する等，医工連携の一元窓口としての役割を果たし，医工連携に関する外部機関からの依頼や相談については学長・副学長・同センター長・関連教員・知財活用推進本部・事務局で協議・検討するという全学体制で対応している。同センターではその他，薬事申請の支援，大学の医療ニーズの取り扱い，産業創出につながるビジネスモデルの提案（阿部，2010），医師に加え看護師も協力する体制のもとで医療現場のニーズを収集することにも取り組んでいる。センター長には山本医師が就任している。

　一方で，JST は地域の特性を活かした産学官共同研究の推進に向けて拠点を整備し，研究成果の地域企業への展開をはかるために，2009 年に「産学官共同研究拠点整備事業」を公募し，「浜松・東三河ライフフォトニクスイノベーション」が全国 28 拠点の 1 つとして同年 12 月採択された。「はままつ医工学連携拠点」は，浜松・東三河ライフフォトニクスイノベーションにおいて連鎖的創出を目指す 4 つ[51]の新産業の 1 つである「健康・医療産業」を担う事業として指定された。同拠点の申請には，産からは浜松商工会議所（研究会も参画）・（財）浜松地域イノベーション推進機構，官からは静岡県・浜松市，学からは浜松医科大学・静岡大学・光産業創成大学院大学，以上の 7 機関が提案機関として参画しており，医療機器関連に関しても組織間連携を促進させるための体制が公的支援を得て拡充した。はままつ医工連携拠点の事務局は，上述の浜松医科大学の産学官共同研究センターにおかれ，拠点長には H 氏，事業統括には松浦氏，研究統括には山本医師が就任した。産学官共同研究センターは拠点の参画機関全体の医工連携の一元窓口として位置付けられ，研究会会員企業をはじめとする地域の企業，医療機関，大学をつなげる役割を担っている。

　同拠点は，2009 年 12 月の採択から 1 年ほどの準備期間を経て，2011 年 4 月から本格的な活動を開始しており，10 年後には医療関連産業を地域の基幹産業化とすることを目指している。同拠点の事業は，上述の拠点長，事業総括，研究総括の他に，浜松医科大学から知財活用コーディネーター，浜松地域イノ

51　4 つの新産業には「次世代輸送機産業」「新農業」「健康・医療産業」「光エネルギー産業」が指定された。

IV-3. 事例2：浜松市における……　　119

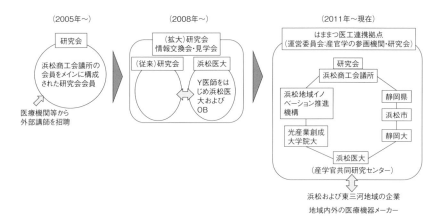

図 IV-6. 医療機器関連製品の開発・事業化に向けた組織間連携を促進させるための場の発展（浜松市）
(出所) 筆者作成

ベーション推進機構から地域連携コーディネーター[52]等の担当者が所属組織の業務と拠点業務を兼ねる形で派遣され[53]，各担当者は所属機関の業務に携わるとともに拠点の事業活動を推進している。事業目的は，浜松市を中心としたものづくり企業の高い技術力・開発力と医療・介護の現場ニーズや医学シーズとの異分野融合による医工連携により事業化へのイノベーションを連鎖的・継続的に創出するシステムを確立し，健康・医療関連産業の基幹産業化，地域の活性化を実現することである（山本，2014a）。運営には，上述の参画機関および研究会で構成される年2回の事業運営委員会で予算，規約の制定・改定や役員の選出等を議題とし，その他複数回のワーキンググループ会議においてスケジュール，セミナー・フォーラム・支援事業等の各種事業の企画・運営について議論している。

　静岡県において同拠点が浜松を中心とした地域で採択された要因としては，以前より研究会と浜松医科大学を中心に医療機器関連の開発・事業化に取組み，相当数の地域企業が参画していたことが挙げられる。この状況を判断し，同拠

---

52 コーディネーターには，前職において医療機器メーカーにおける開発，特許等の業務経験が長い人材を配置している。
53 山本医師によると，同拠点は「クラウド的な」体制で運営されているとしている。

点の申請に初期段階から対応した静岡県が上述の共同申請者に打診したという経緯がある．同拠点事業の活動開始後も，従来の連携の枠組みを基に，光産業創世大学院大学や浜松フォトニクス（株）等の最先端の光技術の要素も加え，医療機器関連の開発・事業化のための組織間連携の促進に向けた場が拡充されたこととなる．

(2) 拠点形成後の活動

　はままつ医工連携拠点の設立後は，上述の情報交換会および見学会については企業・医療機関のマッチングによる連携促進に向けたコーディネート業務と位置付けられ，同拠点の活動として継続的に行われている[54]．同拠点におけるその他コーディネーション業務としては，企業および医療機関の間で共同開発に進む場合は知財活用コーディネーターの支援のもとでの共同研究契約の締結を進め，技術相談・薬事相談についてもコーディネーターが支援するというように，コーディネーターを含む拠点関係者が情報共有をしたうえで開発・事業化の各フェーズにおいて一気通貫で支援する体制を整備している．また，浜松医科大学の産学官共同研究センターにおける臨床研究用の PET-CT 装置等を地域の企業等に開放し利用させることについても，同拠点の活動の下で実施されている．

　これらに加え同拠点の活動としては，2012 年度から静岡県の予算により「医工連携スタートアップ支援事業」を立ち上げ，事業化の可能性が高いアイデアを有する地域の中小企業にアイデアの実現性の検証等を行うための資金援助を実施し[55]，医療機器関連の事業化への第一歩を支援している．同支援による補助金は 1 件当たり 30 万円[56]と大きくはないが，地域企業のシーズ発掘にもつながり，はままつ医工連携拠点と地域企業のつながりを密にすることに寄与している（山本，2014a）．本制度に応募して採択された件数は 2012 年度に 6 社，

---

[54] 情報交換会はオープンに開放，見学会は研究会会員企業にのみ提供するという従来の基準で運用されている．
[55] 2013 年度採択課題には，医療用ハサミの機器加工製造を目指した研究，光技術を応用した医療用透明チューブの欠陥検出センサの開発等がある（はままつ医工連携拠点ホームページ）．
[56] 2015 年度は 1 件当たりの上限を 50 万円としている（はままつ次世代光・健康医療産業創出拠点平成 27 年度活動実績報告書）．

2013年度に8社，2014年度に8社であり，開発案件は着実に増加してきている。また，拠点事業として本制度の支援終了後も，拠点関係者による当該企業の訪問によるフォローアップや次の公的資金獲得に向けた支援も行っている。

その他の拠点の活動としては，
- 普及活動としてのフォーラム，イベントへの出展や医療機器関連への参入・薬事法対応等をテーマとしたセミナーの開催。
- 地域企業が創出した医療・介護関連機器を，実際に使用する多くの医師が集まる医学系の学会で紹介し，医療関係者に商品の意見を直接聴取する機会である「医工連携出会いのサロン」の開催や各種展示会への参加。
- コーディネーターを中心に，部材供給等で中小企業が医療機器関連の開発・製造に参画することにつなげることを目的とした医療機器メーカーのニーズ収集，マッチング商談会や売込み等の活動。

以上の活動を展開している。また，研究会の会員企業で手術機器・リハビリ器具等の設計・開発・製造を企業間連携（現参加企業4社）により取組むための協同組合であるHAMING（浜松医療革新グループ）の設立をはままつ医工連携拠点が支援する等，地域の連携を促進させるための活動を展開している。

3-6　これまでの成果および成果に至るまでの連携プロセス
(1) これまでの成果

浜松市における一連の医療機器関連産業の振興に向けた組織間連携への取組みにより，事業化への成果もあらわれている。

代表的なものとしては，上述の知的クラスターの時代から研究として取組み，浜松医科大学と地域の中小企業および東京の医療機器メーカーとの連携により，2012年3月に薬事認証を受け同年5月より販売を開始した「内視鏡手術ナビゲーター」の事業化への組織間連携が挙げられる。また，同様の組織間連携で研究会設立後から開発に取り組んだ「デジタル喉頭ストロボ」も2013年3月に薬事認証を受けて同年5月に販売を開始している。これらの成果は，内閣府が研究資金の特例や規制担当部局との並行協議等を試験的に行い革新的な技術の開発を阻害している要因を克服することを目的に制定した先端医療開発特区（スーパー特区）の対象事業である「メディカルフォトニクスを基盤とするシー

ズの実用化開発」として 2008 年 11 月に指定され，その優遇策のもとで推進されていた案件でもあった[57]。さらに，上述の喉頭ストロボと同じ連携参画者間で立体内視鏡システムを開発し，2014 年 8 月現在承認申請の準備を進めている。これら製品の市場性の確認および販売については，開発段階においては山本医師らをはじめとするメンバーが他の医療機関の医療関係者および学会等における臨床現場のニーズ等の意見を収集して市場性を確認し，製品化および販売の時点では製造販売業許可を取得している医療機器メーカーとの連携により同メーカーのこれまでの実績や経験を基に市場開拓に取組むことにより商品化・販売促進を推進している。製造販売業許可を取得している企業との連携については，現行では山本医師をはじめとする医療関係者および拠点関係者がそれぞれのネットワークを活用して域内外の企業と連携を成立させることが多い。山本医師によると，浜松地域においては医療機器メーカーおよび医療機器関連事業に携わる企業が少なく，大幅な増加も見込まれないことから，今後も地域の企業のみが保有する独自の技術を応用して他に真似のできない高付加価値な製品を開発していくことが拠点の主な活動目的であることを指摘している。

　これらの大掛かりな最終製品の事業化に加え，地域の中小企業には医療機器メーカーへの部材提供や OEM，技術提携等の事業機会も広がりつつある。上述のように研究会では浜松市をはじめとする三遠南信のネットワークを維持しているが，これら地域の企業を医療・福祉機器メーカーに紹介するための「部材提供・技術連携企業 100 社総カタログ」や企業検索が可能なウェブサイトを作成している。また，公的資金や拠点の支援により研究会会員企業の展示会への出展活動を促進している。これらの取組みの結果，現在では年間数十件，取引総額数千万規模の取引が成立している（山本，2014a）。さらに，近年では拠点の活動を機に製造業許可を取得する企業が現れ，また上述の HAMING のように製造業数社で協同組合を設立し医療・健康・福祉機器の開発・製造に取組む例もみられる[58]。

57　はままつ医工連携拠点ホームページ，浜松医科大学ホームページ。
58　同協同組合は，2010 年に研究会に参加したことを機にプロジェクトを立ち上げ複数の医療機器の試作に取組み，同プロジェクト終了後の 2012 年に拠点の支援のもとで橋本螺子（株）等 4 社が結集し，はままつ医工連携拠点の支援も得て名称を HAMING と改め協同組合を設立するに至った。

(2) 成果に至るまでの連携プロセス：内視鏡手術ナビゲーターの開発事例から

　以下，医療機器開発に向けた組織間連携を成立させ開発・事業化を成功させた事例として，上述の内視鏡手術ナビゲーターの開発事例の詳細について紹介する。

　本案件の開発および商品化の事例においては，2002年に開始された知的クラスター創成事業に指定され，山本医師の「安全で確実な内視鏡手術を実現したい」という医療現場のニーズに基づく発案のもとで，浜松医科大学，工業用光学式計測器の開発・製造・販売を手がける企業および3次元形状処理技術を得意とする企業が，互いに近場にあり顔が見えるという有利さも活用して，3者間の組織間連携を成立させ推進していた。開発には，3者が大学病院の手術室にも入り医療現場の意見を吸い上げながら開発を進め，2006年には要素技術の基本原理を確立することができた[59]。その後，医療機器として製品にまとめあげ製造販売許可を取得するために[60]，同年，東京の医療機器メーカー（N社）に協力を依頼し，4者間の組織間連携が成立した。同案件は，2008年には上述のスーパー特区課題としても採択され，公的資金の援助も得ながら製品化に向けた試作と薬事認可の準備に取組むことができた。

　山本医師は医療機器開発にあたり，様々な技術や人の関わりが必要となり，人と人の出会いが大切であることを指摘している。4者間の連携が成立した背景には，まずはアプローチを受けたN社の担当側が「興味を示し，熱心に開発の内容を聞いたこと」，またメンバー間で意気投合し円滑な関係性を構築できたことが指摘されている。また，開発対象となる案件がメンバー間で具体的に共有できたこと，同様の製品のほとんどが外国製品で何千万円という非常に高額なものでより安価な国産品を製造・普及するという開発の意義を実感していたこと，N社が医療機器としてのまとめあげや薬事認可や販売を含めた商品化プロセスの役割を担うということにみられるようなメンバー間の明確な役割分担が認識されたことが挙げられている。

　また，連携を推進し試作・製品化・商品化のプロセスが順調に進んだ要因として，開発メンバーが手術現場に立会って製品のイメージを固めていったこと，

---

[59] 山本 (2013)
[60] 山本 (同)

医学系学会に研究成果を出展して様々な医師の意見に触れて製品に普遍的なニーズがあるかについて検討することができたこと，上述のような公的資金の援助を得ることができたことが挙げられている。さらに重要なこととして，試作・開発を進め，一定レベルに製品が完成し薬事認可に進める際に，一旦認可を得て一定期間後に改良してバージョンアップをすることを前提に，開発をストップさせるという「割り切り」の必要性が指摘されている。これは，研究者側が際限なく継続的に開発を進めるという傾向（および性質）がある中で，認可準備のためにある時点でのデータを揃える必要があることや商品として市場に出すために重要なポイントであり，ここで「割り切り」を判断するにあたり医療機器の製造・販売の経験を積んだN社のような医療機器メーカーの役割が重要であったことが指摘されている[61]。

　最後に，医療機器の開発に携わる連携当事者に求められる要素および相互作用を促進する要素として以下が指摘されている。まず医療機器開発において機器を実際に使う臨床医がニーズを出し早期の開発段階から最後の段階まで関わる必要がある。ニーズを出しアイデアが生まれる段階では，懇親会等のインフォーマルな交流を含めたフェース・ツー・フェースのコミュニケーションも重要であり，これらを繰り返しざっくばらんな議論を通して互いが知り合いになっていくという機会を設けることで連携が成立するきっかけとなる。さらに医と工が連携を進めていくにあたっての成功要因として，以下が重要であるとしている。第一に，医学と工学よりも医療と工業という実用化を前提とした連携を進め，医療を理解できる技術者および技術を理解できる医療人を育てること。第二に，両者が役に立つ医療機器を開発・実用化するという意識を共有し，開発対象となる医療機器のアイデアに対してものづくりの技術で魂を入れ世の中に出すということの喜びを参画者が実感し，これら目的を共有する人々が分かり合うまで話をしながら連携を推進すること。最後に，連携による事業化を進めていくに当たり，納期を遵守すること，互いに納得する取引価格を設定す

---

[61] 連携関連以外に重要なこととしては，医療機器が小ロットでの製造となることから，インプットに使用していた部品等が製造中止になることも多く，次から次へと出てくる部品の中から適切なものを選択していく必要性，薬事認可に必要なデータの整備に二度手間をかけないためにも開発段階で申請に必要な条件のもとでデータを収集・整備すること等が挙げられている。

ること，図面や工程に関して一方通行の決定ではなく双方向の改善提案や助言をすること，相手の伝えたことに対し高度で深い理解（「1を言われたらそれ以上を理解する」）をすること，以上が挙げられている。その他には，活動を通して連携関係者間の信頼関係が醸成され，信頼できる相手からさらに新たに信頼できる人材を紹介されるということを繰り返すことにより，新たな連携が作り出され事業機会も拡大していくという連鎖が生まれていくことについても指摘されている。実際，手術ナビゲーターに参画したメンバーは，新たなプロジェクトにおいても再び連携に参画している（阿部，2014）。

3-7 今後の課題

　本節では浜松市における医療機器関連産業の振興に向けた組織間連携について，関連する公的支援制度とそれを活用した中小企業をメインとする研究会を設立し，医療機関とのネットワークの構築を経て，はままつ医工連携拠点事業の採択による地域の連携を促進させるための体制を拡充させた経緯や活動の成果について紹介した。浜松市における連携は体制および活動とともに発展してきているが，以下インタビュー等で収集した今後の課題について整理する。

　まず，研究会をはじめ，医療機器関連の事業化推進に向けて人々が集まる場について，人々が求める情報や接点等のニーズを明らかにして，それに応えるための継続的な場の改善を実施する必要があることが指摘されている。また，事務局をはじめとする場の運営者が各人の意見をフェース・ツー・フェースでヒアリングする等，ニーズの汲み取りに時間や労力をかけることあるいはかけることができる体制を維持することが，場の機能を高めていくために重要である。

　次に，一連の活動による成果としては上述のものが挙げられるが，当局による製品の承認が長期にわたったこともあり，その期間に同類の製品の国際価格が低下して開発した製品の競争力が低下したことが挙げられており，制度的な課題がなお存在していることが指摘されている。

　さらに，商品化に至るまでの公的支援も含めた開発費に対して，現時点では必ずしも十分な売り上げおよび収益を得ることが出来ているわけではなく，市場性や販売力を高めることに一層着眼した事業展開をすることが求められてい

表 IV-2. 浜松市の事例（年代記）：初期条件，

	（正に寄与する要因）
（～2005年）初期条件（連携を検討するにあたって関係者が直面していた状況）	・主力産業である製造業の出荷額が1990年代以降中長期的に低迷を続け，地域のび高齢化社会における医療機器関連分野の将来的な有望性の認識 ・医療機器関連事業は多様な技術を補完し開発・製品化することが必要であるこ ・医療機器関連の開発に必要な多様で高度な開発・加工技術の集積，および中小 ・医療機関，大学等研究機関の集積 ・文科省・経産省等による公的支援制度（知的クラスター制度，産業クラスター ・研究会の母体である浜松商工会議所の存在。同商工会議所をベースとした会員 ・浜松商工会議所コーディネーターH氏と浜松医科大学山本医師との交流 ・浜松医科大学山本医師と中小企業数社との研究会以前からの連携の経験
全体状況	産業界関係者の間で，医療機器関連分野を含めた地域の次世代産業を振興する必

	関係者間の相互作用と共通理解の形成		
	関係者	相互作用	
（2005年）研究会立ち上げ	浜松商工会議所副会長S氏，浜松商工会議所会員	副会長S氏より研究会に関心のある会員に代表幹事・幹事就任を要請	医療機関・で培われた医療機器産
	浜松商工会議所副会長S氏，事務局スタッフ，浜松商工会議所会員	副会長S氏および事務局スタッフによる商工会会員への研究会に関する意見の集約，会員公募	従来技術を要性 会員企業側
全体状況	研究会会員企業の間に，勉強会を通して医療機器について学び蓄積した技術を活るという認識		
（2005～2008年）研究会設立～研究会事務局担当F氏の就任	研究会会員，医療機関および医療機器メーカー関係者	四半期に1回の勉強会における医療機器に関するレクチャー，議論	会員の間で，現場のニーにつながら数が減少）
	研究会事務局担当F氏（新任）および研究会会員	F氏による会員の研究会への要望に関する意見収集	医療機関側に取り組む
	研究会事務局担当F氏および浜松商工会議所コーディネーターH氏	F氏によるH氏への相談	医療機関
	H氏，F氏，浜松医科大学山本医師	H氏によるF氏および浜松医科大学山本医師の仲介およびF氏による山本医師への協力要請	研究会会員器の開発連携推進の見学会）
全体状況	研究会・浜松医科大学間のパイプ構築により，研究会活動を通して医療機器の事係者との間の交流と事業化への探求が活発に		

相互理解と共通理解の形成，介入および場

	（負に寄与する要因）
次世代産業を振興させる必要性およと 企業のものづくり技術 計画） 企業間の交流	・製造系中小企業が従来下請けメインであり，新規の開発，事業化に向けた連携，提案・アピールの能力および意識が欠けていたこと ・開発した医療機器製品の申請・承認に長期間を要し，競争力の低下につながること

要性を認識

共通理解	介入	場
医療関係の大学との連携，従来産業高度な加工・開発技術の活用による業の振興の必要性	副会長S氏による事務局の立ち上げ，および関心のある会員への研究会運営（代表幹事・幹事就任による）の協力要請	浜松商工会議所
活用した医療機器関連産業振興の必の医療機器に関する学習の必要性	副会長S氏および事務局スタッフによる会員企業への意見集約，会員公募と召集，研究会立ち上げ	浜松商工会議所

用してビジネスとして将来性の高い医療機器関連製品の開発・事業化を促進させる機会を探求す

医療機器関連の知識が増える一方でズが把握できず製品の開発・事業化ないこと，会員料の負担感（⇒会員	—	研究会
のニーズを把握し，連携で事業開発機会の必要性	F氏による会員企業への意見収集・集約	研究会
係者とのパイプ構築の必要性	F氏からH氏への働きかけ	研究会
と浜松医科大学の連携による医療機ための仕組みづくり（情報交換会，	H氏のF氏および山本医師の仲介 F氏から山本医師に要請	研究会

業化への機会が高まったことを地域の企業が認識して会員数が増加し，研究会会員および医療関

（2009～2011年）情報交換会開始～はままつ医工連携拠点の形成	研究会会員企業，浜松医科大学を中心とした医療関係者	情報交換会における医療現場のニーズ発表および懇親会における話し合い	医療現場の の関心
	情報交換会で関心のあるテーマを発見した研究会会員企業，浜松医科大学（を中心とした）医療関係者	手術室やリハビリテーション室などの医療現場を訪問し，具体的な開発ニーズについて議論	製品の具体
	浜松医科大学学長・山本医師（および同医大医療関係者），地域の企業	産学官共同研究センターの設立，地域企業への開放	地域企業・スの効率化
	静岡県，浜松市，浜松医科大学，静岡大学，光産業創世大学院大学，浜松商工会議所，浜松地域イノベーション推進機構の関係者	静岡県の要請を受け，はままつ医工連携拠点採択のための共同申請	浜松地域に実した体制公的支援をよる健康・活性化，同
全体状況	はままつ医工連携拠点の採択・活動開始により，浜松地域における医療機器の事員企業も増加。医療機器産業の振興に向け公的支援（中央政府，静岡県・浜松市）		
（2011年～現在）はままつ医工連携拠点形成後の諸活動	研究会会員企業，浜松医科大学等の医療関係者	情報交換会および見学会	医療現場の の関心，具
	研究会会員企業をはじめとする地域企業および域外企業，浜松医科大学等の医療関係者	医療機器の開発・事業化に向けたやりとり	新規開発案互いの関心，等），実用化事業化の進従来連携相の信頼
	地域（研究会会員）企業，浜松医科大学等の医療関係者	地域企業の「スタートアップ支援事業への応募」，拠点による審査，フォローアップおよび公的支援獲得に向けた支援	地域企業の成果の共有事業化に向
	拠点関係者：医療関係者，地域企業（研究会会員），域外関係者（医療関係者，企業等）	セミナー・フォーラムの開催，医工連携出会いのサロン，展示会への参加	拠点の活動（⇒製品の市
	拠点関係者：医療関係者，地域（研究会会員）企業，域外医療機器メーカー	医療機器メーカーのニーズ収集，地域企業紹介ウェブサイト・カタログ作成，マッチング商談会	医療機器メる域内企業

更なる発展のための課題：
・開発した医療機器の当局への申請・承認プロセスに長期を要することによる製品の競争力の低
・開発した商品の市場性，（開発費用に対する）収益性，販売力の強化
・地域全体としての連携および地域間の連携の発展
・所属先の枠を超えたコーディネーター，プロモーター，医療を理解できる技術者・技術を理解
・研究会など医療機器の事業推進のための場の改善（集まる人々のニーズをより反映させるため）

（出所）筆者作成

ニーズおよび当該ニーズの会員企業	山本医師による医療関係者の仲介 会員企業および医療関係者の相互のアプローチ	研究会 (情報交換会)
的な開発イメージ, 連携の合意	山本医師による医療関係者の仲介 会員企業および医療関係者の相互の議論	研究会 (見学会)
浜松医科大学医療関係者間のアクセのための一元窓口の創設	学長を中心として学内体制を整えた上で, 浜松医科大学として地域企業に産学連携をアピール	—
おける医療機器産業振興のための充・活動の存在 得ることによる体制・活動の拡充に医療関連産業の基幹産業化, 地域の拠点の体制 (人員), 各主体の役割	静岡県庁の担当者から左記機関関係者への要請, 共同申請のためのやりとり	—
業化に向けた支援体制の拡充を地域企業, 医療機関および研究機関の関係者が認識し, 研究会会のもとで産学の関係者による積極的な参画を促進		
ニーズおよび当該ニーズの会員企業体的な開発案件, 連携の合意	会員企業および医療従事者の相互のアプローチ, 山本医師の仲介	研究会 (拠点事業として)
件の目的・意義, 製品のイメージ 能力, 役割 (医療と工業, まとめ役への目標 め方 手の行動・実績への信頼, 紹介先へ	(インフォーマルを含めた) フェース・ツー・フェースの交流 新たな参画を要請するための現連携メンバーによる新メンバーへのアプローチ 現連携メンバーの新たなメンバーの紹介	拠点 (内視鏡手術ナビゲーター等の開発・製品化)
シーズの共有 やフォローアップ等を通して今後のけての方向性を共有	拠点側 (医療関係者を中心に) からの事業化へのフォローアップ等	拠点
および成果の域外関係者への普及場化や連携相手の開拓に寄与)	拠点関係者による域外関係者への情報発信, 意見交換	拠点をベースとした外部の交流機会 (展示会・学会等)
ーカーのニーズ, ニーズに対応できの取引機会	拠点関係者による医療機器メーカーへの情報発信およびアプローチ	拠点をベースとした外部の交流機会 (展示会等)

下

できる医療人の育成
とそのための人 (時間) の確保

る。

　また，医療機器関連事業の推進に向けた連携を促進させるための体制は拡充してきているが，地域には静岡技術移転合同会社（静岡 TTO）等，他の団体がそれぞれに活動しており，地域全体としての連携の取組みにおいてさらに発展させる余地があることが指摘されている。また，静岡県東部の医療機器関連産業の集積地であるファルマバレー等，地域間の連携を推進することも重要である。

　最後に，所属先の枠を超えたコーディネーターやプロモーターの必要性，医療を理解できる技術者および技術を理解できる医療人の一層の育成の必要性が指摘されている（山本，2014b）。これに関連し，2014 年に国立研究開発法人日本医療研究開発機構（AMED）による国産医療機器創出促進基盤整備等事業[62]に浜松が拠点として採択され，浜松医科大学が実施機関となった。当事業は，医療機関に医療機器企業の人材を受け入れ，市場性を見据えた製品設計等に関する資質を習得した人材を育成し，国内外のニーズを満たす医療機器の開発の推進をはかること[63]を目的としている。この採択を機に，浜松においても地域全体における医療機関と企業および医療機器メーカーと地域企業との交流機会と場を浜松医科大学を通して提供していくための取組みが検討されている。

3-8　本事例のまとめ

　ケーススタディを通して，浜松市における医療機器関連分野の産業振興に向けた組織間連携の成立プロセスおよび促進への取組みについて明らかにした。このプロセスでは，関係者間の相互作用と共通理解の形成を通して進められ，その促進には場の設立・発展および介入の実施が大きな役割を果たしている。また，組織間連携に向けた相互作用を開始する時点で関係者が直面していた初期条件も，その後のプロセスに影響を与えている。表 IV-2 は，本ケーススタ

62　本事業は 2014 年に厚生労働省のもとで公募が始まったが，2014 年 5 月に成立した「健康・医療戦略推進法」および「独立行政法人日本医療研究開発機構法」により内閣に医療分野の研究開発の司令塔機能が創設され，厚生労働省を含めた各省に計上されている医療分野の研究開発関連予算が 2015 年 4 月に設立された AMED に集約されたことにより，現在では AMED により運営されている。

63　厚生労働省「国産医療機器創出促進基盤整備等事業実施要綱」より。

ディで明らかとなった初期条件，相互作用と共通理解の形成，介入および場について時系列的に整理したものである。

IV-4. 事例3：福島県における医療機器関連産業振興のための中小企業を中心とした組織間連携の成立プロセスの促進への取組み

4-0　はじめに

　医療機器関連分野の事業化推進のための中小企業，医療機関，研究機関，公共セクター等の組織間連携に関する最後の事例として，福島県における取組みを検討する。

　福島県では2001年より同県庁商工労働部が推進役となり，産学官の連携による医療機器関連分野の事業化推進支援に取り組んできた。当初は文部科学省の補助金を活用した医療機器の研究開発から開始し，2005年以降は，同研究開発に加えて県単独事業としての事業化支援も開始した。上述の補助金を活用した研究開発が2012年に終了した後も，県による事業化支援は継続して現在に至っている。

　本事例は，医療機器関連分野の産業振興を目的に，福島県庁が中心となり県内の中小製造業をはじめその他機関との組織間連携を成立させ事業化を推進させた事例である。以下ケーススタディの結果について[64]，まず医療機器関連分野の事業化推進に向けて組織間連携を推進するにあたり影響を与えたと考えられる初期条件について整理する。そのうえで，福島県庁が医療機器関連産業の振興に中長期的な目標とするに至った経緯，その後中小製造業をはじめとする事業化推進のための組織間連携の成立を促進するために，福島県庁をはじめとする公共セクターがいかなる取組みをしたか，そしてどのような成果を生みだしてきたのかについて時系列的に明らかにしていくこととする。

64　以下ケーススタディについては第Ⅲ章で紹介したインタビューを主なソースとして記述する。二次資料からの引用についてはその都度出展を記載する。

4-1 初期条件：県による医療機器関連の事業化推進に向けた取組みの開始以前の状況

　本節では，中小企業をはじめとする組織間連携の成立プロセスを促進させることにより，医療機器関連の事業化を推進させた取組みを実施するにあたって，イニシアティブを取った県庁関係者が直面し影響を与えたと考えられる初期条件について整理する。

(1) 制度環境

　福島県庁が医療機器関連分野における事業化推進の取組みを開始した2001年当時には，全国的にも産学連携や異業種交流を促進させて新規事業やベンチャー企業を興そうという機運が高まっていた。この動きに対して国も支援するために，文部科学省では新産業の創出に向けた産学官の連携を成立させ研究開発を推進させることによってイノベーションを促進することを目的とした「知的クラスター創成事業」による補助金等の支援策を実施した。また，経済産業省では異業種企業間の交流促進に向けた支援策も実施されていた。

　福島県においても，同県庁の商工労働部産業創出課や県の外郭団体が推進役となり，以下のような産業振興策を推進していた。まず，1996年の長期総合計画において「福島県科学技術振興基本方針」が定められ，その中で産学官共同研究事業の推進や起業化支援，大学等の研究機能の活用，研究開発拠点の形成等の推進が方針として示された。これを基に，1999年には地域研究開発促進拠点支援事業を実施し，福島県の研究者データベースの作成，産学のコーディネート，産学官のネットワークづくりを進めた。また，2000年には「ふくしま新事業創出促進基本構想」を策定し，新規事業創出に向けた各種支援策を打ち出し，地域の中小企業への事業化支援にも取組み始めていた（福島県・財団法人福島県産業振興センター，2002）。

(2) 経済・産業

　医療機器関連については，高齢化社会の進展に伴う国内外の市場拡大への期待や医療・福祉関連産業が比較的景気に左右されにくいという産業特性をもつことにより，将来性のある産業として一般的に認識されていた。福島県庁でも

同様の認識のもとで同産業における新規事業の推進に取組み始めた。福島県庁が2001年に医療機器関連における事業化推進を構想するにあたり、福島県では以下のような産業環境を有し、医療機器関連分野における製造および産学の研究開発に対するポテンシャルを備えていたことを把握していた。

まず、福島県における製造品出荷額が1985年から1999年にかけて約1.5倍に伸び、同出荷額および製造事業所数が東北地方で第1位であった。また、郡山地域や会津地域に大学等が保有する技術知識を活用し地域産業をリードするソフトウェア企業や福祉用具関連企業等の研究開発志向型の企業が誕生し新たな産業群が形成されていた（福島県・財団法人福島県産業振興センター，2002）。

次に福島県内の中小企業については、家電、半導体、自動車分野の大手メーカーの工場が立地していたことから、金属精密加工、プラ成型、精密溶接、めっき技術、組立、電子技術、ソフトウェア等の医療機器関連にも活用が可能な技術を有する下請の中小製造業が多く存在していた。

最後に福島県内の医療機器関連産業については、オリンパスメディカルシステムズ、ジョンソン・アンド・ジョンソン、日本ベクトン・ディッキンソン等の大手医療機器企業が生産・輸入拠点を既に設立していたが、2001年以前は全産業に対する医療機器関連産業のボリュームや企業も少なく、同産業は県内では注目されていなかった。中小企業においても、医療機器関連に携わる企業は存在していたが、全体から見た参画状況は限られ大規模に関わっているという状況にはなかった。しかしながら、2001年当時から医療機器関連の部品生産額は全国1位であり、大手企業に同部品を納入する中小企業が一定程度集積し、医療機器関連の部材調達から製品化までが可能となる素地が整っていた（一般社団法人地域活性化センター，2014）。

(3) 研究機関

医療機器関連の研究開発を進めるにあたり、福島県内には企業の連携候補となる大学および研究機関が複数存在していた。

まず日本大学工学部では、1990年代よりH教授を中心に医療機器開発に特化した臨床研究活動を志向しており、同教授の専門分野であるハプティックテクノロジー（触覚技術）を活用した医療機器の研究が進められていた。その他、

県立会津大学では医療機器にも活用することのできる立体高精細画像の伝送等の情報系技術の研究，福島県立医科大学では医療機器の製品化に向けた橋渡し研究，福島県ハイテクプラザでは県の技術基盤の向上に向けた産学共同研究や技術移転による新技術および新事業の創出等の支援を実施していた。

詳細は後述するが，2001年以降の国支援を活用した県庁の推進による医療機器の研究開発と事業化推進の取組みにおいては，これら研究機関と上述の研究開発型志向の企業が連携した。

(4) ソーシャルネットワーク

医療機器関連の研究開発および事業化に向けた組織間連携の成立に寄与したソーシャルネットワークとしては，まず県庁が別案件の研究開発支援で支給していた補助金を通して構築していた県庁と大学関係者とのつながりがあった。例えば2002年から始動した研究開発事業で中心的な役割を果たした日本大学工学部のH教授は，研究支援のための県庁の補助金を通してつながりを持ち，県庁も同教授の研究内容を理解していたことから医療機器の研究開発における連携に関してもアプローチが容易であった。また企業に関しては，以前の共同開発を通して形成された大学教員と企業とのつながり，県庁による企業への補助金を通したつながりが，連携に向けた関係者へのアプローチを容易にすることに寄与した。

4-2 福島県庁による医療機器関連の事業化推進支援への取組みの経緯

(1) 医療機器関連分野の選定

上述のように，全国的に産学連携や異業種交流による新規事業の推進への機運が高い中で，2001年に福島県庁においても文部科学省の知的クラスター創成事業等の支援制度を活用しながら地域の産業振興への道を切り開こうとする動きが出た。

この動きを推進するにあたり，知的クラスター創成事業の公募への申請やそのための事業プランの作成を，同県庁の担当部署である商工労働部産業創出課のO氏が中心となり進めることになった。O氏は県立研究機関の機械技術を専門とする研究員であり，同研究機関および県庁のいずれかの勤務となり，

2001年当時は上述の部署に配属されていた。

　事業プランの作成にあたり，福島県の独自性が出るような産業をターゲットとする方針となり，自動車・電子部品・ソフトウェア・再生可能エネルギー等を検討していた。その結果，他産業と比較して額面では少ないが当時から部品の生産金額が全国1位であった医療機器関連分野が今後の成長へのポテンシャルが高く，集積すべき地元産業として着目された。福島県では同分野において，部品の他に医療機器生産金額も全国で7～8位に推移しており首位を目指してさらに伸ばすことができるのではと考えられたこと，人口の高齢化等の要因で需要が高まる産業であり比較的景気に左右されにくい産業であること，大規模投資が必要な医薬品等に比べて多品種少量生産および販売の典型であることや製品が基盤技術の集合で構成されている点でそれぞれの技術を保有する中小企業も参入しやすく産業としての広がりが期待されること，以上を踏まえて医療機器関連分野が知的クラスター創成事業の申請におけるターゲット産業として選定された。

　この動きとともに，福島県の新長期総合計画として2001年に「うつくしま21」が策定され，科学技術の振興による地域経済全体の活性化や新事業の創出による産業振興を課題として掲げ，医療機器関連を同県のリーディングプロジェクトに位置付けて地域をあげた振興が進められることとなった。

(2) 知的クラスター創成事業申請の取りまとめおよび連携体制の構築

　知的クラスター創成事業への申請は，福島県庁商工労働部産業創出課と県の外郭団体である（財）福島県産業振興センターが中心となり進めていった。同申請に向けた研究の検討および取りまとめを進めるに際し，2001年7月にO氏より上述の日本大学工学部H教授に声掛けをした。この理由として，O氏が以前より県の研究開発支援の補助金事業を通してH教授とつながりがあり，同教授のハプティックテクノロジーの研究内容や医療機器への活用に潜在性が高いことを把握していたことが挙げられる。O氏の要請に対しH教授が承諾し，知的クラスターへの申請と研究開発に向けた連携体制の構築を進めていくことが決定された。研究対象は，O氏（および県庁の事務局）も今後の事業化へのつながりやニーズという視点から内容および妥当性を合意したうえで，以

前より H 教授がアイデアを蓄積していたハプティックテクノロジーを共通基盤技術とした 5 分野[65]に決定した．

　5 分野の研究開発の推進には 1 つの分野については H 教授が担当し，その他は当該分野を専門とする複数の大学教員が必要であった．これに対し，県庁において以前の補助金事業等を通して県内大学の得意分野に関する情報を保有しており，この情報を活用して各大学の産学連携の窓口にアプローチした．産学連携窓口のコーディネーションにより，5 分野の研究に関心および適性のある教員に研究開発への参画を要請した結果教員側も承諾したことで，研究メンバーが決定した．次に，共同研究に参画する県内企業については，研究メンバーとなった各大学教員とつながりのある企業，県庁が補助金事業を通して事業内容や技術に関する内容を把握していた企業に対して，各教員の要望を踏まえてアプローチした．企業については，県の外郭団体である福島県産業振興センター，県立の試験研究機関であるハイテクプラザ，郡山地域テクノポリス推進機構の情報も活用された．また，共同研究に必要な医療機関のメンバーについても研究開発に参画する大学教員の要望を踏まえ，以前より県庁との交流がある機関に対してアプローチをした．結果，5 つの分野の研究開発を主導する大学等研究機関，企業，医療機関の組織間連携による研究開発事業を推進するためのメンバーが決定した．

　メンバーの決定後は，5 分野のそれぞれの内容を詳細に検討していくこと，研究体制を構築すること，それらを知的クラスター創成事業への申請書に反映させ完成させることが課題となった．各分野の研究内容については，分野ごとのメンバーが月に 2 ～ 3 回のペースで議論し，研究の中身とともに事業化を実現させるために出口戦略（研究開発―製品化―生産販売の流れ）を意識した体制づくりの必要性も共有した．これらを踏まえ，座長に副知事が就任し，全体の協議機関である事業化推進ワーキンググループを設置し，その下で事務事業および研究事業を推進する体制を構築した．この体制は，大学による新規医療機器のアイデア創出と研究開発を進めるにあたり，中小企業をはじめとする県

65　5 分野は以下の通りである．「次世代バーチャルシステムの開発」「医療・福祉情報システムの開発」「生体センシングシステムの開発」「次世代医療・福祉ロボットの開発」「医療用機能性材料の開発」（福島県・財団法人福島県産業振興センター，2002）．

IV-4. 事例 3：福島県における……　　137

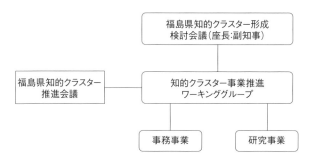

図 IV-7. 研究開発事業の運営体制
（出所）「福島県・財団法人福島県産業振興センター，2002」より筆者作成

内企業の参画による協働を実現し，市場ニーズに対応した既存事業の高付加価値化および新規事業の創出による事業化までを総合的に支援することを目指したものであった（一般社団法人地域活性化センター，2014；福島県・財団法人福島県産業振興センター，2002）。

以上のように研究開発と事業化への組織間連携に向けたメンバーの招集やメンバーによる研究開発の詳細や推進体制等の検討を行い，それらの結果を反映させた知的クラスター創成事業申請のための事業計画書は，同事業公募の提示を文科省から受けた時期から半年ほどで完成し，提出に至った。しかしながら同事業への採択にはいたらず，研究開発のみが支援対象となる都市エリア産学官連携促進事業[66]（一般）（以下，「都市エリア（般）」）に採択された。

以下，福島県における 2002 年以降の医療機器関連の事業化に向けた取組みについて時系列的に紹介する。

66　文部科学省による「都市エリア産学官連携促進事業」は，地域の個性発揮を重視し，大学等の「知恵」を活用して新技術シーズを生み出し，新規事業の創出，研究開発型の地域産業の育成等を目指して，産学官の共同研究等を促進し，我が国全体の科学技術の多様化をはかることを目的としている。同事業の一般型は，3 年間の実施で一地域当たり年額 1 億円を事業費として支給している（文部科学省ホームページ 2）。事業規模（支給額）は，知的クラスター創成事業と比較して 5 分の 1 程度である。

4-3 研究開発を中心とした取組み（2002〜2004年）―都市エリア（一般）採択後―

(1) 都市エリア（一般）の体制づくりおよび事業の開始

　都市エリア（一般）の採択により，知的クラスター創成事業申請時と同様の目的および体制で事業を進めることとなった。採択後は，まず事業の推進体制の確立および運営者を補充するところから開始された。県庁職員で構成される事務局は県の外郭団体である産業振興センターに設置した。推進体制は知的クラスター創成事業の申請時と同様の形態を採用し，事業全体の代表に副知事，事業化検討委員会の総括をK氏，そのもとに事業総括者にF氏，研究総括者にH教授が着任した。新たに体制に加わったK氏およびF氏は，それぞれ県内に拠点を置く大手外資系の医療機器企業の事業所長，医薬品および医療機器等の研究開発・製造・輸入・販売を手掛ける県内で著名な企業のオーナー社長であった。

　両氏が新たに体制に加わった経緯は，都市エリア（一般）の事業マネジメントを実施するために，県内産業界を取りまとめてリードし事業に目利きのできる人物が必要であることから，上述の担当にふさわしい人物としてH教授，O氏をはじめとする申請メンバーでK氏およびF氏の名前が挙がったことによる。K氏はH教授と従来交流があったことから同教授がO氏に紹介のうえO氏が事業への参画を要請し，F氏については過去に交流はなかったが都市エリア（一般）の採択後に県庁のO氏がアプローチして就任を説得したところ，両者とも県に役立つ任務ということで承諾した。

　体制の決定後に，都市エリア（一般）の事業が開始された。同支援事業は研究開発が支援の対象であり，事業開始後は，大学を中心に上述5分野における医療機器の研究開発を進めていった。研究開発の進捗は毎月のヒアリングを実施し，2〜3か月ごとの事業化検討委員会において事業化を進めるための検討を実施した。2002年〜2004年の同事業の期間内は基本技術の研究開発が中心となり，H教授を中心とした触覚センサー素子の基本技術を確立した。

(2) 都市エリア（一般）終了後のコンセンサス

　都市エリア（一般）は，3年間の事業期間中に研究開発を中心に進められ基

IV-4. 事例 3：福島県における……　　139

図 IV-8. うつくしま次世代医療産業集積プロジェクト事業（2005～2012 年）
（出所）福島県庁 O 氏提供資料より筆者作成

本技術を確立するという一定の成果を得たが，研究開発の成果を企業が参画したうえで事業化につなげる点では十分な成果を得ることができなかった。

　医療機器の事業化推進に向けた取組みにおいて，事務局機能を担い同事業への申請およびその後の推進支援の中心となった県庁関係者の反省点は，同事業の終了後に文部科学省に提出する評価書を作成している間に明らかになり，担当部署である県庁の商工労働部産業創出課の課長を中心としてコンセンサスを形成していった。その内容は，①産学官連携事業を推進するにあたり三者の意思疎通が十分ではなく，官と学の比重が大きく産のリードを引き出すことができなかったこと，②研究成果を事業化につなげることができなかった要因として，県内企業が医療機器の事業化に必要な関連知識等の不足により十分育っておらず成果を受け渡すことができなかったことであった。③さらに，都市エリア（一般）で取り組んだハプティックテクノロジーを基盤とした 5 つの分野の研究開発による事業化のみでは経済・産業としてのインパクトが大きくはなく，同研究分野以外においても事業化を推進したいという県内企業のニーズは存在し，そのニーズを反映した支援策を提供することで市場を拡大することが必要であるとの認識が県庁内で広まった。そこで，産学官の意思疎通の徹底と産業界の視点を前面に出し，事業化に向けてより強力な支援を展開することを目的

に，研究開発に加えて県の単独事業として県内企業を育成し異業種を含む中小企業の新規参入を促進させ医療機器の事業化を推進するという方針を県庁内で共有し，予算を確保した．

4-4　県による事業化支援および国補助による研究開発の双方に向けた取組み（2005〜2012年）

　上述のような都市エリア（一般）への反省点を踏まえ，予算1億円をつけて医療機器関連の事業化支援を県単独事業として2005年より開始した．一方で，研究開発については都市エリア（一般）に続き，2006年から3年間の事業として都市エリア産学官連携促進事業（発展）（以下，「都市エリア（発展）」）に採択され，より事業化を意識した研究開発が進められることとなった．ここに，県単独事業としての事業化支援と国（文部科学省）の補助を活用した研究開発支援の2つの事業が「うつくしま次世代医療産業集積プロジェクト事業」のもとに進められることとなった．以下，医療機器関連の事業化推進を2つの柱で進めた2005年以降の動きについて整理する．

(1) 医療機器関連分野の事業化推進に向けた全体のアプローチ（福島モデル）

　福島県における医療機器関連分野の研究開発と事業化支援の2つの柱により，産学官がそれぞれの役割の遂行および意思疎通を徹底し事業化にフォーカスして連携を推進するアプローチは「福島モデル」と呼ばれた．同モデルでは，意志疎通の基盤として事業化に焦点を当て産学官がそれぞれの役割[67]を果たし，第一ステップとして産学官連携による共同研究開発を促進して医療機器関連分野の産業集積のきっかけを作り，第二ステップとして中小企業への事業化支援や企業育成（薬事法支援，医療機器製造業許可の取得等）をしていく，そして第三ステップとして異業種企業間交流とビジネスマッチングを促進してさらなる成長を目指すことを目標とした．

　同モデルでは，短期的成果としては部材供給やOEMの推進，長期的成果で

---

[67] 産はマーケティング・商品開発・知財管理データベースの構築，学は事業化のための研究・知財への理解，官は法規制のアドバイス・継続的施策展開・柔軟な費用対応の役割を果たすことが求められた．

は新規に医療機器関連の製品化を目指し，後者では大学の研究成果を地域の中小企業が事業化していくことを促進していく。この実現にむけて，産の論理を適用し，核となる要素技術を抽出して集中的に研究開発を進めること，産学官の連結ピンを維持し，徹底的に事業化を目指していくことが関係者間で共有された。

(2) 福島医療福祉機器研究会の設立

福島医療福祉機器研究会（以下，「研究会」）の設立のきっかけは，県内企業からの問い合わせで，「県庁に都市エリア産学官連携促進事業で医療機器の研究開発等を進めているが内容が分からない，同事業の中身や医療機器の現状等を勉強する場を作ってほしい」という要望があり，研究開発を主導していたH教授からも他地域でも同様の勉強会を開催しており福島県でも開催すべきという意見が出たことであった。さらに同時期に，経済産業省所管の「広域的新事業支援ネットワーク重点強化事業」の採択を受け，同省より異業種交流やネットワーク構築を促進することへの指示も出たことから，2005年に研究会が設立された。

研究会は，医療機器関連の受託開発や製造にあたっての留意点や医療機器関連の開発等の最新動向を踏まえた技術セミナーの開催，薬事法・製造物責任法に関するセミナーの開催，医療ニーズの発表会（年6回），異業種企業との交流会等の企画を通して，域内企業の同産業への新規参入を促すとともに，全国各地の医療クラスターとの広域的な交流をはかること，産業界のまとまりを作ること等を目的とした。設立当初は産学官から約50の企業や団体が会員として参加し，都市エリア事業の事業統括者F氏が会長（2015年2月以降はK氏）に就任した。会員は，企業・大学・行政機関も含まれ，福島県内およびその他東北地方等から入会し，構成としては医療機器関連への新規参入を目指した様々な業種の中小企業が多い。会員数は，2014年6月では250を超えている。

研究会の直近の動向としては，2015年に至り従来の勉強会を中心とした活動から，よりビジネスマッチングや事業化に直結した活動を推進する場を設定することを目指し，同年2月に「福島県医療機器関連産業協議会」に名称を変更した。活動の中心を，ビジネスマッチング，ビジネス交流会の開催，研究開発

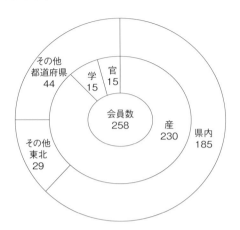

図 IV-9. 研究会の会員構成*
(出所)「うつくしま次世代医療産業集積プロジェクト
ホームページ」より筆者作成
＊2014年6月現在における会員構成

支援，ホームページを使った情報提供および発信に移し，民間のネットワークの創出機会の提供にも寄与している。また，同会の運営主体は，県から民間企業より選ばれた8人の幹事と会長に移行し，県はセミナー案の提供やビジネス交流の場（年6回の例会およびその後の懇親会）の提供に関与するにとどめ，民主導の運営に移行した。

(3) 研究開発の推進―国補助の活用―

2002～2004年の都市エリア（一般）に続き，2006年から3年間の事業として都市エリア（発展）が開始された。体制は研究総括にF氏，そのもとで事業支援にK氏および研究統括は新しく日本大学工学部のS教授が就任し，H教授は研究プロジェクトのリーダーとして引き続き参画した。都市エリア（一般）と比較し，都市エリア（発展）は事業化に力点をおいて民間主導の開発体制を強化した。したがって，事業支援を担当するK氏は事業化推進委員会の委員長も務め，研究成果を事業化し企業を育てるという観点から，プロジェクトの進捗状況を管理し評価する役割を担った。

都市エリア（発展）におけるプロジェクトの推進では，研究テーマごとにプ

ロジェクトリーダーを配置して進捗を具体的にチェックした。また，毎月の進捗のヒアリングとともに2～3か月ごとに事業化推進委員会を開催し，研究成果の商品化およびビジネス（販売）へのつながりの視点から検討がなされ，研究メンバーも含めた参画者の事業化に向けた意識も高まっていった。さらに，研究成果として生まれた一般的な技術や研究開発の実用化において大学と企業，企業と企業の連携を推進させるサポート役・目利き役として，コーディネーターを公募し配置した。

都市エリア（発展）の終了後は，引き続き文部科学省の支援である「地域イノベーションプログラム」に採択され，2010年から3年間の研究開発事業が行われた。本事業では，都市エリア（一般）および（発展）で取組まれたハプティックテクノロジーに光技術も加えた研究開発が取組まれた。

成果の詳細は後述するが，国補助による研究開発事業の結果，ハプティックテクノロジーをコアとした臨床現場における触診の定量化のためのデバイスや次世代医療機器が開発され[68]，さらに事業の最終年度までに商品化にまで至らなかった場合も，新たな要素技術が生み出されたことにより，後にデバイス等に活用された事例がみられた（尾股，2010）。

(4) 事業化支援の推進—県単独事業—

前節の都市エリア（一般）への反省による県庁内のコンセンサスで成立した県単独の事業化支援は，県内において医療機器関連産業における設計・製造を担う企業を育成し，部材供給・OEM・研究試作を推進，産学官の多様な主体の連携や異分野製造業の医療機器関連分野への新規参入による産業クラスターを形成させることを目的とした。したがって，臨床現場のニーズ把握から研究開発・事業化までをシームレスに展開することを可能にする事業化支援とするために，県内企業が医療機器関連産業に新規参入するための支援策，参入後に利益をあげながら成長するための支援策を立ち上げ，医療機器関連の開発・生産活動が行いやすい環境づくりが取組まれた。

支援策の内容は，上述のコンセンサスに加え，例えば研究会における議論に

---

68 製品化に成功した医療機器は16品目にのぼり，「非接触眼圧計」「血圧血流バイタルサイン装置」「触覚センサー内臓医療支援ロボットハンド」等が挙げられる。

おいて会員企業から技術的には製作が可能であるが薬事申請の進め方が分からないという意見がでたことを踏まえて薬事関係の許認可支援を2007年に開始する等，研究会が支援内容に関する意見の発信の場として機能し，県庁が医療機器関連への新規参入・事業化への支援策を整備していったという経緯もみられた。その結果，以下の事業化支援策が展開された。

A) 福島医療福祉機器研究会の設立・運営
詳細は上述を参照。

B) ビジネスマッチング
県庁の担当職員により，会員企業に対して医療機器メーカーを含む他企業からの開発案件，大学研究者からの試作案件の紹介等のコーディネーションを行い，県内ものづくり企業・医療機器メーカー・大学等とのビジネスマッチングを行う。

C) 薬事法関連のコンサルテーション
薬事法等の専門知識を持った県庁職員を配置し，異業種企業が医療機器の製造および販売業許可を取得し同業界への新規参入を促進させること，製品申請，特定の医療機器品目についての判断等に関する個別相談や薬事コンサルタントの派遣を行う。

D) 医工連携人材育成プログラム
県内大学との連携により，異業種企業の医療機器関連分野への参入・事業化（設計・製造等）に必要な知識等の習得に向けた関係法律，医療機器関連のニーズ，取引方法等に関する講義の提供に加え，医療機関および大手医療機器メーカーの協力による手術室・製造現場等の見学や医療機器を分解して構造や材料についての知識を深めること等の実習的な機会を提供する。

E) 販路拡大支援
2005年より医療機器関連に特化した展示会である「メディカルクリエーショ

ンふくしま」を毎年開催しており，2014 年では県内外の 200 以上の企業や団体が出展している。販路開拓，クラスター地域としての評判形成，部品メーカーの医療機器メーカーへのアピールや取引拡大に寄与している。その他，国内の同様の展示会に県内の企業や団体が年に数回出展している。また海外においては，ドイツ，アメリカにおいて同様の展示会への出展支援をしており，県内企業や大学が出展している。

　展示会の開催および出展は，県主導で実施してきたが 2010 年より参加企業・団体による実行委員会を設立して運営しており，ふくしま医療機器産業推進機構（詳細は後述）が事務局として支援している。参加企業は同機構のホームページで公募している。

F）県による補助金制度

　県庁では「事業化支援制度」の一環として試作品作成・性能評価・臨床試験等の費用を助成する補助金を設け，2009 年には 7 件，2010 年には 11 件の支給を実施した。また，県の外郭団体である福島県産業振興センターでは，総額 50 億円の基金の運用益を財源とする「ふくしま産業応援ファンド事業」を 2008 年より実施し，医療機器関連事業を含め，技術開発・事業可能性等調査・販路開拓に対する補助金助成を実施している。

　2011 年以降は，東日本大震災に対応した復興予算をもとに総額約 500 億円の「原子力災害等復興基金」を創設し，医療機器関連事業も対象に補助金事業を展開している。医療機器関連事業への補助金としては，医療福祉機器の製品開発および実証実験を手掛ける企業への事業費助成支援である総額 77 億円の「ふくしま医療福祉機器開発事業補助金」[69]，国際的な競争力が期待される先端医療機器の製品開発および実証試験に取組む事業者を支援する総額 43 億円の「国際的先端医療機器開発実証事業費補助金」，医療現場の医師のニーズに基づいた医療機器の製品開発・治験に取組む県内医療機関を支援する総額 13 億円の「革新的医療機器開発実証事業費補助金」等の研究開発支援において 50 件以

69　補助額は，2015 年 3 〜 4 月の第 6 次募集では上限 1 億 3,000 万円（1 年），2015 年 10 〜 11 月の第 7 次募集では上限 2,500 万円（1 年）と募集によって異なる（うつくしま次世代医療産業集積プロジェクトホームページ）。

上の支援を実施している。その他，工場等の施設の立地支援として 18 億円の補助金制度が存在する。これらの補助金は，研究開発のみではなく事業化の部分も対象となるように設計されており，ものづくり企業のハードルとなる医療機器の製造業許可・販売業許可を取得する支援も実施している。

補助金は県内企業のみではなく県外企業も対象となるが，選定の条件として OEM 等による製造を福島県内で実施（県内に施設を設置あるいは県内企業と提携）することを定めており，県内における事業化を前提とした補助金として運営されている。

(5) 運営体制の変容と背景

上述のように，文部科学省の補助を活用した研究開発事業として都市エリア（発展）に引き続き 2010 年より地域イノベーションクラスタープログラムが開始された。本事業の研究テーマの内容を踏まえて研究拠点が福島県立医科大学に設置されたが，研究会会員企業からの要望も踏まえ，これを機に同研究開発事業と県単独の事業化支援の一層緊密な連携を実現させるために 2010 年 4 月に「ふくしま医療－産業リエゾン推進室」を同医大内に設置した。同推進室には県の事業化支援機能を移して同医科大学に県職員を数名常駐させ，医（あるいは学）と産の橋渡しをスムーズにして医療現場の情報を産業界に伝え共有することを目指したものであった。

同推進室は 3 年ほど継続したが，同医科大学内に産業界との共同により医療機器を開発することを志向する医師が少なかったこと，研究に軸足を置いて物事を考える側（同医科大学）と企業に軸足を置いて物事を考える側（県の事業）との資源の配分，時間等のスタンスの違いから当初の目的を果たすことができず，分離することを決定し県職員が同医科大より引き上げることとなった。

一連の流れを踏まえて県庁は，事業化支援や産学連携の窓口等の機能を集約させた機関を新たに設立することが必要と判断し，2013 年 5 月に「ふくしま医療機器産業推進機構」（以下，「機構」）を設立し現在に至っている。機構は，県単独事業として推進してきた医療機器関連の事業化支援について，海外事業[70]

---

70 医療機器関連分野における共同開発，展示会への出展，取引拡大等の海外事業支援については，知事名の協定書等を締結する必要性があり，県庁に機能をおいている。

以外の機能を引き継ぐ形で発足した。リエゾン推進室は解消されたが，同機構の代表は医科大の教員が就任した。2016年度には機構が運営主体となる「ふくしま医療機器開発支援センター」の設立が決定されており，医療機器の安全性評価，企業間あるいは企業と医療機関等のマッチング，製品開発・データを基にした改良ニーズ・薬事関連のコンサルティング，医療従事者のトレーニング等を総合的に実施し，医療機器の開発から承認・認証，市販化等の事業化に至るプロセスを一体的に支援する体制を整えることを目指している（一般財団法人ふくしま医療機器産業推進機構ホームページ）。

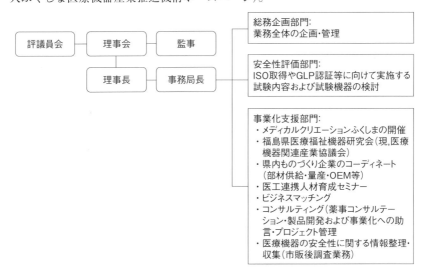

図IV-10．ふくしま医療機器産業推進機構の体制
（出所）菊池・大越（2014）および一般財団法人ふくしま医療機器産業推進機構ホームページより筆者作成

4-5　これまでの成果および今後の取組み（2012年以降）

　2001年以降の福島県における医療機器関連の事業化推進への取組みにおける全体的な成果としては，まず医療機器生産金額が2013年で1245億円となり，2004年の604億円と比較して約200％の伸びを示しており，同生産金額の全国における順位も2004年の第9位から2013年には第3位と上昇している。その他2013年の実績として，医療機器受託生産金額は352億円（厚生労働省『平成

25 年薬事工業生産動態統計年報』）および医療用機械器具の部品等生産金額は133 億円といずれも全国 1 位となっている（経済産業省『平成 24 年工業統計調査』）。

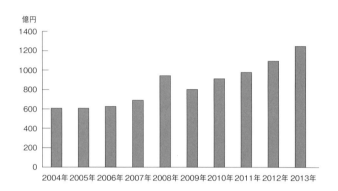

図 IV-11．福島県における医療機器生産金額推移
（出所）「うつくしま次世代医療産業集積プロジェクト」ホームページより筆者作成（元データ：厚生労働省「平成 25 年薬事工業生産動態統計年報」）

(1) 国補助の活用による研究開発の成果

2002 年に開始された都市エリア（一般）以降の国補助の活用による研究開発では，ハプティックテクノロジーの応用により，世界初の非接触の眼圧計等の16 品目が製品化され，同技術が世界 20 か国で 50 件以上の特許を取得する等の成果を出した。

しかしながら，製品化した医療機器の売れ行きが伸びず（例えば，2015 年 2月時点で眼圧計が 1 台のみ），その原因として新規性・独創性を重視して大学を中心に研究開発・製品化した医療機器が市場のニーズを伴わなかったことにあるという認識が県庁および機構の関係者に広まっている。また，地域イノベーションクラスタープログラムでは医療機器の製品化には至らず，同事業が 2012年に終了したことを機に，国補助による研究開発は事実上継続していない。

(2) 県単独事業の成果

国補助による研究開発が事業化という点で成果が乏しかったことに対して，

県単独事業においては事業化において大きな成果を出すことに成功している。

まず県内の中小企業の医療機器関連事業への参入については，研究会の会員が2014年時点で250を超え，県内企業も150社を超えるようになり，多くが製品開発や医療機器メーカーへの部品納入等の事業に参入している。また薬事法関連のコンサルテーションの成果としては，医療機器の製造業許可を取得した企業が直近の10年で1.5倍以上の65社に達し，事業範囲を部材のみではなく医療機器メーカーからのOEMや開発試作の受託，医療機器の製造等へと事業を拡大している。例えば医療機器用添付文書を製造している中小企業では，上述のコンサルテーションを通して製造業許可を取得することで事業機会が拡大することを認識し同許可を取得したことで，添付文書の受注・製造のみではなくワークフローの提案，医療機器の仕分け，梱包，ラベリング，保管，発送[71]まで事業範囲を拡大することができ，取引上の信用性も高めることに寄与している。さらに，メディカルクリエーションふくしまの出展者数は2005年の50団体であったものが2014年には218団体に増加し[72]，その他国内外の展示会への県内企業の出展等も通して，ビジネスマッチングの件数も増加してきている。展示会に出展している企業からは，大手医療機器メーカーとの取引をはじめ販売機会が増えて医療関連分野を積極的に事業展開・拡大することに寄与したこと，行政が支援していることから中小企業でも信頼があり取引が有利となること，行政による地域を挙げた支援を踏まえて県内大手医療機器メーカーも中小企業の育成を前提に技術的アドバイスも含めた中長期的な協力・取引を実施すること，他企業と出展の実行委員会を設立し協働して企画運営に携わることにより互いの事業内容の認識や人間関係・信頼関係が構築され医療機器関連分野の事業化推進のための組織間連携の成立につながったことを挙げて，医療機器関連分野の事業化推進への行政による支援の効果について評価している。

次に県の補助金による医療機器関連の事業化の状況については，同補助金は県内における事業化を目的とした企業を対象としており，大学を対象としたシーズの研究は対象とはしていない。補助金の支給先を選定する研究開発テー

---

71 発送業務に関しては，製造販売業許可を取得している顧客企業の管理責任者の承認が必要である。
72 「一般財団法人ふくしま医療機器産業推進機構」提供資料より。

マについては，新規性や独創性よりも事業化の可能性や市場性の高さを基準としている。したがって，基礎からの開発に携わる案件ではなく，海外では承認されているが日本では未承認の医療機器製品や100％輸入に頼っている製品をより安価で品質を安定させて国産化すること，使い勝手やその他追加的な付加価値をつけるような改良型の開発案件が多い。上述の震災以前に実施された補助金では，県内企業が国内外のメーカーへの部材供給，OEM供給を実現させることに貢献している。また震災後は福島県の復興ビジョンにおいて医療関連産業を産業復興の柱の一つとし，その方針のもとで創設された補助金については，運用から3年ほど経た2015年の時点で50以上の補助金事業の半数が薬事申請あるいは事業化のステップに入り[73]，これら製品化された医療機器の量産設備等を整備するという好循環が生まれている。これは補助金の選定基準に加え，県単独の事業化支援が上述のように研究開発・治験・薬事承認，その後の事業化までを範囲としていることが功を奏したものとも県庁および機構の関係者に認識されている。

　企業と大学あるいは医療機関等との連携による研究開発については，福島県における医療機器関連の事業化への取組みが活発化していることが全国で認知されるにつれて，県外の大学や医療機関から共同研究開発に関する相談が機構にもち掛けられ，機構が関連する県内企業を紹介して連携が成立することがみられるようになってきている。また，販売促進支援策や機構職員によるコーディネーションが寄与し，医療機器メーカーへの県内中小企業の部材供給，OEM生産の取引，製品の共同開発につながった案件も増加している。上述のように福島県における医療機器生産や部品供給等が伸びた大きな要因としては，同産業への中小企業の新規参入や製造業許可を取得する企業も増加したことから，医療機器メーカーの要求に応えて部材供給，OEM生産や開発試作等を引き受けることのできるレベルの中小企業が育ってきたことが挙げられる。これら中小企業の医療機器関連における取引ではかつての大手製造企業への系列的な関係ではなく，案件ごとの対等な取引であり中小企業の自立性が高まってきている[74]。

73　補助金を活用した研究開発としてCYBERDYNE株式会社の「医療用ロボットスーツHAL」をはじめ，多数の製品化が実現している。

IV-4. 事例3：福島県における……　　151

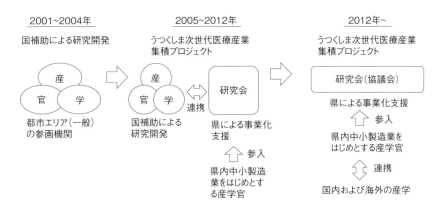

図 IV-12. 医療機器関連製品の開発・事業化に向けた組織間連携を促進させるための場の発展（福島県）

（出所）筆者作成

(3) 医療機器関連の事業化に関する認識および今後の方向性と課題

　福島県における医療機器関連の事業化への取組みについて，上述（第4-4(1)）の発展段階における第三ステップの異業種企業間交流とビジネスマッチングを促進して，一層の事業化を進めていくことでさらなる成長を目指す段階に達していると県庁および機構関係者に認識されている。さらに，その後はグローバル化を進め海外市場への一層の進出を目指す第四ステップに進展することが予測されている。

　以上のような発展のステップを実現させていくために，一層の事業化支援を進め，福島県における広大な用地の存在や比較的賃金が低いこと等の優位性を活かし，医療機器関連の製造・設計拠点として発展させていくこと，つまり物づくり（医療機器関連）の活動に対して補助金も含め全般的に支援するということが今後の方向性として県庁および機構の関係者に共有されている。また，県内の一部の大手を除くと企業構成のほとんどを中小企業が占める県内におい

74　大手医療機器メーカーの側も，中小企業が他の分野（自動車，航空機等）における活動を通して技術力を向上させ，その成果を納入する部品等に反映させることを希望しているという背景が存在する。

て，これら企業の医療機器の製造業許可の取得，技術レベルの向上と一層の新規参入を促進させて産業のすそ野を広げるための支援（補助金，人材育成，大学や公設の研究機関の活用の促進等）を行政として取り組んでいくことも課題として認識されている．

今後は2020年までに医療機器生産額を1750億円まで達することを目標としているが（大越，2014），当面の課題としては復興予算から医療機器関連に対して多額の補助金を支給され進行中の多くの案件が存在（2015年時点で50件以上）しており，今後数年間はこれらの案件一つ一つを深めて成果として仕上げることが優先事項である．これに向けて県庁および機構が企業に対して伴走的な支援を実施していくことが必要であること，新たな補助金の確保については成果を出してから可能となるであろうことが機構関係者により認識されている．また，従来のように多額の補助金を確保することは困難であるという見通しから，現行整備しつつある地元銀行による医療機器関連事業を対象としたファンドの創設と低利貸し付けを拡充していくことが必要である．さらに，2016年のふくしま医療機器開発支援センターの設立・運営により，従来の事業化支援に加え，薬事法による審査の長さ[75]と参入障壁の軽減，高品質・安全な医療機器の研究開発・製造に向けた支援，国際的安全評価基準に完成製品を対応させるための支援に取組むことが課題として県庁および機構の関係者に認識されている．

4-6　本事例のまとめ

ケーススタディを通して，福島県における医療機器関連分野の産業振興に向けた組織間連携の成立プロセスおよび促進への取組みについて明らかにした．本事例においては，福島県庁による事業化推進に向けたイニシアティブのもとで，関係者間の相互作用と共通理解の形成を通して組織間連携を成立させていること，その促進には場の設立・発展および介入の実施が大きな役割を果たし

---

[75] 医療機器の申請・審査に関わるデバイス・ラグについては，県内の中小企業が取組む医療機器事業では審査側に起因する待ち時間よりも，企業側が審査における質問に迅速に回答できないというような申請者側の保留時間の長さに起因するものが多いという現状があり，この点を改善するための支援も同センターの役割になることが機構関係者により指摘されている．

ていることが確認された。また，組織間連携に向けた相互作用を開始する時点で関係者が直面していた初期条件も，その後の事業化推進のための組織間連携の成立プロセスに影響を与えている。表 IV-3 は，本ケーススタディで明らかとなった初期条件，相互作用と共通理解の形成，介入および場について時系列的に整理したものである。

表 IV-3. 福島県の事例（年代記）：初期条件，

	（正に寄与する要因）
（～2001 年）初期条件（連携を検討するにあたって関係者が直面していた状況）	・産学連携および異業種交流の促進による新規事業・ベンチャー企業の振興に対 ・福島県庁による長期総合計画，産学官共同研究事業・起業化等の地域研究開発促にした）新規事業創出に向けた支援 ・医療機器産業の将来的な市場拡大，景気に左右されにくい・中小企業が参入し ・福島県内の製造業の伸張，医療機器に適用できる技術を有する中小企業の集積，医療機器の部品生産額が全国 1 位 ・福島県内における，医療機器の共同開発の候補となる複数の大学および研究機 ・補助金を通した県庁と大学等研究機関および企業とのつながり，共同開発を通
全体状況	O 氏をはじめとする福島県庁の担当部署関係者の間で，国の補助金を活用し，産

	関係者間の相互作用と共通理解の形成		
	関係者	相互作用	
（2001 年）国の補助金への申請および連携体制の構築	県庁 O 氏，日本大学 H 教授	O 氏より H 教授に「知的クラスター形成事業」への申請，研究開発への連携要請および H 教授の承諾	申請およびク技術を共療機器の研
	県庁（外郭機関含む），県内大学，県内企業，県内医療機関の関係者	県庁関係者から県内大学・企業・医療機関への連携要請と各機関関係者の承諾，大学教員から企業への連携要請と企業の承諾	「知的クラ分野におけ当
	県庁（外郭機関含む），県内大学，県内企業，県内医療機関の関係者	研究開発メンバーが分野ごとに研究内容を議論，申請する研究開発の目的および体制・役割についての全体の議論	（「知的クラ5 分野の研ために出口研究開発の
全体状況	研究開発メンバー間で（採択された「都市エリア（一般）」を活用し），5 分野にお創出することを認識		
（2002～2004 年）都市エリア（一般）	県庁（外郭機関含む），県内大学，県内企業（以下，K 氏，F 氏含む），県内医療機関の関係者	H 教授から O 氏に K 氏を紹介，O 氏から K 氏および F 氏への都市エリア（一般）への連携要請および両氏の承諾	上述の体制県内産業界ることで事
	県庁（外郭機関含む），県内大学，県内企業，県内医療機関の関係者	大学を中心とした研究開発，毎月の進捗のヒアリング，2～3 か月ごとの事業化検討委員会の開催	触覚センサ究開発
	県庁（外郭機関含む）担当者	都市エリア（一般）の評価書作成のためのやりとり	基本技術の分な成果がつの分野のく，同分野要であるこ
全体状況	事務局機能を担っていた県庁の担当者間で，国の補助による研究開発に加えて，中小企業の医療機器への新規参入と事業化を促進させる必要性を認識		

IV-4. 事例3：福島県における……　155

相互理解と共通理解の形成，介入および場

	（負に寄与する要因）
する国の支援 　進拠点支援事業，（中小企業も対象 やすい等の産業特性への期待 大手医療機器企業の生産・販売拠点， 関 した大学と企業のつながり	・製造業許可の取得等の新規参入，および製品開発後の申請等における中小企業の薬事法への対応の困難さ（取組後の認識） ・医療機器の特性，取引等，中小企業が医療機器の事業化に取り組むために必要な知識の不足（取組後の認識） ・中小企業の大部分が下請けメインの経験

学官の連携により医療機器の研究開発を促進し同産業を振興させるべきとの認識を共有

共通理解	介入	場
研究開発における連携，ハプティック通基盤技術とした5分野における医究開発	O氏によるH教授への連携要請	—
スター形成事業」への申請および5る研究開発への連携，各関係者の担	県庁関係者から県内大学・企業・医療機関への連携要請，大学教員から企業への連携要請	研究開発メンバーの議論の場
スター形成事業」への申請に向け）究内容の詳細，事業化を実現させる戦略を意識した研究開発であること，体制・役割	—	研究開発メンバーの議論の場

ける研究開発を産学官の連携により推進し，県内企業の参画を通して医療機器における新規事業を

にK氏とF氏を加えることにより，を取りまとめ事業に目利きをきかせ業マネジメントを効果的に推進する	O氏によるK氏およびF氏への連携要請	上述の場の体制を基とした都市エリア（一般）における連携体制
一素子の基本技術の確立に向けた研	—	上述の場を基にした都市エリア（一般）における連携体制
確立の成果が出たが，事業化では十でなかったことおよびその原因。5みでは事業化へのインパクトが小さ以外におけるニーズへの支援策が必と	—	都市エリア（一般）の事務局内（県庁）

より広く事業化へのニーズを支援するために県単独事業を実施し，県内企業の育成と異業種および

156　第Ⅳ章　ケーススタディ

(2005〜2012年) 県庁による事業化支援・国補助による研究開発	県庁（外郭機関含む），県内大学，県内企業，県内医療機関の関係者	県庁担当者の主導による，新たなアプローチに関する関係者間の議論	産の論理をうえで事業支援と国補器事業の振
	県庁担当者，H教授，県内企業（F氏含む），経済産業省担当者，および研究会会員	従来参画していなかった県内企業による問い合わせ，県庁担当者およびH教授の話し合い，経済産業省の要請	福島医療福動内容
	都市エリア（発展）および地域イノベーションプログラムの参画者：県庁（外郭機関含む），県内大学，県内企業，県内医療機関の関係者	参画者による議論を通した研究開発事業の推進および進捗のモニタリング	事業化にカび商品化
	県単独事業関係者：県庁（外郭機関含む），中小企業をはじめとする研究会会員	県庁担当者および研究会会員による議論および同会員の要請	部材供給・な連携と異ニーズ把握レスな展開
	県庁担当者，研究会会員，福島県立医科大学の関係者	研究会会員の要望を踏まえ県庁担当者が福島県立医科大との相談・合意，その後のやりとり	「ふくしま医による医と違い，同推
全体状況	ふくしま医療－産業リエゾン推進室の廃止と地域イノベーションプログラムの終 ま医療機器産業推進機構」を設立（代表者は福島県立医科大教員が就任），事業化		
(2012年〜現在) 県による事業化支援の強化，民間による運営	ふくしま医療機器産業推進機構（県庁）担当者	県単独事業化支援の実施および国補助による研究開発の成果のレビューを通した担当者間のコンセンサス形成	県単独事業市場性の高体的に支援企業の参入，すことに成⇒県庁の支大手メーカ販売機会の
	研究会会員	研究会の活動を通したコンセンサスの形成	研究会を勉ジネスマッる場への移名称の変更会員の民間⇒展示会準等で，企業業化推進の

今後の方向性と課題（県庁およびふくしま医療機器産業推進機構担当者の認識）：
・異業種企業間交流とビジネスマッチングの促進による一層の事業化，さらにグローバル化への
・福島県を医療機器の製造・設計拠点として発展
・伴走的な支援を通して，補助金事業の一つ一つの案件を成果として仕上げること
・ふくしま医療機器開発支援センターの設立・運営による一層充実した支援の実施
等

（出所）筆者作成

IV-4. 事例3：福島県における……　157

適用し産学官の意思疎通を徹底した化にフォーカス，県庁による事業化助による研究開発の二本柱，医療機興に向けたステップ	県庁担当者から参画者への提案	うつくしま次世代医療産業集積プロジェクト事業
祉機器研究会の設立，活動目的と活	県内企業および経済産業省の要請に応えた県庁担当者による関係者への研究会設立の呼びかけ・設立・会員公募	うつくしま次世代医療産業集積プロジェクト事業（および「研究会」）
点を置いた民間主導の研究開発およ	プロジェクトマネージャーによる研究開発および事業化推進，コーディネーターによる企業・大学等の連携推進	うつくしま次世代医療産業集積プロジェクト事業
OEM・試作等の推進に向けた多様分野企業の参入促進，臨床現場のから研究開発・事業化までのシームとそのための支援策	県庁担当者による新規参入・連携促進への取組み：薬事法関連のコンサルテーション，ビジネスマッチング（コーディネーション），販路拡大支援，補助金	うつくしま次世代医療産業集積プロジェクト事業（および「研究会」）
療－産業リエゾン推進室」の設置産の緊密な連携，両者のスタンスの進室の廃止	県庁担当者の同医科大への要請	うつくしま次世代医療産業集積プロジェクト事業（および「研究会」）
了を機に，県庁担当者が事業化支援や産学連携の窓口等の機能を集約させた機関として「ふくしのプロセスを一体的に支援をする体制を整備する方針に転換		
化支援において，事業化の可能性やさを基準に，事業化のプロセスを一することで，医療機器事業への中小生産金額等のパフォーマンスを伸ば功援により中小企業の信用度も高まり，ーからの中長期的な協力関係の構築，増大へ	県庁担当者による新規参入・連携促進への取組みの拡充：薬事法関連のコンサルテーション，ビジネスマッチング（コーディネーション），販路拡大支援，補助金	うつくしま次世代医療産業集積プロジェクト事業
強会を中心とした活動から，よりビチングや事業化に直結した活動をす行（「医療機器関連産業協議会」）企業主導による運営備に向けた実行委員会における協働間の人間関係・信頼が構築され，事ための組織間連携に発展	会員企業相互のやりとりを通した事業化推進のための組織間連携の成立	うつくしま次世代医療産業集積プロジェクト事業（および医療機器関連産業協議会（旧「研究会」）

ステップを推進

第Ⅴ章
ケースの分析および解釈

V-0. はじめに

　本章ではケーススタディの結果の分析および解釈を行う。ここで，解明すべきポイントを確認するためにリサーチクエスチョンを再掲する。

　R.Q.1：組織間連携の成立プロセスに影響を及ぼす初期条件とはどのようなものか，場の設定，介入の実施，および組織間連携の成立に向けた相互作用と共通理解の形成にどのような影響を及ぼしたか。
　R.Q.2：組織間連携の成立に向けた創発的なプロセスにおいて，誰によりどのように相互作用を展開し，どのような共通理解を形成して成立に至ったか。また，このプロセスがどのように繰り返されたか。
　R.Q.3：組織間連携の成立プロセスを促進させるために，誰により，どのように，どのような場が設定され，いかなる機能を果たしたか。また，どのような要因で誰によって場が発展していったか。
　R.Q.4：場の設定と発展，および事業化推進のための組織間連携の成立プロセスを促進させるための介入は，誰により，どのように行われ，いかなる役割を果たしたか。

以上を明らかにするために，第Ⅲ章のリサーチデザインで提示した以下の方法で分析を進めることとする。

　まず，ケーススタディの対象とした3つの事例を定性的に比較分析し，組織間連携の成立プロセスにおける類似点および相違点を抽出することにより因果条件の事前スクリーニングを行う。
　次に，それぞれの事例に対して過程追跡をすることで因果推論の精度を高める。ここでは，各出来事が因果的にどのように関連していくかについて因果ネットワークを明らかにしていくことであり，上述比較分析で確認された類似点および相違点を踏まえて各出来事の原因と結果に着眼し因果関係を確認しながら，各事例における「どのように」の問いに焦点を当てて解明していく。

以上を踏まえて，上述のリサーチクエスチョンを念頭に第Ⅱ章で提示した概念モデルについて妥当性を検討しケーススタディの分析・解釈を反映した理論構築を行う。最後に，本研究のテーマである「事業化推進のための組織間連携の成立プロセスをいかに促進させるか」についてマネジメントへのインプリケーションを提示することとする。

V-1. 3事例の比較分析

　以下，神戸市，浜松市，福島県の3事例における医療機器関連分野の事業化推進のための組織間連携の成立プロセスを促進させる取組みについて，第Ⅱ章で提示したリサーチクエスチョンを基に本研究の主要概念である「初期条件」，「相互作用と共通理解の形成」，「場」，「介入」，および各事例で確認された取組みによる成果を比較し，類似点および相違点について検討する。表V-1は，3事例の上述主要概念および確認された成果について整理したものである。

1-1　3事例の類似点
(1) 初期条件
　初期条件に関しては，組織間連携の成立プロセスの促進に対する「正に寄与する要因」および「負に寄与する要因」について，3事例の間に以下の類似点を確認することができた。

正に寄与する要因
　まず制度・セクターレベルのマクロ的環境要因として，
- 国内外の人口高齢化等による医療機器関連分野の成長機会の大きさへの期待から，同分野を連携ドメインに決定し，場の設定および設定のための介入の実施への促進要因として正に寄与したこと。
- 医療機器関連分野の事業化推進のためにセクターを越えた異分野の連携が必要となることに対して，地域に大学等研究機関や医療機関という潜在的な連携パートナーが存在したことが，場の設定および設定のための介入・事業化への介入や相互作用への促進要因として正に寄与したこと。

表 V-1.

項目 \ 地域		神戸市
初期条件 * マクロ的環境要因→（マ）と記載 ** ソーシャルネットワーク→（ネ）と記載 *** ミクロ的環境要因→（ミ）と記載	正に寄与	・（マ）高齢化，地域中小企業の技術活用等，医療機器関連産業の成長期待の高さ ・（マ）神戸医療産業都市構想および神戸市の支援 ・（マ）産業構造の変化・震災による中小企業の納入機会の減少 ・（マ）大学等研究機関，医療機関という潜在的連携先の存在 ・（ネ）工業会の存在 ・（ネ）医療研会長と大学とのネットワーク ・（ミ）医療機器関連産業の成長潜在性の高さへの期待 ・（ミ）中小企業単独による参入が困難
	負に寄与	・（マ）薬事法対応や複雑な取引慣行等の困難さ ・（マ）下請メインで中小企業間の連携経験無し
場の設定・発展における相互作用と共通理解* **事業化推進における相互作用と共通理解**** * （場）と記載 ** （事）と記載		・（場）市長より工業会会長へ医療都市構想参画への呼びかけ⇒医療機器関連分野での参画 ・（場）医療研設立⇒学習の必要性，知識・情報を蓄積しターゲットを絞る，自立したメーカーとして製品開発・販売する目標 ・（事）非磁性手術用具の開発・製品化⇒会員の自信の高まり，積極的な開発・試作製品化の推進 ・（事）積極的な開発・試作・製品化⇒市場性への課題 ・（場）医療機関へのアプローチ⇒連携による相互利益 ・（事）販社設立⇒研究開発への特化と営業力の向上 ・（事）医療機関のニーズ把握と開発・製品化⇒医療機関との継続的な連携，採算性向上，市場性・経済性・マーケティング力，薬事法等事業化推進のための支援，以上の改善の必要性 ・（場）事業化・商品化（出口戦略）推進に向けた一体化（医療研・MIKCS）⇒一体化のための体制，役割（棲み分け） ・（場）医療研・MIKCSの分離⇒両者それぞれの事業化・商品化（出口戦略）の推進・拡大

3事例の比較表

浜松市	福島県
・(マ) 高齢化，地域中小企業の技術活用等，医療機器関連産業の成長期待の高さ ・(マ) 国の支援制度の存在 ・(マ) 主力産業（製造業）の低迷と次世代産業振興のコンセンサス ・(マ) 医療機関・大学等研究機関という潜在的連携先の存在 ・(ネ) 商工会議所の存在とそれを基盤とした企業間交流 ・(ネ) 商工会議所コーディネーターと医科大学医師との交流 ・(ネ) 中小企業と医科大医師の過去の連携 ・(ミ) 医療機器関連産業の成長潜在性の高さ ・(ミ) 中小企業の多様な技術を補完する必要性	・(マ) 高齢化，地域中小企業の技術活用等，医療機器関連産業の成長期待の高さ ・(マ) 国の支援制度の存在 ・(マ) 県庁の長期総合計画・研究開発支援事・中小企業支援 ・(マ) 県内製造業の伸長，研究開発型企業群の形成，医療機器関連の部品生産額が全国1位 ・(マ) 医療機関，大学等研究機関の存在 ・(ネ) 県庁と大学等研究機関・企業・医療機関，大学と企業のつながり ・(ネ) 企業へのアプローチに県の外郭団体のデータベースを活用 ・(ミ) 成長潜在性の高さ・景気に作用されにくい・中小企業が参入しやすい等の産業特性への期待 ・(ミ) 中小・大手企業の存在，多様な中小企業の参画の必要性
・(マ) 医療機器の申請・承認に長期間要すること ・(マ) 域内の中小企業の能動的な事業化への（連携を含む）経験・意識・能力の不足	・(マ) 医療機器関連産業・事業化に関する中小企業の知識不足 ・(マ) 製造許可取得，薬事法への中小企業の対応の困難さ ・(マ) 大手の下請がメインの中小企業が大部分を占める
・(場) 商工会議所副会頭の幹事招集，意見集約，会員公募を通した研究会設立⇒学習を通した事業化機会の探求 ↓ ・(場) 研究会における勉強会⇒ニーズの把握不足と事業化機会の少なさ，医療機関関係者とのパイプ構築の必要性 ↓ ・(場) 研究会事務局→商工会議所コーディネーター→浜松医科大学への連携のためのアプローチ，情報交換会・見学会の開催⇒事業化機会の高まりの認識（会員の増加） ↓ ・(事) 同医科大医師の仲介，企業・医療機関関係者の相互のアプローチによる開発・製品化⇒複数の事業化連携合意 ↓ ・(場) 同医科大のアクセス窓口一本化⇒企業のアクセスの効率化 ・(場) 県庁→大学・研究機関・商工会議所・事業化支援機関への要請，拠点形成⇒事業化支援体制の拡充，積極的な参画 ↓ ・(事) 企業・医療機関関係者の連携，新たな連携への発展⇒事業目的・役割・互いの能力・連携相手および紹介先への信頼等 ↓ ・(場) スタートアップ支援，フォーラム・展示会，メーカーのニーズ収集，マッチング活動等，場の支援策の拡充⇒シーズ・事業化方針，域外関係者との活動・成果の共有，連携機会の開拓等	・(場) 県庁担当者が大学教員に協力要請，同担当者・教員が大学・企業・医療機関への連携要請⇒研究開発の目的と中核技術，公的支援の活用，体制および役割 ↓ ・(事) 県庁担当者による追加メンバーへの要請・承諾，産学官連携による研究開発事業の推進⇒基本技術確立の一定の成果。事業化へのインパクトが小さく，より広い分野での中小企業の参入と支援の必要性 ↓ ・(場) 県庁担当者から上述参画者への新体制の提案⇒国支援の研究開発と県単独事業化支援の二本柱 ・(場) 研究会設立と会員公募⇒研究会の活動目的・内容 ↓ ・(事) 国支援の研究開発事業推進のための参画者間のやりとり⇒複数製品の商品化（商業的インパクトが小さい） ・(事) 部材供給・OEM・試作等に向けた異業種企業の参入，産学のやりとり⇒多くの事業化（県単独事業化支援） ↓ ・(場) 研究会会員の要望を踏まえ，リエゾン推進室設立⇒医と産のスタンスの違いの認識，事業化支援・産学連携推進機能の集約的機関を設立（一貫した支援体制の構築） ↓ ・(事) 異業種中小企業の参入，部材供給・OEM・試作・製品開発のための産学の事業化推進の増加⇒事業化成果を認識・方向性の評価 ・(場) 研究会改組⇒事業化に直結した活動を民間企業主導で推進

表 V-1.

項目 \ 地域		神戸市
場 (誰により・どのように：①，どのような場：②，いかなる機能：③，場の発展：④)		(医療研) ①市の呼びかけを機に，工業会会長により代表者指名と医療研設立。代表者による声がけ・公募で会員招集。市が予算分担 ②学習を通して事業化推進機会を探す。工業会会員企業が場の主導者，市は活動支援 ③勉強会，販売支援，医療機関のニーズ収集・共有，事業案件紹介・参画企業の募集・指名，外部機関（医療機関，研究機関，他企業等）とのパイプづくり・マッチング，ターゲット（市中病院）を絞った事業化検討部会，市場性検討，補助金紹介 ④場の活動・事業化推進を通して場の代表により機能・体制を改革。代表者交代で「出口戦略の推進」をテーマとした機能を充実 (MIKCS) ①大学産学連携部門教員・同大学医学部教員により設立。声がけ・公募により会員を招集 ②出口戦略の推進，産学官金の連携，受益者負担。大学・地元企業関係者が場の主導者 ③共同開発推進，情報交換・共有・マッチング・協力機関・専門家紹介，共同受注・試作研究・共同開発体制の構築，人材育成，市場性検討・金融機関審査への助言，補助金紹介，薬事関連のコンサルテーション（支援実施に神戸医療産業都市の外部資源の活用） ④場の活動を踏まえて外部機関との協力関係拡大，機能および体制の改革
介入 (誰により・どのように⇒いかなる役割)	場の設定・発展 ＊場の設定→（設）と記載 ＊＊場の発展→（発）と記載	・(設；医療研) 市より工業会へ呼びかけ⇒場の中心メンバー招集 ・(設；MIKCS) 医療研会長の協力要請を機に，大学産学連携部門教員により同大学医学部教授へ呼びかけ⇒場の中心メンバー召集 ・(設) 会員公募⇒場のメンバー招集 ・(発) 場の主導者により外部機関に協力要請・提案⇒必要なメンバー召集，外部機関（医療・研究機関）との協力関係構築 ・(発；医療研) 場の主導者により会員企業への提案⇒事業化の経験・会員の要望を踏まえた場の目的・体制・運営の改革
	事業化推進	・場の主導者により外部機関に事業化への協力要請・提案⇒連携に向けたマッチング ・場の主導者により連携事業の参画会員企業の募集・指名，外部機関との引き合わせ⇒連携に向けたマッチング ・外部機関（研究機関）および場の構成員（市）による外部協力機関の紹介⇒連携に向けたマッチング ・会員よりその他会員企業への提案⇒連携に向けたマッチング ・会員企業より外部機関への提案⇒連携に向けたマッチング
成果 (ケーススタディにより確認された成果)		(医療研) ・非磁性鋼製器具（手術用具）の開発・商品化（2001～2002 年） ・44 社の開発参加・27 件商品化，新規製品の開発（～2002 年） ・数件の開発・商品化（KBM）：売上約 3000 万円（2010 年度） ・会員企業による部材供給（～現在） ・シミュレーション用人形（2010 年） ・数件の共同開発の進行（2015 年） ・サプライチェーン推進による数件の受注，試作（2014 年～2015 年） (MIKCS) ・数件の試作・製品化以降の段階に進んだ案件（～2015 年）

(出所) 筆者作成

3事例の比較表（つづき）

浜松市	福島県
①商工会議所副会頭により，幹事の就任要請・研究会設立を主導．意見集約を経て，公募で会員招集．公的支援の活用 ②学習を通して事業化推進機会を探求．商工会議所会員企業による場の主導者から複数機関による共同運営に移行 ③勉強会，医療・福祉機器メーカーとの商談会・マッチング事業，医療機関の現場ニーズ収集のための情報交換会・医療現場の見学会，展示会への出展，市場動向・医療機器開発の戦略と準備，薬事法対策に関するセミナーや相談会，研究会会員企業の情報発信，事業化支援の補助金・フォローアップ ④研究会会員の要望による企業・医療機関のパイプ構築，異分野交流の仕組みの整備．県庁からの打診を機に，産学官共同研究拠点の整備と同研究推進のために国支援を活用し，場の体制・支援活動を拡充	①県庁担当者による提案・関係者への協力要請・公募による場の設定（国支援の研究開発・県の事業化支援の二本柱の体制，研究会）．県庁が予算確保 ②国支援の研究開発と県単独事業化支援（後に後者のみ），その下で学習を通して事業化推進機会を探求する研究会．全体を県庁（機構）が主導，研究会は地元企業が場の主導者 ③国支援の研究開発推進のための計画・体制の協議，国への補助金申請／多様な事業化推進のための支援（県単独事業化支援）：研究会運営，ビジネスマッチング・交流・取引支援，薬事関連等のコンサルテーション，人材育成，販路拡大，補助金，安全性の情報収集・整理・提供，プロジェクト管理，ニーズ・製品の効果検証・普及支援 ④事業化プロジェクトの結果を踏まえた県庁の改革（二本柱），場の改革への取組み結果を踏まえた改組（リエゾン推進室→機構）．研究会会員のコンセンサス形成による改組（研究会→協議会）
・(設) 商工会議所副会長による協力要請（幹事），公募（一般会員）⇒場の中心および一般メンバー召集 ・(発) 事務局員による場の要望収集，商工会議所コーディネーターの仲介依頼，医科大医師への協力要請⇒医療機関とのパイプ構築，事業化支援の仕組み構築 ・(発) 医科大学長による窓口の一元化⇒域内企業のコミュニケーションの効率化 ・(発) 場の関係者・その他複数機関への打診⇒拠点形成による場の拡充 ・(発) 拠点主導者による域外への情報発信，メーカーへのアプローチ⇒外部（域外機関含む）との協力関係構築	・(設) 県庁担当者による大学教員への協力要請，大学・企業・医療機関への連携要請⇒国支援の研究開発のための場の設定 ・(発) 県庁担当者による参画者への提案⇒国支援の研究開発，県単独事業化支援の二本柱の体制 ・(発) 県庁担当者と関係者への研究会設立の呼びかけ，会員公募⇒新たな場の設定 ・(発) 県庁担当者による医大への連携要請⇒リエゾン推進室設置 ・(発) 県庁担当者による提案・協力要請⇒一体的支援体制の構築（ふくしま医療機器産業推進機構，医大関係者も参画） ・(発) 研究会会員間の同会改組のコンセンサス形成⇒事業化に直結した協議会への改組
・場の主導者（医師）による企業と医療従事者の仲介⇒連携に向けたマッチング ・場のメンバーおよび医療関係者による相互のアプローチ（情報交換会・見学会・懇親会）⇒連携に向けたマッチング ・連携参画者による新メンバーへのアプローチ，新メンバーの紹介⇒連携に向けたマッチング	・県庁担当者による企業関係者への連携要請⇒都市エリア事業推進のためのマッチング ・県庁担当者（機構関係者）によるマッチング等各種事業化支援⇒連携に向けたマッチング（域外企業含む） ・研究会会員間，会員企業から大学・医療機関，域外企業・医療機関・大学から会員企業の事業化に向けた連携へのアプローチ⇒連携に向けたマッチング
・情報交換会・見学会による企業・医療機関の共同開発案件：5件（～2014年） ・スタートアップ支援事業による研究開発案件：6社（2012年度），8社（2013年度） ・医療機器メーカーとの成立取引（数千万円規模）：40件（2011年度），21件（2013年度） ・拠点の支援により設立した協同組合 HAMING の試作品および製品数件（～2015年） ・拠点活動を通した研究開発・製品化：内視鏡手術ナビゲーター，喉頭内視鏡システム等6件（～2015年）	・国補助による研究開発：16品目が製品化され，同技術が世界20か国で50件以上の特許（～2012年） ・震災補助金による50以上の事業の半数が薬事申請あるいは事業化のステップに（2015年） ・研究会（協議会）会員企業と域内外の企業・大学等研究機関・医療機関との共同開発，域内外の医療機器メーカーへの部材供給・OEM（～現在） ・開発した製品の量産設備等の整備 ・開発した製品の海外市場（ドイツ等）への展開

次に，ソーシャルネットワークの要因として，
- 場の設定および発展を主導した人物が持つ外部機関（大学等研究機関，医療機関，企業等）の関係者との関係的あるいは構造的な埋め込みによるソーシャルネットワークが存在したことで，直接あるいは仲介を通した場の設定・発展のための介入，事業化への介入や相互作用への促進要因として正に寄与したこと：（例）医療研会長と大学教員の以前からの交流（神戸市の事例），医科大学と地域企業との医療機器の共同研究開発の経験（浜松市の事例），補助金を通した県庁と企業のネットワーク・大学と企業との共同研究開発によるネットワーク（福島県の事例）。

最後に，戦略・組織レベルのミクロ的環境要因として，
- 医療機器関連産業は今後の高い成長性や中小企業も参入しやすい等の産業特性を持ち，振興すべき産業として事業化推進に取組む連携ドメインとして関係者が認識および選択し，場の設定・設定のための介入への促進要因として正に寄与したこと。
- 多様な技術を保有する中小企業が地域に存在し，またそれら企業が相互に補完して医療機器関連の事業化推進に取組む必要性があったことが，場の設定・設定のための介入への促進要因として正に寄与したこと。

負に寄与する要因

組織間連携の成立プロセスの促進に負に寄与する初期条件では，制度・セクターレベルのマクロ的環境要因として，
- 薬事法への対応や取引慣行の複雑さ等の要因が，中小企業の参入と事業化推進のための組織間連携の成立の障害となったこと。
- 地域の大部分の中小企業が大手企業の下請であり，新規事業推進のための横の連携や主体的な取組みへの経験が不足していたことが，事業化推進のための組織間連携の成立の障害となったこと。

以上の類似点を確認することができた。しかしながら，これらの要因は事業化推進のための組織間連携を成立させることに対し直接的には負に寄与しているが，これら障害を克服することを目的とした場の設定とそのための介入に対しては正に寄与したことを確認することができる。

(2) 相互作用と共通理解の形成

　組織間連携の成立プロセスについては，医療機器関連分野の事業化推進に向けた関係者間の相互作用と共通理解の形成を踏まえた場の設定，場の活動を通して生じたメンバーの要望および事業化推進のための組織間連携の成立による相互作用とその結果形成された共通理解を踏まえ，場の主導者あるいは場のメンバーが体制や支援内容の改革を通して場を発展させ，さらなる組織間連携の成立につながったことが3事例の類似点として確認された。これは，自立的・自主的な個人間の自発的な相互作用において，介入および場を通して新たな秩序を生成するための制御が自省作用を伴いながら進められるという自己組織的なプロセスが，3事例において展開されたと解釈することができる。

(3) 場

　3事例においてそれぞれ設定された場について以下の類似点を確認することができた。

- 場の設定については，地域における医療機器関連産業の振興を中長期的な目的として，事業化推進のための組織間連携の成立プロセスを促進する必要性を認識している主体により，同プロセスを促進させることを意図して他律的・設計的に生成したこと。
- 場のメンバーの召集は，利害関係者の特定および召集力・正当性・権威・公正さの面で一定の基準を満たすと考えられる自治体あるいは地域を代表する経済団体等の場の設定の主導者により，代表や幹事等の中心メンバーは直接の要請，その他メンバーは公募により実施されたこと。
- 場の機能は，学習機会の提供（例会，セミナー等），事業化推進のための組織間連携の成立に向けたマッチング支援（仲介，展示会，企業間および異分野間の交流会等），事業化推進支援（情報提供，薬事対策，市場性の検討，補助金・融資等）が含まれること。
- 場の発展は，場の活動を通して生じたメンバーの要望および事業化推進への取組みの結果を踏まえ，場の主導者が協力者の確保，体制や支援機能を改革するというような創発的な自己組織化のプロセスを経て実現したこと。

(4) 介　　入

　介入については，場の設定および発展のための介入と事業化推進に向けた組織間連携を成立させるための介入が確認され，3事例の類似点としてそれぞれ以下を確認することができた。

場の設定および発展のための介入
- 中小企業をはじめとするメンバーで構成される「研究会」等については，代表者や事務局を設置し，場の主導者により医療機器関連分野の事業化推進という活動目的と組織間連携の重要性が示され，幹事等の中心メンバーには直接の要請，その他メンバーは公募を通した自発的な参加を促しメンバーを招集することで，組織を超えた協働を推進する場を設定したこと。
- 場の活動や事業化推進への取組みの結果により生じた場のメンバーの要請を踏まえ，問題を特定し課題や新たな方針の明確化およびメンバーへの共有を促進したうえで，場の主導者が，外部機関（医療機関，大学等研究機関等）関係者への要請・提案を通してパイプを構築し協力者あるいは新たな場のメンバーの確保，メンバー間およびメンバーと外部機関関係者との交流促進のためのプロセスデザイン，および場の体制や支援機能の改革を実現するというように，場の発展に向けた内省的な介入を実施したこと。

事業化推進のための介入
- 中心メンバーや事務局等の場の主導者がメンバー企業に対し，その他メンバーやメンバー以外の企業・医療機関等の外部機関関係者を仲介し，事業化推進のための組織間連携の成立に向けたマッチングを行ったこと。
- 場の活動を通して，場のあるメンバーから他のメンバーに，あるいは場のメンバーが外部機関関係者に自発的にアプローチして事業化推進のための相互作用を展開し，組織間連携の成立を促進させたこと。
- 補助金，展示会への出展支援，メンバー企業のカタログ作成等の場の支援機能が，間接的に組織間連携の成立のためのマッチングを促進させる役割を果たしたこと。

V-1. 3事例の比較分析　169

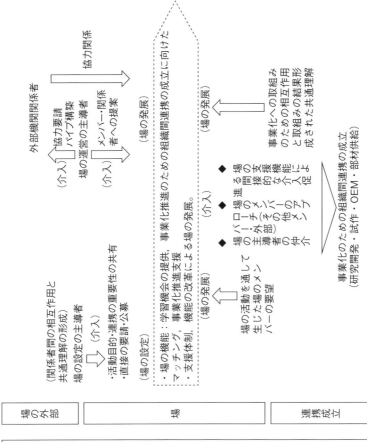

図 V-1.　事業化推進のための組織間連携の成立プロセス

(出所) 筆者作成

(5) 成　果

　3事例における医療機器関連の事業化推進への取組みによる成果については，把握できる範囲が公表資料やインタビューにより確認されたものに限られ，場の活動を通して得た知識や情報等を基に各企業が独自で展開している事業活動については正確な内容および件数の把握が困難である。

　しかしながら，成果については各事例とも現在に至り，場のメンバー企業が研究開発による製品化，試作，OEM，部材供給と様々なパターンで，医療機器関連事業に参入し事業化推進のための組織間連携を成立させていることが類似点として確認された。

　以上の類似点から，事業化推進のための組織間連携の成立プロセスを図V-1のように示すことができる。

1-2　3事例の相違点

　上述の類似点に対して，3事例の間で各要素に関して以下の相違点を確認することができた。

(1) 初期条件
正に寄与する要因

　組織間連携の成立プロセスの促進に正に寄与する初期条件では，制度・セクターレベルのマクロ的環境要因として，

- 福島県の事例では，医療機器部品生産額が1位，製造品出荷額の伸長，研究開発型企業群の形成等のセクターレベルの好条件が，医療機器関連産業振興のための場の設定とそのための介入を促進させる要因となったこと。
- 神戸市では医療産業都市構想のもとで，従来の地域主力産業の衰退に対する産業界の危機感への対応として，同市による支援も得て次世代の新産業の振興を目的に地域経済団体の主導で場の設定とそのための介入が行われた。浜松市の事例では，同様に従来の地域主力産業の衰退に対する産業界の危機感への対応として，次世代の新産業の振興を目的に地域経済団体の主導で場の設定とそのための介入が行われた。一方で，福島県では県庁による地域産業の振興策として県庁主導で場の設定とそのための介入が行わ

れたこと。
- 浜松市および福島県の事例では，産学官や異分野連携，研究開発の促進を通した産業振興を目的とする国の支援制度が存在し，支援制度を活用した事業化推進を目的として場の設定とそのための介入が行われたこと。
- 浜松市および福島県の事例では，地域内に医療機器に関連する研究開発を推進していた大学が既に存在しており，これら大学と企業の連携を目的とした場の設定とそのための介入が行われたこと。
- 神戸市の事例では場の設定や活動への市による（側面的な）支援，福島県では県庁主導による場の設定や活動の主体としての役割を果たすことが決定され，場の設定とそのための介入に正に寄与したこと。

次にソーシャルネットワークの要因として，
- 神戸市および浜松市の事例では，場（研究会等）の設立・メンバー招集に，地域経済団体が基盤となったこと。
- 福島県の事例では，国補助の研究開発事業に向けた場の設定およびそのための介入の際に，連携対象となる企業を特定するために県の外郭団体のデータベースを活用したこと。

以上が相違点として確認された。

(2) 相互作用と共通理解の形成

組織間連携の成立プロセスにおける相互作用と共通理解の形成に関しては，3事例の経緯に以下の相違が確認された。

まず神戸市（医療研）および浜松市の事例では，医療機器関連事業に関するメンバーの学習を通した事業化機会の探求を主な目的とした場の設定・活動から開始し，その後に事業化推進のための組織間連携の成立に向けた体制・支援機能を整えていった。一方で，福島県の事例では特定分野（国支援の研究開発事業）の事業化推進に向けた組織間連携の成立を準備するための場の設定・活動から開始し，その後より広い分野でより多くの企業が参入するための学習・事業化機会の探求・事業化支援を目的とした場を設定したこと。

(3) 場

場については，3事例間で以下の相違が確認された。

- ●場の設定，体制および運営の相違：
  - 神戸市の事例（医療研）では，地域経済団体の下部団体として場（医療研）が設定され，同経済団体会長が指名した企業関係者が設立・運営を主導し，市が運営支援をして予算も分担したこと。設立当初より会長・事務局・神戸市が中心となり運営を主導する体制であり，場の主導者は本業との兼任で運営に従事していること。
  - 神戸市の事例（MIKCS）は大学教員（医学部および産学連携部門の教員）による設立。設立当初より同教員・事務局が中心となり運営を主導する体制であり，場の主導者は本業との兼任で運営に従事していること。
  - 浜松市の事例では地域経済団体副会頭（および事務局職員）による研究会の設立・運営から，はままつ医工連携拠点の設立により地域の産学官で構成される複数機関による共同運営の体制へと移行した。また研究会事務局職員以外は，本業との兼任で運営に従事していること。
  - 福島県の事例では，国支援の研究開発事業の準備のための場を県庁が設定し運営を主導，うつくしま次世代医療産業集積プロジェクトについても県庁が設立・運営を主導（運営は後に機構が主導）しており，配属された職員は本業として運営に従事していること。下部団体の研究会（後に協議会）は県庁により設立，県庁（後に機構）および一部会員企業の主導により運営していたこと。

- ●場の活動対象および変化の相違：
  - 神戸市の事例（医療研）では，会員企業が自立したメーカーとなることを志向し，学習中心の活動から事業化推進への支援を拡充していったこと。新会長の就任後は出口戦略（商品化）を強調し，部材供給やOEM等も対象とした事業化への範囲拡大の取組みを進めていること。
  - 神戸市の事例（MIKCS）では，設立当初から出口戦略（商品化）を強調し，医療機器関連製品の開発等の事業化推進のための支援を実施していること。
  - 浜松市の事例では，学習中心の活動から事業化推進への支援を拡充して

いったこと。部材供給や OEM も推進の対象であるが，はままつ医工連携拠点成立以降は地域企業の独自技術を応用した他に真似のできない高付加価値な製品開発を主な目的としていること。
- 福島県の事例では，特定分野の事業化推進を経て，参入する企業に必要な学習・事業化支援を実施するようになったこと。新規性・独創性から事業化の可能性や市場性に重点をおいた研究開発，部材供給，OEM，試作を推進するための支援に移行したこと。

● 場の発展経緯の相違：
- 神戸市および浜松市（前半期）の事例では，産あるいは学の場の主導者により支援機能・体制を改革したこと。
- 神戸市の事例では，協力関係にあった場が分離しそれぞれ独立した運営に移行したこと。
- 浜松市（後半期）の事例では，県庁の打診を機に公的支援（国）を活用した産学官の共同運営による新体制の構築および支援機能の改革を実施したこと。
- 福島県の事例では，初期から現在に至るまで県庁主導による支援機能および体制の改革を実施したこと。

● 場の支援機能の相違：
- 神戸市の事例（医療研）では，初代会長在任時は医療機関のニーズ情報の収集に会長および事務局が中心となり活動したこと。
- 神戸市の事例（MIKCS）では，場の支援を実施する際に神戸医療産業都市の資源（専門家等）を積極的に活用していること。
- 開発補助費（1件当たり）：神戸市の事例（医療・健康・福祉分野開発研究費補助金事業：100万円），浜松市の事例（医工連携スタートアップ支援事業：30万円，2015年より50万円），福島県の事例（ふくしま医療福祉機器開発事業補助金：1億円程度を上限）。
- 福島県の事例では，必要な支援機能を一般財団法人である機構に集約し提供する体制を構築したこと。
- 福島県の事例では，補助金による支援を通して産学官（企業・大学等研究機関・医療機関）の連携主体を域外からも呼び込み，域内の産業集積

を積極的に推進していること．
- 福島県の事例では，独自の医療機器設計・製造展示会＆最新技術セミナー（メディカルクリエーションふくしま）を運営していること．
- 福島県の事例では，県庁のバックアップにより，地域の中小企業が連携および取引をするにあたり信用度が高まっているという効果も確認されていること．
- 福島県の事例では，海外との協定締結および事業展開への支援を実施していること．

(4) 介　　入

　場の設定および発展のための介入と事業化推進に向けた組織間連携を成立させるための介入について，3事例の相違点としてそれぞれ以下を確認することができた．

場の設定および発展のための介入
- ●場の設定のための介入主体の相違点
  - 神戸市の事例（医療研）および浜松市の事例では，地域経済団体関係者による介入であること．
  - 神戸市（MIKCS）の事例では，大学関係者による介入であること．
  - 福島県の事例では，県庁関係者による介入であること．
- ●場の設定におけるメンバー召集のための介入方法について，福島県の国補助による研究開発事業のための場の設定では，事業化推進における参画者の役割や補完性を考慮のうえで，全ての事業参画予定者に対して場の主導者による要請を通して実施されたこと．
- ●浜松市の事例では，場の発展（医療機関と企業のコミュニケーションの効率化に向けたプロセスデザイン）のために，後から参画した浜松医科大学関係者が自組織の機能向上を通して主要な役割を担ったこと．
- ●浜松市の事例では，外部機関（県庁）による打診を機に，産学官の複数機関の参画により場を発展（はままつ医工連携拠点の形成）させたこと．
- ●福島県の事例（全体）では，場の主導者である県庁関係者が場の発展を主

導し，研究開発から事業化までの支援機能を集約した機構を設立したこと。
- 福島県の事例では，場のメンバーのコンセンサスによるボトムアップ的な意思決定により研究会を改組し場を発展させたこと。

事業化推進のための介入
- 神戸市（医療研）の事例では，公的研究機関等の外部機関の紹介により，場のメンバー企業および外部機関（企業等）の連携が成立したケース（非磁性手術用具の開発）が存在すること。
- 福島県の事例では，域外を含む外部機関（企業，大学等研究機関，医療機関）の関係者が場の主導者（機構関係者）に仲介を要請あるいは場のメンバーへ直接に事業化推進のための組織間連携の成立に向けたアプローチをしていること。

(5) 成　果

3事例の現在までの成果については，以下の相違を確認することができる。
- 域内外の企業・医療機関・大学等研究機関の域内への医療機器関連事業への参入・集積の面では，福島県の事例が他事例より大きな成果を挙げていること。
- 福島県の事例では，開発した製品の量産設備等を設立する取組みも確認されていること。
- 福島県の事例では，企業の海外展開を支援し事業展開の実績も出ていること。

以上の3事例間の相違点については表V-2のように整理することができる。
以下各事例について，本節の比較分析で確認された類似点および相違点を踏まえて各出来事の原因と結果に着眼し，因果関係を確認しながら各事例における「どのように」の問いに焦点を当てて検討し，因果ネットワークを明らかにする。

表 V-2.

	事項		神戸
初期条件	正に寄与	国の支援制度	—
		地域行政の支援	医療産業都市構想のもとでの神戸市による場の運営支援
		セクターレベルの好条件	—
		医療機器関連事業の推進の背景	主力産業（重工業）衰退への危機感
		大学等研究機関による医療機器開発の以前からの取組み	—
		場のメンバー召集の基盤団体	地域経済団体（工業会）
		連携企業情報	—
相互作用と共通解の形成	事業化探求のアプローチ		・医療研：学習〜事業化（自立したメーカー〜事業範囲の拡大） ・MIKCS：当初より事業化
場	場の設定・運営の主導者		・医療研：地域経済団体会長が指名した企業関係者・神戸市 ・MIKCS：大学教員（産学連携部門・医学部）・企業関係者 （本業との兼任で運営）
	場の活動対象および変化		・医療研：学習〜事業化推進支援／自立したメーカー〜部材供給・OEM・試作に範囲を拡大 ・MIKCS：設立当初より出口戦略を強調／製品開発を推進
	場の発展経緯		・産（MIKCSは学も含む）の場の主導者による支援機能・体制の改革 ・協力関係にあった場の分離
	場の支援機能	場の主導者によるニーズの収集	医療研初代会長期では会長が医療機関ニーズを収集し会員企業に開発参加を呼びかけ
		外部機能の活用	MIKCSでは支援機能を外部（医療産業都市）に依存
		補助金（1件あたり）	100万円
		支援機能の集約化	—
		域内集積の推進	—
		独自の販売展示会	—
		中小企業の信用度	—
		海外展開	—
介入	場の設定・発展	場の設定のための介入主体	医療研：地域経済団体関係者 MIKCS：大学関係者
		メンバーの招集	—
		場の発展	—
	事業化推進	第三者の仲介	非磁性手術用具の開発（医療研）における地域の技術支援機関の仲介
		域外機関のアプローチ	—
成果	域内への集積		—
	生産活動		—
	海外展開		—

（出所）筆者作成

3事例間の相違点

浜松	福島
産業クラスター計画（経産省）	都市エリア（一般）
—	県庁の産業振興への取組み，場の設定・運営（全面）支援
—	医療機器部品生産額が1位，製造業出荷額の伸張 等
主力産業（製造業）衰退への危機感	地域産業の振興策の一環
浜松医科大と地域企業	日本大学工学部 等
地域経済団体（商工会議所）	—
—	県外郭団体のデータベース（国支援の研究開発事業のため）
学習～事業化	特定分野の事業化～学習・事業化
地域経済団体副会頭（事務局職員）～産学官の複数機関（研究会事務局を除き，本業との兼任で運営）	全体（うつくしま次世代医療産業集積プロジェクト）は支援を本業として担当する県庁（後に機構）関係者，研究会は県庁（機構）・企業関係者
学習～事業化推進支援／地域企業の独自技術による真似のできない高付加価値な製品開発を強調，部材供給・OEM も対象	特定分野の事業化推進～学習・事業化推進支援／新規性・独創性～事業化可能性・市場性に着眼した研究開発，部材供給，OEM，試作を推進
・産の場の主導者による支援機能・体制の改革（研究会） ・公的支援を活用した産学官の共同運営による支援機能の改革・新体制構築	・県庁主導による支援機能の改革・新体制構築 ・会員のコンセンサスによる場（研究会）の改組
—	—
—	—
30万円（2015年以降は50万円）	1億円程度を上限（ふくしま医療福祉機器開発事業費補助金）
—	一般財団法人（機構）を設立し，支援機能を集約化
—	補助金による域外企業の召致
—	独自の展示会を運営（メディカルクリエーションふくしま）
—	行政のバックアップによる中小企業の連携・取引における信用度の高まり
—	海外との協定締結および事業展開支援
地域経済団体関係者	県庁関係者
—	国支援の研究開発事業では，場の設定において全て要請によるメンバー召集
・後から参画した医科大が主要な役割 ・外部機関（静岡県庁）の要請を契機とした場の発展（はままつ医工連携拠点形成）	・メンバーのボトムアップ的な意思決定による研究会の改組
—	—
—	域外の企業・大学・医療機関のアプローチ
—	県外の企業・大学・医療機関の県内における事業活動の展開
—	開発製品の量産化
—	海外事業展開

V-2. 神戸市の事例の分析および解釈

　第Ⅳ章の年代記（表Ⅳ-1）に整理したように，神戸市のケーススタディを通して医療機器関連の事業化推進のための組織間連携の成立プロセスにおける人々の相互作用と共通理解の形成，そのプロセスを促進する場および介入について整理した。また，これらの要素に影響を与える初期条件を特定することができた。本事例のケーススタディの結果から，前節で明らかとなった他事例との類似点および相違点の双方が確認されている。以下，出来事間の因果関係に焦点を当て，分析・解釈を進めることとする。

2-1　初期条件

　神戸市の事例における初期条件では，以下の因果関係を確認することができる。

　まず正に寄与した要因においては，上述で相違点に分類された地域および産業界が直面していた以下のセクターレベルのマクロ的環境要因が一連の取組みの起点となった。1990年代に入り主力産業であった重工業が衰退する中で，大手企業の協力会社としての事業機会が長期的に減少傾向にあったことは中小企業で構成される工業会会員にとっても不安要素であり，業態や取引先の変更・開拓を検討する促進要因となっていた。さらに，1995年の阪神淡路大震災による甚大なダメージが心理的な要素も含め，会員企業の危機感が高まる決定的な要因であったと考えられる。このような状況の中で，次世代産業の振興策として神戸市により医療産業都市構想が1998年に発表された。研究会が設立された1999年時点においてはその前年に同構想および懇談会ができたばかりの段階であったが，制度レベルのマクロ的環境要因が整備される中で，新たな事業機会を模索していた会員企業にとっては神戸市からの支援等を期待することができ，実際に同市より医療機器関連の事業化推進の取組みへの支援の申し出が工業会にあった。

　これら要因への対応として，他事例との類似点でも確認することのできる以下の要因について，工業会会長をはじめとする同会員の中小企業が認識し共

有した。
- 医療機器関連産業の将来的な成長性の高さ。
- 事業化推進に必要となる地域の大学や公設の研究機関，医療機関等の存在。
- 協力会社として多様な技術を蓄積してきた中小企業の存在と互いの補完の必要性。

以上を考慮のうえで，医療機器関連分野を連携ドメインとして事業化推進に取組んでいくことが決定された。事業化推進を検討するための場の設定および介入においては，工業会を基盤として活用し，また場の主導者（医療研会長）の大学教員とのソーシャルネットワークも活用することで，両者間の事業化推進のための連携および同教員の仲介により医学部医師とのパイプ構築の促進へとつながった。

一方で負に寄与する要因としては，
- 制度レベルのマクロ的環境要因としては，商品化に至るまでのプロセスにおける薬事法への対応の困難さや販売における複雑な取引慣行にみられるような医療機器関連事業特有の問題。
- セクターレベルのマクロ的環境要因としては，大手企業の下請として事業展開してきたことから，事業化推進に向けた主体的な取組みや連携の経験が不足していること。

以上の他事例でも確認された類似点が存在したが，医療機器関連事業を連携ドメインとして事業化推進に取組んでいくことを決定した段階ではこれら要因は克服する対象となり，場（医療研）の設定およびそのための介入を促進させる要因となったと考えられる。

2-2 相互作用と共通理解の形成

神戸市の事例においては，関係者間の相互作用と共通理解の形成を踏まえ場が設定されたこと，場の活動や事業化のための取組みにおける相互作用の結果形成された共通理解を踏まえ場の主導者が体制や支援内容の改革を通して場を発展させさらに組織間連携が成立するというように，創発的な構造において自己組織的なプロセスが展開されたこと，以上に関しては3事例の類似点として確認することができた。一方で，このプロセスにおけるいくつかの時点におい

て，場の活動や事業化のための取組みにおける相互作用の結果形成された共通理解により新たな展開を方向付ける全体状況が形成され，これに対応して個人と全体状況の修正として新たな目的，体制，役割が相互作用と共通理解の形成を経て創出され神戸市の事例における独自の展開へと発展したことが確認された。

　まず，初期条件で紹介した状況を踏まえ，工業会会員企業の間に事業機会への不安と新事業への取組みの必要性を認識するという全体状況の中で，神戸市市長から工業会会長に医療機器関連事業への参入についての提案があったことに始まり，神戸市の関係者やその他工業会会員との相互作用の範囲を広げ医療研の設立に至った。この医療研の設立における相互作用と共通理解を踏まえ，会員企業の間で医療機器関連事業を進めるにあたり互いにゼロからのスタートであること，勉強会等を通して製品および市場のターゲットを絞っていくこと，自立したメーカーを目標とするという共通理解のもとで全体状況が形成された。

　医療研の設立後は，会員企業の保有技術や得意分野の把握から始まり，例会における薬事法，商習慣や先進的な取組み事例の学習，医師へのヒアリングによるニーズの共有というように，場の活動として医療機器関連事業に関する学習と情報収集を進めた。2001年には最初の医療機器開発プロジェクトにおいて，会員企業をはじめとする参画者間で具体的な目標，各関係者の役割，進め方等，事業化推進のための組織間連携に必要な共通理解を形成したうえでプロジェクトが推進された。この間相互作用の範囲は，研究会会員企業と神戸市から市民病院および先端医療センターの医師，産業振興の支援機関であるNIROおよび神戸大学工学部教員等に拡大していった。また，開発から製品化までの産学官の連携によるプロジェクトを成功させたことから，プロジェクトに参画した会員企業およびそれ以外の会員企業も自信を得てその後の積極的な製品の開発・試作へとつながる全体状況が形成された。

　2001年のプロジェクト以降は，小口の案件でも研究会会員企業が対応するというメリットを医療機関側も認識し，上述の神戸大学工学部教授の仲介により，同大学医学部付属病院も含め医療機関の医師が医療研によるニーズ発掘のためのヒアリングを受け入れた。また，NIROに加え県立工業技術センターの協力も加わり相互作用の範囲が拡大し，神戸市による補助金も導入された中で，上

述のヒアリングや会員企業独自で実施したニーズ発掘を基に複数の試作・開発プロジェクトが各会員企業により実施された．また，会員企業の要望による委員会制の導入（その後解消）が実施される等，場の発展において試行錯誤の面もあるが，会員企業の自発的な相互作用によって医療機器関連製品の開発が推進され，そのための体制も整えられていった．しかしながら開発・試作が進められる一方で，商品化に失敗する案件も多かったことや会員企業の海外先進事例の視察が促進剤となり，営業力の不足が克服すべき課題として共通理解となり全体状況として形成され，販社（KBM）を会員企業の共同出資で設立するに至った．

　KBM設立後は，開発ニーズのシェア，ニーズ収集の効率化，開発対象とする製品の決定の際に従来にも増して市場性・経済性を検討するというような研究会の内部改革を実施するとともに，ヒアリング対象となる外部医療機関との相互作用の範囲が看護師協会等にも拡大した．また，研究会やKBMが神戸大学医学部，NIRO，先端医療振興財団と月に一回情報交換会を開き業界情報や互いの取組みのシェアをした．しかしながら研究会，そして神戸発の医療機器関連の一層の産業化という視点からは，商品のラインナップが少なく規模や採算性も十分なレベルではないこと，その要因として医師とのコミュニケーションのパイプ，市場性・経済性等の検討やマーケティング活動，参入・事業化推進のための相談窓口の活動等が不十分であることが更なる事業化推進への課題として共通理解となり全体状況を形成しつつあった．

　これに対応するために，医療研会長が神戸大学の産学連携担当教員にアプローチした結果，同教員の主導により神戸大学医学部を中心に出口戦略を強調するMIKCSが設立され医療研とMIKCSの間に一定期間協力関係が構築された．しかしながら，結果的に互いの運営や体制の相違により分離しそれぞれが独自で活動することが決定された．両者の分離後は，MIKCSでは産学に加え金融機関との協力関係も構築し，新規製品の開発・商品化を主な活動目標として進めている．一方で医療研では新会長が就任したことを機に出口戦略を強調する方針を打ち出し，医療機関関係者との協力関係を構築して市場性の高い製品開発に取組んでいる．さらに，従来の自立したメーカー志向から大手医療機器メーカーとの協力関係の構築により，部材供給，OEM等のサプライチェー

ンへの参入にも取組みを進めビジネス機会の範囲を広げている。

　以上の場の設定と発展，事業化推進のための組織間連携の成立プロセスにおける相互作用と共通理解の形成を促進させるにあたり，以下の場および介入が重要であったことが明らかとなった。

2-3　場の設定および発展
(1) 場の設定
　神戸市の事例における場の設定については，地域における医療機器関連産業の振興を中長期的な目的に組織間連携による同分野の事業化推進を意図した主体により他律的・設計的に生成したこと，場の設定の主導者は招集力，正当性等の面で一定の基準を満たすこと，メンバー招集は設定の主導者による直接の要請や公募を通して実施されたことは他事例と類似している。一方で，場の設定および運営の主導者には他事例との相違点が確認された。

　1999年の医療研の設立は，地域を代表する経済団体である工業会の会長による指名で医療研会長が本業との兼任で就任した。会員の招集は公募で行われ，中小企業が構成主体となる工業会を基盤として活用し，神戸市の運営支援も得ることができたことから，スムーズな設立が可能であった。会員は当初は工業会会員企業のみであったがそれ以外にも門戸を広げ，現在では域内外の中小製造業をはじめとする企業で構成されている。

　一方でMIKCSは，2011年に大学の産学連携部門に所属する教員が同大学医学部の教員とともに設立し，両者とも本業との兼任で同会を運営することとなった。会員の招集は公募とともに，運営に必要な企業，大学，産業支援機関が，場の主導者である上述の教員や事務局員の要請により，賛助会員やアドバイザー等の形でメンバーとして参画している。

(2) 場の発展と機能
　場の発展については，場の活動を通したメンバーによる要望や事業化推進への取組みを踏まえ，場の主導者が外部機関関係者への働きかけやメンバーへの提案等を通して実現されたという点において，創発的であり自己組織的なプロセスを経た発展であることは事例間で類似している。また，場の機能としては

学習機会の提供，マッチング支援，事業化推進支援で構成されることも事例間の類似点として挙げることができる。一方で，場の設定目的とその変化，それに伴う発展と機能の拡充の経緯については事例間に相違点が確認された。

1999年に医療研が設立された当初は，医療機器関連分野という新たな領域に対して学習を進めながら事業化へのターゲットを絞り，会員企業が自立したメーカーとして同分野で事業展開する機会を探求することが目的とされた。したがって，医療機器の特徴，薬事法，先進事例の学習がメインとなる例会が開催されるとともに，医療研会長の主導により会員企業の保有技術・得意分野の把握，医療機関に対するニーズの収集を実施し，会員間および外部関係者との相互作用を促進させ必要な情報収集や交換・シェアをして事業化のためのアイデアを凝縮するための場として活動を開始した。

2001年の非磁性手術用具の共同開発事業における組織間連携を経て，会員企業に開発・試作への積極的な参画への姿勢が強まったことを機に，ニーズ収集の対象とする医療機関を広げ医療機関と会員企業の連携を成立させるためのマッチング活動を開始し，外部機関との結節点として相互作用，情報収集や交換・シェアを促進する機能を強化した。会員企業の発案による委員会の設置はニーズとの適合がみられず解消したが，同時期に支援機関である神戸市との合意により補助金制度が開始され，事業化推進支援の機能の整備を進めた。しかしながら，会員企業による新製品の開発〜試作が活発に取組まれたが商品化に至らないケースが多く，その対応としてアメリカ視察に参加した会員企業を中心に営業力における支援機能を強化することを主な目的に，2003年に販社（KBM）を共同設立した。

その後は，開発ニーズの公平なシェア，看護士協会等の医療機関へのパイプの拡大，市場性の調査等，マッチングおよび事業化支援における場の機能を強化し新製品の開発・商品化も進められたが，医療研会長をはじめ会員企業の間に依然として事業の採算性，医療機関との継続的なコミュニケーションのためのパイプ，市場性・経済性の検討やマーケティングの不十分さ，薬事対応等の相談機能の面で克服すべき課題が存在することが認識された。

これら課題への対応として，医療研会長が神戸大学の産学連携担当教員にアプローチし，同教員が医学部教員を紹介すると同時に，同教員と医学部教員に

より新たに出口(商品化)戦略を強調し医療機器関連の事業化推進をするためのMIKCSが設立された。医療研とMIKCSの両者は事業化推進に向けて一体化を進めるために機能の棲み分け等を協議したが，結果的に体制上の問題により分離が決定し，それぞれが個別の活動を継続することになった。

分離後は，MIKCSにおいては設立当初からの目的である出口戦略を強調した開発から事業化までの切れ目のない事業化支援をするために，大学・医療機関・金融機関等にアプローチし賛助会員や協力機関として体制を整え，神戸医療産業都市における外部機能も積極的に活用しながら支援活動に取組んでいる。医療研では，上述の分離と同時期に新会長が就任し，従来よりも一層出口戦略を強調し，オープンラボの活動にみられるような市場性の高い製品開発に加え部材供給やOEM等のサプライチェーン等においてもビジネス機会を広げるために，医療機関や大手医療機器メーカーとのパイプを構築して活動を継続している。

2-4 介入の内容と役割

ケーススタディから，上述の場の設定・発展，事業化推進のための組織間連携の成立プロセスにおける相互作用と共通理解の形成を促進させるための介入について以下が明らかとなった。

(1) 場の設定および発展のための介入

場の設定のための介入については上述の初期条件を前提に，研究会の立ち上げ段階においては1998年の神戸市長による工業会会長への医療機器関連事業への参入の呼びかけや神戸市からの勉強会開催の提案に対応し，工業会会長から同会会員への医療研会長就任の要請および公募を通してメンバーを招集し，医療機器関連の学習と事業化推進を探求するという目的をメンバーに周知したうえで場の活動を開始した。事例間の相違点として示したように，神戸市(医療研)の事例では場の設定においては地域経済団体の関係者が介入者としての役割を果たしている。また，MIKCSについては大学の産学連携部門の教員と同大学医学部教員が介入者として，公募および一部企業・機関には入会あるいは協力を要請して発足している。

場の発展のための介入については他事例との類似点として示したように，会員の要望，場の活動や事業化推進への取組みにより形成された共通理解および全体状況に対応し，問題・課題・方針を明確化およびメンバーへの共有を促進したうえで，場の主導者が外部機関関係者との協力関係の構築と内外関係者の相互作用促進のためのプロセスデザイン・体制や支援機能の改革に向けた内省的な介入が実施され，組織間連携の成立に向けた自己組織的なプロセスを促進させるための仕組みを整備した。これらの介入は，

- 場の活動を通してメンバーが要望した結果，2002年に医療研会長のメンバーへの提案を通して医療研に開発分野を基に分類した委員会を設立し場の構造を改革したこと。
- 場の活動や事業化への取組みの結果形成された全体状況を踏まえ，ニーズ発掘のためのパイプの構築や場の支援機能を高めるために，研究会の設立後に場の主導者（医療研会長および事務局長）を中心に，医療機関・大学等研究機関の関係者にアプローチをして協力関係を構築し，会員企業への情報共有，相互作用促進のためのプロセスデザインをしたこと。
- 事業化への取組み結果と海外視察をした会員企業の要望により形成された全体状況を踏まえ，2003年に場の主導者（医療研会長）を中心にメンバーの出資で販社（KBM）が設立され，市場開拓や販売能力の向上等を目的に場の支援機能を高めたこと。
- MIKCSでは設立以降，場の主導者（大学教員および事務局長）を中心に，医療機関，大学，金融機関，産業支援機関にアプローチし，賛助会員や協力機関として参画あるいは協力を要請し，会員企業への情報共有，相互作用促進のためのプロセスデザインをしたこと。
- 医療研では2014年の新会長の就任以降同会長を中心に，より市場性の高い（出口戦略を見据えた）製品開発を進めることを方針として会員企業に提示し，その促進のために医療機関関係者との関係構築や開発を検討するための会（オープンラボ）の開催，部材供給やOEM等にビジネス機会を広げるための大手医療機器メーカーへのアプローチや会員企業との相互作用促進のためのプロセスデザインを実施したこと。

以上を確認することができる。

(2) 事業化推進のための組織間連携の成立に向けた介入

　医療機器関連事業という新たな分野で会員企業が自立したメーカーとなることを目指し，1999年に医療研を発足させてから事業化推進のための組織間連携の成立プロセスの促進に向けた介入が様々な方法で実施された。

　まず3事例の類似点に分類される介入方法である，場の主導者の仲介，場のメンバーのアプローチ，場の支援機能による間接的な介入促進としては以下が挙げられる。

- 場の主導者の仲介としては，医療研会長が医療機関からニーズを収集後に，保有技術や得意分野を基に適切な会員企業を選定し共同開発のために医療機関と企業の関係者を引き合わせることにより連携成立に至った事例，サプライチェーンへの会員企業の参入を目的に医療研の担当幹事が適切な企業を選定し大手医療機器メーカーと会員企業を仲介した事例，例会でニーズ発表をした医療機関等との共同開発に参画を希望する会員企業に対して医療研およびMIKCSの事務局等がコーディネートする事例等が存在する。
- 場のメンバーからその他メンバーあるいは外部機関関係者へのアプローチとしては，医療研の例会等の参加で学習や情報収集をした会員企業が，独自で大手医療機器メーカーへの部材供給等のためにアプローチをする事例が存在する。
- 場の支援機能による間接的な介入促進については，医療研・MIKCS双方とも補助金や展示会への参加等の支援を通して会員企業が自発的な相互作用を展開し，事業化推進のための組織間連携が成立していることを確認することができる。

　また他事例との相違点に分類される介入としては，2001年の非磁性手術用具の共同開発事業を推進するにあたり，第三者（地域の技術支援機関）による仲介により，新たな企業との連携が成立したことが確認された。

2-5　事例の総括

　神戸市における医療機器関連の事業化推進のための組織間連携の成立への取組みについて，初期条件，相互作用と共通理解の形成，場および介入に着眼しケーススタディの結果について考察した。ケーススタディを通して，関係者が

直面していた初期条件が組織間連携の成立プロセスに与えた影響，関係者間の相互作用を通して共通理解を形成させ，場の設定・発展および事業化のための自己組織化のプロセスを通して組織間連携を成立させ，医療機器関連事業における価値を創出するに至ったこと。また，いくつかの時点において主な関係者間で連携を推進していくうえで新たな目的，役割，体制に結び付く全体状況が形成されたことが確認できた。全体状況は，場の活動や事業化推進のための組織間連携の成立による相互作用と共通理解の形成の結果，場の主導者をはじめとする関係者により形成されたものであり，これに対応し場の主導者が介入を通して場の発展に導いたことが確認された。また，このように設定および発展した場の方針を基に，事業化推進のための組織間連携の成立プロセスが，連携の当事者のアプローチや場の主導者の仲介等の介入により促進するというように，新たな秩序を生成するための制御が自省作用を伴いながら進められるという自己組織化のプロセスを本事例において確認することができる。

　次に事例間の相違点にも見出すことのできる神戸市の事例の主要な特徴としては，まず初期条件において，1999 年の医療研設立時までに地域の大学等研究機関，医療機関および企業による医療機器関連事業における開発，連携への取組み，それに関連するソーシャルネットワークについては特筆すべきものはなく，ゼロベースのスタートであったことが挙げられる。また，事業化推進のための開発や開発した製品の改良に向けた組織間連携を促進するための継続的なやり取りができる医療機関関係者とのパイプ構築，一貫した事業化支援機能の整備については，医療研と MIKCS との協力関係や棲み分けの模索から分離に至った経緯も伴って，他事例と比較しても長期を要していることも確認することができる。さらに主な場の主導者については，医療研および MIKCS ともに，本業である企業および大学との兼任で取組んでいることは場の運営体制の特徴として特筆すべきものであり，MIKCS においては事務局機能の強化も今後の課題として認識されている。最後に，医療研が 1999 年に設立されて以降は，学習とともに長らく自立したメーカーとして会員企業が医療機器関連分野の事業化を推進することを支援対象としてきたが，MIKCS の設立および両者の分離を経て近年に至り，出口戦略を強調し部材供給や OEM 等も対象としたより幅の広い事業化支援へと方針を転換したことも神戸市の事例の特徴として挙げる

188　第Ⅴ章　ケースの分析および解釈

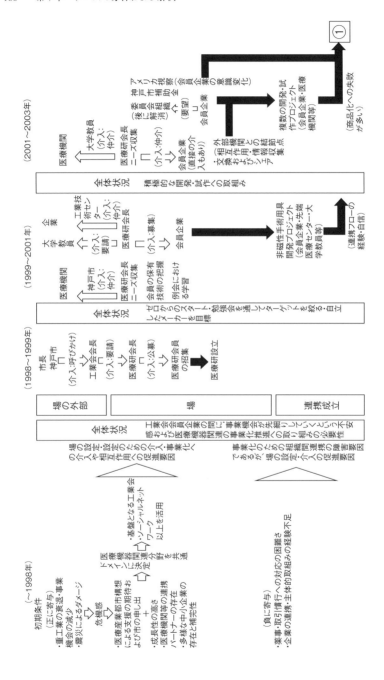

V-2. 神戸市の事例の分析および解釈　189

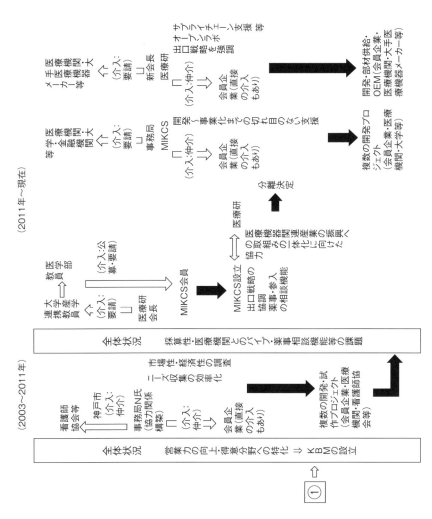

図 V-2. 神戸市における医療機器関連の事業化推進のための組織間連携の成立プロセス
（出所）筆者作成

ことができる。

　以上の本ケーススタディより得た発見から，神戸市における医療機器関連の事業化推進のための組織間連携の成立プロセスを図 V-2 のように表すことができる。

V-3．浜松市の事例の分析および解釈

　浜松市における医療機器関連の事業化推進のための組織間連携の成立に向けた取組みについてケーススタディを実施し，第Ⅳ章の年代記（表 IV-2）に示したように，初期条件，関係者間の相互作用と共通理解の形成，場および介入について整理した。上述の比較分析から明らかになったようにこれら主要概念において他事例との類似点および相違点が確認されており，以下出来事間の因果関係に焦点を当てながら分析・解釈を進めていく。

3-1　初期条件の影響

　浜松市の事例における初期条件では，以下の因果関係を確認することができる。

　第一に正に寄与した要因においては，上述で相違点に分類された地域および産業界が直面していたセクターレベルのマクロ的環境要因が一連の取組みの起点となった。まず，浜松市では主力産業であった製造業の出荷額が 1990 年代以降，中長期的に低迷を続けたこと，この影響で中小企業の大企業への納入機会も減少したことが挙げられる。これに対応するため，中小企業の会員で構成される浜松商工会議所をはじめ，産業界の関係者が危機意識を共有し対策を検討した結果，同地域に新産業を振興する必要性を認識した。これら要因を踏まえ，他事例との類似点としても確認することのできる以下の要因について，商工会議所副会頭をはじめ地域の産業界関係者が認識を共有した。

- 高齢化等の要因を背景とした，医療機器関連産業の将来的な成長性の高さ。
- 事業化推進に必要となる地域の医療分野の大学や病院等の存在。
- 協力会社として多様な技術を蓄積してきた製造業を中心とする中小企業の存在と互いの補完の必要性。

さらに制度レベルのマクロ的環境要因と関連し，研究会の設立に先駆けて，2002年時点において文部科学省の知的クラスター創成事業による支援のもとで，後の内視鏡手術ナビゲーターの開発につながる研究が浜松医科大学と企業との連携により実施されていた。これらを踏まえ，中小企業をはじめとする組織間連携の成立を促進させ医療機器関連分野を連携ドメインとして振興に取組むことが決定された。

同分野の事業化推進に当たっては，制度レベルのマクロ的環境要因として経済産業省の産業クラスター計画による支援が存在し，場（研究会）の設定に活用された。関係者間のソーシャルネットワークの要因としては，研究会の設立を主導した副会頭をはじめとする浜松商工会議所の会員間の従来の交流が，研究会の代表幹事・幹事の招集や研究会の会員募集を迅速に進めることに寄与し，同商工会議所が医療機器関連産業の振興のための組織間連携の成立プロセスの促進を目的とした場の設定と介入を実施するための基盤としての役割を果たしたことが確認された。研究会設立後に正に寄与した要因としては，浜松商工会議所のコーディネーターと浜松医科大学の医師の個人間のネットワークが，研究会と医療機関の連携による場の発展に寄与したことが明らかとなった。また，研究会を設立した商工会議所副会頭をはじめとする企業側の人材に加え，研究会設立以前から企業と共同で医療機器の開発に取組んだ経験のある同医師が，企業と医療の関係者のパイプ構築や連携事業の連鎖的な発展に貢献した。このことは新規事業の開発に向けて参画が必要な主体（医療機関関係者）が連携相手への理解を有し，さらに地域産業の振興という大局的な視点から起業家的役割を果たし，医療機器関連の開発・事業化に大きく寄与したという点で特筆すべき事実である。

第二に，負に寄与する要因としては，
- セクターレベルのマクロ的環境要因として，組織間連携を通した開発・事業化のプロセスで主体的な役割を期待される中小製造業に，従来大企業の下請をメインとした操業を続けてきたことから，新製品のゼロからの開発および提案，アピールの能力および意識が欠如していたこと。
- 制度レベルのマクロ的環境要因として，従来の薬事法のもとでは新たに開発した医療機器の申請から承認に至るまでに長期間を要し，海外で同様の

製品が先行して市場に出ること等により製品の競争力が低下するという制度レベルの要因も指摘もなされている。ただし，この問題については研究会設立時に強く意識されていたというよりは，その後の段階である内視鏡手術ナビゲーターの申請・承認のプロセスにおいて認識されたものである。

以上，その他事例でも確認された類似点が存在したが，医療機器関連事業を連携ドメインとして事業化推進に取組んでいくことを決定した段階ではこれら要因は克服する対象となり，前者は場（研究会）の設定とそのための介入，後者は場の発展を促進させる要因となったと考えられる。

3-2 相互作用と共通理解の形成

2005年の研究会の設立から，はままつ医工連携拠点の設立を経て今日に至るまでの組織間連携の成立プロセスにおいては，相互作用を展開する参画者が拡大あるいは変容し共通理解を形成していったことが明らかとなった。浜松市の事例においても，関係者間の自発的な相互作用と共通理解の形成を踏まえた場の設定，場の活動や事業化のための取組みによる相互作用の結果形成された共通理解を踏まえ，場の主導者が体制や支援内容の改革を通して場を発展させるという自己組織化のプロセスについては3事例の類似点として確認することができた。一方で，組織間連携への取組みや参画者の動きについては，いくつかの時点において場の活動や事業化のための取組みにおける相互作用の結果形成された共通理解から新たな展開へと方向付ける全体状況が形成され，本事例独自の展開がみられた。

まず研究会の立ち上げについては，初期条件で述べた地域の中小製造業が直面していた状況および危機感を踏まえ，浜松商工会議所の副会頭が公的支援の枠組みを活用し，医療関係者との連携と従来培われてきた地域企業の技術を活かして医療機器関連分野における新産業を振興させることを提案した。その後，研究会の立ち上げを主導し，同構想に賛同する商工会会員企業の経営者あるいは管理者に代表幹事および幹事への就任を要請し，公募により研究会会員を招集した。ここに，連携ドメインを共有し医療機器関連分野における新産業の振興を目的に，学習を通して事業機会の向上を図り長期的な利益を目指すという共通目的をもった研究会のメンバーが集結した。商工会議所の有志メンバー

42社が会員として構成する研究会の活動を開始するに当たり，まずは勉強会を通して医療機器関連の知識を習得し，蓄積してきた技術をいかに活用してどのような製品を開発していくかについて検討していくという全体状況が形成された。

　研究会の活動開始から3年程度は，医療機関や医療機器メーカーから外部講師を招聘してレクチャーを受け，質疑をするという内容で四半期に一度の活動を継続させていた。しかしながら，研究会会員の間では，医療機器関連に関する知識は蓄積されるが，医療現場のニーズを把握する機会が不足しており製品の開発・事業化につながらないという不満が高まり，会員費の有料化の負担感も伴って会員数が減少した。2008年に新しく就任した研究会の事務局担当者がこの状況に対応するために研究会に残っていた20数社の会員を一社ずつ訪問し意見を集約した結果，大多数の会員が医療機器関連の開発・事業化に向けて医療現場のニーズを把握するための医療機関とのパイプを求めていることを把握した。そこで，商工会議所のコーディネーターとの相談のうえで医療機関関係者とのパイプを構築し医療機器関連の事業化推進に向けた場の活動を拡充する必要性を共有し，同コーディネーターが知人であった浜松医科大学の医師と同事務局担当者を仲介し同医師の承諾を得て，情報交換会および見学会を継続的に開催して両者の連携により医療機器関連の開発・事業化を目指すことを共有した。これにより，浜松市における医療機器関連産業の振興に向けた取組みに研究会会員企業に加え，浜松医科大学の同医師をはじめとする同医大および他の医療機関で勤務する同医大の出身者が参画することとなった。また，商工会議所の会員にも医療機器関連の事業化への機会が高まったことが共有され，研究会の会員数も増加し事業化の機会を積極的に探求するという全体状況が形成された。

　情報交換会や見学会による企業および医療機関の関係者間の相互作用が展開される中で，医療現場のニーズ，互いの関心，開発すべき具体的な製品のイメージを両者が共有する機会が増加した。これに対応し，浜松医科大学も医療機器関連の開発の連携に向けた学内体制を整え一元窓口を創設するために産学官共同研究センターを設立し，地域企業との連携に向けた相互作用の効率化と促進を図った。この動きの中で，JSTの産学官協働研究拠点整備事業による公

的支援への申請を検討していた静岡県庁が，浜松市で医療機器関連産業の振興に向けた体制を構築し活発に活動していることを認識した。そこで，同県庁の要請により研究会の母体である浜松商工会議所や浜松医科大学をはじめ，その他産学官とともに健康・医療産業を地域の基幹産業として振興していく方針を共有し，共同で同支援に申請してはままつ医工連携拠点が採択された。同拠点の採択・活動の開始により地域を挙げた支援活動が展開されたことで医療機器関連の事業化への機会がさらに高まったという認識が共有され，医療機関の従事者とともに研究会の会員数が一層増加し連携に向けた取組みへの参画者が拡大するという全体状況が形成された。

　最後に，はままつ医工連携拠点が2011年に設立されて以来，同拠点による様々な支援活動が展開されている。まず，従来活動である情報交換会および見学会においては，企業および医療関係者の参画が増加するとともに，医療現場のニーズと関心・具体的な開発案件を両者が共有し事業化に向けた連携が成立することに寄与している。また，同拠点設立後に開始されたスタートアップ支援事業を通して，地域企業にいかなるシーズが存在しているか，それをいかにして事業化につなげるかについて，企業および医療関係者が認識を共有する機会が提供されている。さらに，セミナーやフォーラム，医工連携出会いのサロン，展示会への参加等の普及活動，医療機器メーカーのニーズの収集，地域企業のカタログ作成，マッチング商談会等では，域外企業をはじめとする関係者に拠点の活動や成果を伝えるとともに，地域を超えて企業のニーズとそれに対応する能力のある企業との取引機会を両者間で共有することを可能にしている。一方で各連携事業における取組みでは，従来から継続し拠点設立後に商品化に至った内視鏡手術ナビゲーター等の製品開発において，開発・事業化の連携を通して開発案件の目的や意義，製品のイメージ，互いの関心・能力・役割，事業化への進め方を共有し互いの行動や実績への信頼を醸成することで，さらにそれぞれの紹介を通して新たな連携に向けたネットワークが広がっていることを確認することができた。

　以上のように現在では，はままつ医工連携拠点の活動を通して医療機器関連産業の振興に向けた組織間連携が推進されてきているが，諸活動を通してさらに連携を促進させるにあたって，浜松医科大学の医師をはじめとするキーパー

ソンにより，地域の企業のみが保有する独自の技術を応用して他に真似のできない高付加価値な製品を開発していくことが同拠点の主な活動目的として認識されている。また，第Ⅳ章（3-7節）で述べたような克服すべき課題が指摘されているが，これら課題が地域の関係者に十分に共有され対応に取組むまでには至っておらず，新たな展開がどのようになっていくかについては今後の動向を追跡していく必要がある。

3-3 場の設定および発展
(1) 場の設定

　医療機器関連の事業化推進のための組織間連携の成立プロセスの促進に向けて設定された場について，本事例では2005年に設立された研究会が挙げられる。場の設定は，1990年代の地域製造業の中長期的な低迷の対応策を浜松商工会議所の委員会等で議論し，産業界で共有した経済的な背景に関する認識とともに，地域企業のものづくりをはじめとする技術の集積および医療機関や大学の集積等について関係者が認識を共有した。これらを踏まえ，研究会が設立され活動が開始された。

　他事例と同様に，本事例における場は地域における医療機器関連産業の振興を中長期的な目的に組織間連携による同分野の事業化推進を意図した主体により他律的・設計的に生成したこと，場の設定の主導者は招集力，正当性等の面で一定の基準を満たすこと，メンバー招集は設定の主導者による直接の要請や公募を通して実施されたことを確認することができる。一方で，本事例における場の設定の主導者については他事例との相違点が確認されており，医療機器関連の事業化推進を目的にそのための学習を進めるための場として，地域経済団体である同商工会議所の副会頭により研究会が設立された。また現在の拠点に至るまで，一部を除き場の主導者は本業との兼任で場の運営にあたっている。

(2) 場の発展および機能

　場の発展については，他事例と同様に場の活動を通したメンバーによる要望や事業化推進への取組みを踏まえた結果，場の主導者が外部機関関係者への働きかけやメンバーへの提案等を通して実施されたという点において，創発的な

自己組織的なプロセスであることは事例間で類似している。また，場の機能としては学習機会の提供，マッチング支援，事業化推進支援で構成されることも事例間の類似点として挙げることができる。一方で，場の目的や体制の変化，それに伴う発展と機能の拡充の経緯については，他事例との相違点として本事例独自の展開が確認された。

　場の機能に関しては，研究会の開始時点では連携による医療機器関連製品の開発・事業化という大まかなドメインを設定していたのみであることや会員企業の医療機器関連に関する絶対的な知識が不足していたことから，勉強会を主な活動内容とした。しかしながら，医療現場のニーズや医療関係者とのコミュニケーションという，医療機器関連の開発・事業化を促進させるために必要な情報の収集・交換および相互作用の機会が不足しているという会員企業に生じた不満に対応するため，研究会の事務局担当者および商工会議所のコーディネーターの仲介を経て浜松医科大学の医師を中心に，企業および医療の関係者がパイプを構築し，情報交換会および見学会を通して医療現場のニーズを把握し医療機器関連の事業化を検討するための継続的な交流を図ることのできる場へと発展させた。この場の発展では，従来培ってきた商工会議所のコーディネーターおよび浜松医科大学医師の以前からのソーシャルネットワーク，同医師の過去における企業との連携の経験が初期条件として正に寄与している。

　研究会の場が発展したことにより，会員数も増加し情報収集・交換および企業と医療関係者との交流が盛んとなった。これを受けて，まず浜松医科大学が産学官共同研究センターを設立して医工連携の一元窓口として相互作用をより効率的に促進させることに寄与した。さらに静岡県庁が，浜松市における医療機器関連分野の振興に向けた連携への活発な取組みに着眼して関係者に要請し，国の支援を活用した商工会議所（研究会）および浜松医科大学をはじめとする地域の産学官の複数機関で運営される場としてはままつ医工連携拠点の形成が実現した。

　同拠点の形成後は，地域の企業のみが保有する独自の技術を応用して他に真似のできない高付加価値な製品を開発していくことを主な活動目的として，医療機器関連分野を地域の基幹産業とすることを目指し，商工会議所，地域の大学，医療機関等の関係者が所属機関の本業と兼任して拠点の共同運営にあたっ

ている。また，開発補助金や薬事相談等に加え，拠点を構成する機関から派遣されたコーディネーターをはじめとする拠点関係者が情報共有をしたうえで，開発・事業化の各フェーズにおいて一気通貫で支援することが可能となるように場の機能が拡充された。それにより医療機器関連事業への参入機会が高まったことを期待して，研究会の会員数も増加し事業化推進のための組織間連携の成立に向けた活動に取組む参画者が増加した。また，従来の情報交換会や見学会に加え，補助金を通してシーズの段階から事業機会を地域企業と医療機関の関係者間で共有することや，医療機器メーカーをはじめとする域外関係者との情報収集・交換・発信をすることを通して，内外の人々の間の相互作用と共通理解の形成の結節点として場が寄与している。さらに，同拠点をベースに連携により医療機器関連の開発および事業化に取組んでいる企業がパートナーの紹介を通して新たな連携の参画者があらわれたことにみられるように，自立的・自主的な個人間の自発的な相互作用を通した連携の発展にもつながっている。

3-4 介入の内容と役割

浜松市のケーススタディからも，場の設定・発展，事業化推進のための組織間連携の成立プロセスにおける相互作用と共通理解の形成を促進させるための意図的な働きかけである介入について確認することができ，その役割が明らかとなった。

(1) 場の設定および発展のための介入

場の設定のための介入については，まず1990年代の地域製造業の中長期的な低迷の対応策を浜松商工会議所の委員会等で議論し産業界で共有した認識を踏まえ，医療機器関連分野という連携ドメインを提示し，研究会への要望等の意見集約のうえで活動の方針を決定した同商工会議所副会頭の介入が挙げられる。メンバーの召集では，代表幹事・幹事については同副会頭による商工会会員企業の関係者への要請，その他研究会会員については公募によりメンバーを招集した。以上の設立のための介入については，他事例との類似点として確認することができる。一方で他事例との相違点としては，地域経済団体である浜松商工会議所におけるこれまでの交流を基盤として，副会頭が介入者として研

究会を設立したことが挙げられる．

　場の発展については本事例においても他事例との類似点として，場の活動や事業化推進への取組みの結果を踏まえ，今後継続していくにあたっての問題や課題，新たな方針を明確にしてメンバーへの共有を促進したこと．そのうえで，場の主導者が外部機関関係者との協力関係の構築と内外関係者の相互作用促進のためのプロセスデザイン・体制や支援機能の改革に向けた内省的な介入が実施され，組織間連携の成立に向けた自己組織的なプロセスを促進させるための環境を整備したことが確認できる．このような介入としては，研究会設立から3年程度経過し次第に会員数が減少していった中で，研究会の事務局担当者が会員企業へのヒアリングを通して，医療現場のニーズを把握する機会がなく製品開発や事業化につながらないという会員の共通の不満を明らかにしたこと．これに対応すべく，浜松商工会議所コーディネーターに相談を持ちかけ，同コーディネーターの仲介および事務局担当者の要請により，2009年に浜松医科大学医師との医療機器関連の開発・事業化に向けた継続的な相互作用を推進するための協力体制（情報交換会および見学会）を築いたことを挙げることができる．

　場の発展のための介入における他の事例との相違点としては，
- 上述のように企業と医療関係者との交流が開始されたことに対応し，浜松医科大学の学長が主導して医療側と企業側の相互作用をより効率的に行い連携を促進させる一元窓口としての産学官共同研究センターを設立した．これにみられるように，後から場に参画した機関が，組織間連携の成立に向けた相互作用による自己組織的なプロセスを促進させるための環境の整備に重要な役割を果たしたこと．
- 2009年に，第三者である静岡県庁が介入主体として浜松医科大学や浜松商工会議所等の複数機関の関係者に要請したことで，これら複数機関が共同でJSTの産学官共同研究拠点整備事業に申請し採択され，共同運営体制によるはままつ医工連携拠点が形成されたこと．

以上を確認することができる．

(2) 事業化推進のための組織間連携の成立に向けた介入

2005年に商工会議所副会頭により研究会が設立されてから，事業化推進のための組織間連携の成立プロセスを促進させるための介入が様々な方法で実施された。

本事例では3事例の類似点に分類される介入方法である，場の主導者の仲介，場のメンバーのアプローチ，場の支援機能による間接的な介入促進として以下が確認された。

- 場の主導者の仲介としては，上述の研究会と浜松医科大学の協力関係が成立したことにより2008年に企業と医療機関のパイプが構築されてから，同医大の医師が中心となり医療関係者を招集して医療現場のニーズを企業側と共有する機会を設定し，事業化推進のための組織間連携の成立に向けて両者を仲介したこと。
- 同様に場の主導者の仲介としては，2011年のはままつ医工連携拠点成立後に同拠点の主導により，スタートアップ事業支援を通して採択企業の技術シーズを把握し，その後の事業化推進のための連携支援等のフォローアップを行ったこと。
- 場のメンバーからその他メンバーあるいは外部機関関係者へのアプローチとしては，情報交換会や見学会等の医療関係者と企業の交流の中で，医療現場のニーズや具体的な開発ニーズについて関心のある企業側および医療関係者側が相互にアプローチをして共通理解を深めていくという自発的な相互作用の動きもみられるようになったこと。
- 同様のアプローチとしては，内視鏡手術ナビゲーターの例にみられるような開発・事業化に必要な追加メンバーへのアプローチ，連携による開発・事業化に成功した参画メンバーがさらに新たなメンバーを紹介し新たな連携の成立につなげる等，医療機器関連の開発・事業化に向けたそれぞれの取組みにおける参画者自らによる相互的な介入がみられるようになったこと。
- 場の支援機能による間接的な介入促進については，はままつ医工連携拠点の支援におけるセミナーやフォーラム等の普及活動を通して，より広範な関係者による浜松における活動の認識と相互作用の促進を図った取組み，

医療機器メーカーのニーズ収集や地域企業のカタログの作成等の組織間連携の成立に向けたマッチングを促進するための取組み実施されたこと。

3-5　事例の総括

　新規事業の推進に向けた組織間連携の成立のプロセスについて，浜松市における医療機器関連の事業化推進に向けた中小企業をはじめとする組織間連携を対象に，初期条件，人々の相互作用と共通理解の形成，場および介入に着眼しケーススタディを実施した。ケーススタディを通して，関係者が直面していた初期条件が組織間連携の成立プロセスに与えた影響，連携成立のプロセスでは関係者間の相互作用を通して共通理解を形成させて事業化推進のための連結を生み，組織間連携による医療機器関連の開発・事業化に至ったこと。また，いくつかの時点において主な関係者間で連携を推進していくうえで新たな目的，役割，体制に結び付く全体状況が形成されたことが確認できた。またこの組織間連携の成立プロセスにおける各場面において介入者が相互作用や共通理解の形成を促進させる役割を果たしたこと，研究会（およびはままつ医工連携拠点）という場が相互作用の中心として情報の収集・交換・シェアおよびアイデアを凝集するための環境の提供，外部機関の人々との相互作用の結節点等の機能を提供したこと等を確認することができた。本事例において，全体状況は場の活動や事業化推進のための組織間連携の成立による相互作用と共通理解の形成の結果，場の主導者はじめとする関係者により形成されたものであり，これに対応し，従来の場の主導者に加え，場に後から参画した医療機関や第三者である県庁が介入を通して場の発展および機能の追加・向上に導いたことが確認された。また，このように設定および発展した場の方針を基に，事業化推進のための組織間連携の成立が，連携の当事者のアプローチや場の主導者の仲介等の介入により促進されたというように，新たな秩序を生成するための制御が自省作用を伴いながら進められるという自己組織化のプロセスを本事例においても確認することができる。

　次に事例間の相違点にも見出すことのできる浜松市の事例の主要な特徴としては，以下を挙げることができる。まず初期条件において，2005年の研究会設立時までに浜松医科大学と企業による医療機器の開発の取組み経験があり，後

の場の発展や事業化推進に寄与している。これは，情報交換会や見学会にみられるような医療現場のニーズ把握や研究開発のための連携を促進するにあたり継続的なやり取りができる企業と医療機関関係者とのパイプ構築，その他事業化支援機能の整備が商工会議所や 2008 年に参画した浜松医科大学によりなされたことにも確認することができる。次に主な場の主導者については，拠点の形成による複数機関の共同運営となって以降も，本業である企業および大学等との兼任で取組み，各種支援を提供していることは場の運営体制の特徴であり，場へのニーズのくみ取りやそのための体制維持が課題として挙げられていることも特筆すべきものである。最後に，研究会が 2005 年に設立されて以降は，学習を通して事業化の機会を探求し，その後製品開発，OEM，部材供給等を対象とした医療機器関連分野の事業化推進に取組んできたが，浜松医科大学の医師が場の運営の主導者として医療現場のニーズを実現する製品開発に重点を置いていることから，「地域企業の独自技術による真似のできない高付加価値な製品開発」が活動の主な目的になっていることも浜松市の事例の特徴として挙げることができる。

以上の本ケーススタディより得た発見から，浜松市における医療機器関連の事業化推進のための組織間連携の成立プロセスを図 V-3 のように表すことができる。

V-4. 福島県の事例の分析および解釈

本ケーススタディでは福島県における医療機器関連の事業化推進のための組織間連携の成立に向けた取組みを対象とし，第Ⅳ章の年代記（表 IV-3）に示したように，初期条件，関係者間の相互作用と共通理解の形成，場および介入について整理した。上述の比較分析から明らかになったように，本事例においても主要概念に関して他事例との類似点および相違点が確認された。以下因果関係に焦点を当てながら分析・解釈を進めていく。

4-1 初期条件の影響

福島県の事例における初期条件では，以下の因果関係を確認することができ

202　第Ⅴ章　ケースの分析および解釈

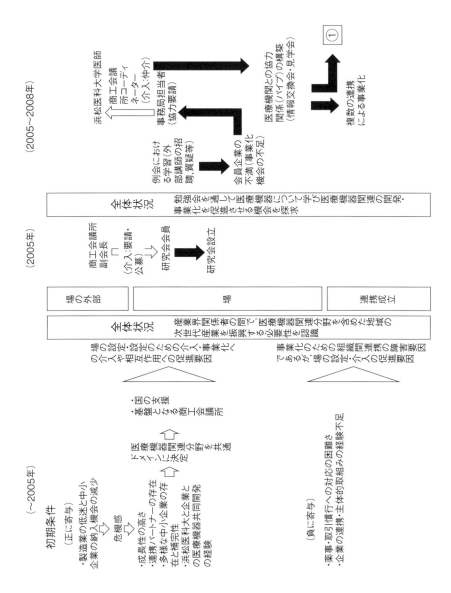

V-4. 福島県の事例の分析および解釈 203

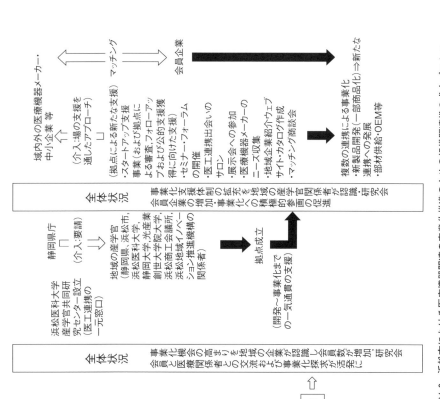

図V-3. 浜松市における医療機器関連の事業化推進のための組織間連携の成立プロセス
(出所) 筆者作成

る。

　正に寄与した要因については，まず上述で相違点に分類された制度レベルのマクロ的環境要因として，福島県庁において産業振興に向け中小企業も対象とした産学官共同研究事業等の長期計画や新規事業創出に向けた支援に取組んでいた。また，同じく制度レベルのマクロ的環境要因として，2001年当時に各地域における産学官および異業種交流の促進による新規事業等の推進への取組みに対する国補助の支援が存在していた。県庁では産業振興に向け同支援を活用することを決定し，ターゲット産業および申請のための事業計画を検討するにあたり，以下を把握していた。まずセクターレベルのマクロ的環境要因として，福島県では製造業に関して事業所数および製造品出荷額が東北地方で1位であり同出荷額も伸張していたこと，新規事業の推進のため産学連携に積極的に取組む研究開発型企業群の形成が進んでいたこと，医療機器関連事業についても複数の大手医療機器企業が生産・販売拠点をもっておりさらに福島県では医療機器部品生産額が1位というセクターレベルの好条件が整っていたこと。これらを踏まえ，他事例との類似点でも確認することのできる以下の要因について，産業振興策に取組んでいた県庁関係者が認識し共有した。

- 医療機器関連産業の国内外市場における将来的な成長性の高さ。
- 医療機器関連の事業化推進にあたり連携が必要となる大学等研究機関の存在については，既に医療機器の研究に取組んでいた日本大学をはじめ，福島県立医科大学等の大学や研究開発支援を実施することのできる県立の研究機関等が存在していたこと。
- 従来から福島県内に技術力の高い中小製造業が集積していたことと医療機器関連の事業化推進に向けた互いの補完の必要性。

以上を踏まえ，振興の対象として医療機器関連事業を連携ドメインとして選択した。

　国の支援による研究開発事業を推進するにあたり連携が必要となる大学等研究機関および企業については，2001年以前に支給した県庁の補助金等を通して教員やその研究内容，経営者や事業内容について把握していたことや県庁と交流のあった医療機関関係者とのソーシャルネットワークが存在していた。また，県庁により整備された研究者のデータベース，外郭団体が保有していた企業情

報を活用することができた。さらに，大学と企業も過去に共同開発を通したソーシャルネットワークを構築しており，連携への要請にこれらソーシャルネットワークや情報を活用しながら介入を実施し場を設定することで，研究開発事業のための組織間連携の成立に向けた関係者間の相互作用と共通理解の形成を促進した。

一方で負に寄与する要因としては，
- 事業化推進のための組織間連携を主体的に成立させることも含め，医療機器関連の事業化に取組むにあたり企業が十分に育っていなかったこと。
- 中小企業が医療機器の特性や取引に関する知識の習得，同分野において本格的に参入するための製造業許可の取得や，開発した製品の認可を得るための申請手続き等薬事法関連の制度に個々の中小企業で対応することが困難であったこと。

以上が挙げられるが，これら医療機器関連分野の事業化に向けた組織間連携を促進させるにあたり障害となる要因については，2001年の取組み開始時点から数年を経た時点で県庁関係者が把握した。また同要因については，他事例と同様に克服のための対応として研究会という新たな場の設定と事業化推進への支援，そのための介入を促進させたことを確認することができる。

4-2 相互作用と共通理解の形成

福島県の事例における相互作用と共通理解の形成のプロセスについても，関係者間の相互作用と共通理解の形成を踏まえた場の設定，場の活動や事業化のための取組みにおける相互作用の結果形成された共通理解を踏まえ，場の主導者が体制や支援内容の改革を通して場を発展させるという自発的な相互作用が，自省作用を伴いながら自己組織化のプロセスとして進められたという点に関しては3事例の類似点として確認することができた。一方で，本事例においても同プロセスにおけるいくつかの時点において，場の活動や事業化の取組みにおける相互作用の結果形成された共通理解を踏まえて新たな展開を方向付ける全体状況が形成されたことが確認され，これに対応して新たな目的，体制，役割が形成され福島県の事例における独自の展開がみられた。

医療機器関連分野における新規事業の推進については，国の支援や県の産業

振興方針，県の経済・産業や研究機関の存在等の潜在性，同分野の産業としての将来性等が，県庁の担当部署関係者間で共有され，産学官の組織を超えた連携による事業化推進への取組みを進めることが同県庁関係者間で全体状況として形成された。

　産学官の連携を促進させるための場づくりでは，初期における場の設定およびその後の場の発展に向けた関係者間の相互作用と共通理解の形成がみられた。2001年に県庁が医療機器の組織間連携による事業化推進を決定した後は，知的クラスター創成事業という国補助の活用を前提に，県庁担当者と日本大学教員の間の相互作用によりハプティックテクノロジーを基にした5分野における医療機器の研究開発という目標について共通理解を形成し，その共通理解の形成を連携に参画が必要な大学等研究機関・県内企業・医療機関等の関係者への相互作用を通して拡大させた。さらに，それらメンバーが研究開発の全体目標と5つの分野におけるそれぞれの目標および役割をより詳細に議論し，その後の国補助への申請や産学官の研究開発事業を推進するための組織間連携の成立に向けた体制等について共通理解を形成した。結果，当初目的としていた知的クラスター創成事業には採択されなかったが，都市エリア（一般）事業に採択され，5分野における研究開発を産学官の連携により推進し，県内企業の参画を通して医療機器における新規事業を創出するという認識を研究開発メンバー間で共有し全体状況が形成された。

　国補助による研究開発である都市エリア（一般）では，事業化推進に必要な企業関係者に対して場の主導者である県庁担当者より協力を要請し承諾を得たうえで，推進体制，役割について，関係者間の議論を通した共通理解を形成して研究開発に向けた組織間連携を成立させ事業を推進し，基本技術の確立に至った。しかしながら，推進主体である県庁関係者を中心に2004年までの都市エリア（一般）事業の結果のレビューや報告書作成等の相互作用を通して同事業に対する反省が共通理解として形成され，より幅広い分野を対象として一貫した医療機器関連の事業化推進への支援をする場へと発展させる必要性の認識を共有し全体状況として形成された。

　以上を踏まえ，国補助による研究開発および県単独の事業化支援で構成される「うつくしま次世代医療産業集積プロジェクト事業」が開始された。さらに，

県庁関係者や県内企業を中心とした相互作用を通して，県内中小企業をはじめとするより多くの主体が医療機器関連について学習および情報共有等を通して参入し組織間連携を成立させる必要性があるという共通理解を形成した。結果，同事業の下位的な位置づけとして，医療機器関連に関する学習や業種・分野を超えた交流を促進することを目的とした場として「研究会」が設立された。

「うつくしま次世代医療産業集積プロジェクト事業」では，まず2010年に国補助による研究開発である地域イノベーションクラスタープログラムが開始されて研究開発拠点が福島県立医科大学に移ったことをきっかけに，県庁関係者，研究会会員，同医大等の関係者間の相互作用を通して，医と産の緊密な連携を図る必要性について共通理解が形成され「ふくしま医療－産業リエゾン推進室」が設置されたように場の発展への取組みが行われた。しかしながら県庁関係者と医大関係者との一定期間の相互作用を経て，事業化推進という目的に照らし同推進室では十分な成果を上げることができないという認識が県庁関係者を中心に共有されるとともに，医療機器の開発から承認・認証，市販化等の事業化のプロセスを一体的に支援する体制を設立する必要性があるとの共通理解が全体状況として形成され，2013年に「ふくしま医療機器産業推進機構」が設立された。

一方で，「うつくしま次世代医療産業集積プロジェクト事業」開始後の事業化推進のための組織間連携において，まず2006年より国支援の研究開発事業として継続した都市エリア（発展）では，市場性を踏まえた研究開発と製品化という目的に焦点を当て，推進体制や役割に関する変更，プロジェクトマネジャーおよびコーディネーターの参画を経て，組織間連携を成立させ複数の製品開発の実現に至った。しかしながら市場ニーズに伴った商品化という面では成功したとはいえず，また2012年に終了した地域イノベーションクラスタープログラムでは医療機器の製品化には至らなかった。一方で，県単独の事業化支援により促進された部材供給，OEM生産，製品の共同開発における組織間連携については，事業化推進への活発な取組みが行われた。ここでは，従来異業種で事業展開してきた研究会会員をはじめとする企業が情報および知識を習得したうえで医療機器関連事業への参入が促進された。さらに，潜在的な連携パートナーへのアクセス，事業目的・役割等のすり合わせや共有等，県内外の

企業や大学等研究機関による事業化に向けた相互作用や共通理解の形成も活発となり，福島県内の中小企業を中心に企業間および大学等研究機関・医療機関・企業間における組織間連携が成立し事業化の面でも成果をあげている。

　以上を踏まえ，場の主導者である県庁（および機構）関係者の間では，事業化の可能性や市場性の高さを基準に，事業化のプロセスを一体的に支援したことが，医療機器関連事業への中小企業の参入，生産金額等のパフォーマンスを伸ばすことに成功した要因であると認識された。福島県では，今後の海外展開も含めた発展に向けて，ふくしま医療機器開発支援センターの設立等の県による事業化支援機能を強化し医療機器関連事業の一層の推進に取組んでいる。さらに，研究会活動における会員の相互作用を通して，医療機器関連に関する勉強会を中心とした活動から，よりビジネスマッチングや事業化に直結した活動へと移行する必要性について共通理解が形成され，「医療機器関連産業協議会」に名称を改め民間企業の主導による運営へと至っている。

4-3　場の設定および発展
(1) 場の設定

　福島県の事例では，医療機器関連の事業化推進のための組織間連携の成立プロセスを促進させるにあたり，初期の場の設定からいくつかのフェーズを経て今日に至っている。

　まず本事例においても，場の設定の主導者である県庁関係者が，地域における医療機器関連産業の振興を中長期的な目的として組織間連携を通した同分野の事業化推進を意図した主体であり，招集力や正当性等の面で一定の基準を満たすこと，場が他律的・設計的に生成したこと，メンバー招集は場の設定の主導者による直接の要請や公募を通して実施されたという点では他事例と類似している。一方で，場の設定の主導者については他事例との相違点が確認され，2001年の国補助の研究開発に向けた場の設定では県庁関係者の要請あるいは要請を承諾した大学教員による要請によって全メンバーを召集した。2005年以降の場の発展においても同じく県庁関係者が中心となって体制を構築し，要請あるいは公募によってメンバーを召集した。また県庁（後に機構）関係者は，場の支援活動を本業として配属されたメンバーで構成されていることも本事例

の特徴である。

(2) 場の発展および機能

　本事例における場の発展については，他事例と同様に場の活動を通したメンバーによる要望や事業化推進への取組みを踏まえ，場の主導者が外部機関関係者への働きかけやメンバーへの提案等を通して実施されたという点において，創発的な自己組織化のプロセスを経た発展であることは事例間で類似している。また場の機能としては，学習機会の提供，マッチング支援，事業化推進支援で構成されることも事例間の類似点として挙げることができる。一方で，場の目的や体制の変化，それに伴う発展と機能の拡充の経緯については，他事例との相違点として本事例独自の展開が確認された。

　まず初期の場の設定では，県庁関係者の間で福島県における医療機器関連の事業化推進の必要性を認識したという全体状況のもとで，2001 年に国補助による研究開発に取組むための産学官の連携に向けた場が設定された。ここでは，特定分野の研究開発事業を推進することを前提に，大学教員等の研究者，企業関係者，医療関係者，県庁関係者の関係性を構築し，事業化への詳細を検討し組織間連携の成立に向けた相互作用と共通理解の形成をメンバー間で促進させることを目的としていた。

　次に，都市エリア（一般）事業が中小企業の参入を伴う事業化推進に至らなかったという結果やその原因への反省から，県庁関係者を中心により幅の広い事業化への体制強化の必要性を認識するという全体状況が形成され，2005 年に「うつくしま次世代医療産業集積プロジェクト事業」のもとに，国補助による研究開発および県独自の予算をつけた県単独の事業化支援の双方で構成される場の発展を実現させた。まず国補助による研究開発「都市エリア（発展）」では，事業化に直結した研究開発とすることを産学官で構成されるメンバーに周知徹底したうえで事業目標の共有を行い，プロジェクトマネジャーおよびコーディネーターを公募により召集し，企業と大学等研究機関の連携を促進させるための場へと発展させた。次に，より広い分野における医療機器関連の事業化推進のための組織間連携の成立を促進させることを目的に「うつくしま次世代医療産業集積プロジェクト事業」の下に設定した場である研究会を，会長・幹事の

就任要請および会員の公募を通して設立した．さらに，同研究会の活動から生じた会員の要望も踏まえ，ビジネスマッチング，薬事法関連のコンサルテーション，人材育成，独自で開催する展示会も含めた販路拡大，補助金で構成される県単独の事業化支援機能を整備するために県庁内外の関係者へのアプローチにより協力を引き出し，場の機能を拡充させていった．

2010年以降は，研究会会員企業の要望も踏まえて県庁関係者が福島県立医科大学内に「ふくしま医療―産業リエゾン推進室」を設置したが成果に至らず，事業化プロセスを一体的に支援する体制を整備する方針が全体状況として形成された．これを踏まえ，2012年に国補助による研究開発事業が終了した翌年に県庁関係者の主導により「ふくしま医療機器産業推進機構」が設立され，産学連携や事業化支援の窓口を一体化するための場として運営されている．同機構では，震災の復興予算も活用した補助金を通して，医療機器関連の事業活動の域内集積を促進させ域内の中小企業が域内外の産学関係者との組織間連携を進め，さらに海外への事業展開も対象とした支援を実施している．また，研究会も一層ビジネスマッチングや事業化に直結した活動へと移行するために，会員間のコンセンサスにより2015年に「医療機器関連産業協議会」と名称を改め民間主導の運営を実施している．

以上のように，福島県における場の発展については場の活動を通して生じたメンバーからの要望や事業化への取組みの結果形成された共通理解を通して進められてきたことが他事例との類似点として挙げられる．一方で場の設定および発展に関しては，支援活動を本業として担当する県庁関係者が大きな役割を果たし，新規性・独創性を強調した特定分野の研究開発事業から事業化の可能性と市場性に着眼した研究開発，部材供給，OEM，試作等のより幅広い事業化に目的をシフトさせた．また，中小企業が県庁のバックアップにより信用度を高めるという効果を伴いながら，これら事業化推進のための組織間連携の成立プロセスを促進させるように上述のような支援機能を整備・提供してきたことが他事例との相違点および特徴として確認することができる．

4-4 介入の内容と役割

福島県のケーススタディにおいても，場の設定および発展，事業化推進のた

めの組織間連携の成立に向けた相互作用と共通理解の形成を促進させるための介入が実施されたことを確認することができ，以下の役割が明らかとなった．

(1) 場の設定および発展のための介入

　場の設定のための介入については，2001 年に国補助の産学官連携による医療機器の研究開発に向けた場の設定のために，県庁の担当者が研究開発の中心となる大学教員への働きかけより開始され，同県庁担当者をはじめ先にメンバーとして決定した大学教員により，その他大学教員等の研究者，企業関係者，医療関係者に参画が要請され，場のメンバーが召集された．場の設定の介入者が県庁担当者であることやすべてのメンバーの召集が直接の要請によって行われたことは他の事例との相違点である．

　場の発展においては他の事例との類似点として分類された場の主導者による介入を確認することができる．本事例における場の発展については，一層広い分野において医療機器関連の事業化を推進するための，組織間連携の成立に向けた自己組織的なプロセスを促進させることを目的とした改革を実施したことであった．そのために，問題と課題，新たに取るべき方針を県庁関係者が明らかにし，関係者への周知や協力を要請したうえで，体制や支援機能の改革，相互作用の促進のためのプロセスデザイン等に向けた内省的な介入を実施した．これらの介入は以下で確認することができる．

- 国補助による研究開発事業である都市エリア（一般）の結果やその原因への反省から，一層の事業化への体制強化とより幅の広い分野での事業化推進の必要性が県庁関係者により共有されて全体状況を形成し，「うつくしま次世代医療産業集積プロジェクト事業」としてその目的の関係者への周知とともに場の体制・支援機能を拡充させた．ここではまず，国補助による研究開発「都市エリア（発展）」において，事業化に直結した研究開発とすることを産学官で構成されるメンバーへ周知徹底したうえで事業目標の共有を行い，プロジェクトマネジャーおよびコーディネーターを公募により召集した．一方で県単独事業支援では，より広い分野における医療機器関連の事業化に向けた組織間連携を促進させることを目的に，医療機器関連事業への参入に取組む企業の学習や情報収集・マッチング・事業化支援

を主な目的とした場である研究会を，県庁担当者から会長・幹事の就任要請および会員の公募を通して設立した。また，事業化支援を実施するために県庁担当者から県庁内外の関係者にアプローチし協力関係を構築した。
- 2010年には研究会会員企業の要望も踏まえ，県庁関係者による福島県立医科大学の関係者への協力要請のためのアプローチを通して「ふくしま医療—産業リエゾン推進室」が設置されたが成果に至らず，事業化プロセスを一体的に支援する体制を整備し事業化を推進していくことが全体状況として形成され，県庁内外の関係者との調整を経て「ふくしま医療機器産業推進機構」が設立された。

場の発展で他事例と異なる介入については，2015年に研究会が一層ビジネスマッチングや事業化に直結した活動を展開するにあたり「医療機器関連産業協議会」に改組したが，これは一主体の介入ではなく，「うつくしま次世代医療産業集積プロジェクト事業」の方針や進展を踏まえたメンバーの自発的な相互作用と共通理解の形成を通した改革であることが確認されている。

(2) 事業化推進のための組織間連携の成立に向けた介入

2001年の国補助による研究開発事業に向けた取組みの開始以来，事業化推進のための組織間連携の成立プロセスの促進に向けた介入が様々な方法で実施された。

まず3事例の類似点に分類される介入方法である，場の主導者の仲介，場のメンバーのアプローチ，場の支援機能による間接的な介入促進としては以下が挙げられる。

- 場の主導者の仲介としては，2005年以降の県単独の事業化支援において，県内外の企業・医療機関・大学の研究会会員企業への仲介を通して，企業間および企業と医療機関・大学等研究機関との事業化推進に向けた相互作用と共通理解の形成を促進させるための介入を実施し，組織間連携の成立に導いていること。
- 場のメンバーからその他メンバーあるいは外部機関関係者へのアプローチとしては，国補助による研究開発支援において都市エリア（一般）の採択に至った後に，県庁担当者から企業関係者2名への参画要請，都市エリア

（発展）では公募を通したプロジェクトリーダーおよびコーディネーターの招聘にみられるような介入が確認され，これら介入により研究開発事業における協働を実施するための組織間連携の成立を促進させたこと。
- 同様の介入として，展示会の準備等の場の活動を通して互いの事業内容の理解や人間関係・信頼関係が構築され，医療機器関連分野の事業化推進のために場のメンバー間で相互作用を展開し組織間連携の成立に至ったこと。
- 場の支援機能による間接的な介入促進については，県の事業化支援による研究会活動，薬事法関連のコンサルテーション，医工連携人材育成プログラム，販路拡大支援，補助金を通して，情報提供や学習機会，潜在的な連携参画者との交流機会が提供され，県内外の企業・大学等研究機関・医療機関と県内企業との事業化推進のための連携成立に向けた相互作用を促進させることに寄与していること。

また他事例との相違点としては，場の支援を通して福島県内における医療機器関連分野の事業化への取組みが活発になるにつれて，県外の企業・大学・医療機関が県内企業に組織間連携に向けたアプローチをするという介入も確認されている。

4-5　事例の総括

福島県における医療機器関連産業の振興を目的に，事業化推進のための組織間連携の成立プロセスを促進させるにあたり，促進を主導する主体が初期条件を考慮に入れて連携ドメインの決定，介入および場の設定を行ったこと，介入を通して人々の相互作用と共通理解の形成が促進され事業化のための組織間連携が成立に至ったことが確認された。また本ケーススタディでは，場のメンバーの要望を踏まえ，場の主導者による介入あるいは場のメンバーの自発的な相互作用と共通理解を通して場が発展したこと，場の発展とともに場の内外の潜在的な連携参画者が自立的に介入を実施して事業化促進のための組織間連携が成立するようになった経緯についても確認された。さらに一連のプロセスでは，いくつかの時点において主な関係者間で連携を推進していくうえで新たな目的，役割，体制に結び付く全体状況が形成されたことが確認できた。本事例においても，全体状況は，場の活動や事業化推進のための組織間連携の成立に

214　第Ⅴ章　ケースの分析および解釈

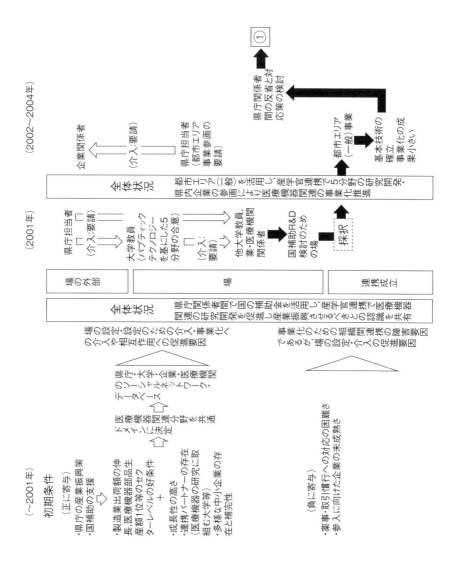

V-4. 福島県の事例の分析および解釈　215

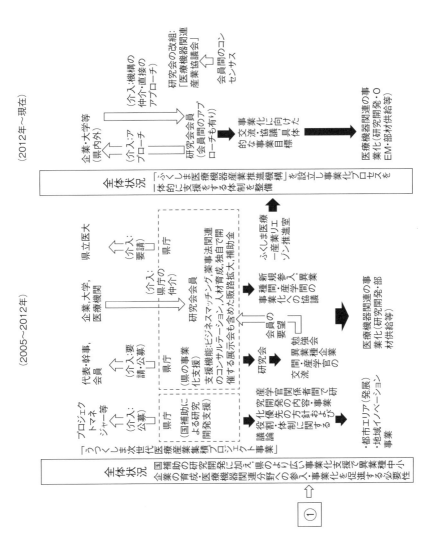

図 V-4. 福島県における医療機器関連の事業化推進のための組織間連携の成立プロセス

(出所) 筆者作成

よる相互作用と共通理解の形成の結果，場の主導者をはじめとする関係者により形成されたものである．ここでは，県庁関係者を中心に県における医療機器関連の事業化推進に取組む全体状況を形成後，特定分野における研究開発事業の実施とその結果を踏まえ，より幅広い事業機会の探求とそのための支援の整備，場の発展への試みの結果共有された一体的な支援体制の必要性を関係者が認識し機構を設立するという本事例独自の展開が確認された．またこのように設定および発展した場の方針を基に，介入が実施され事業化推進のための組織間連携の成立に至るというように，新たな秩序を生成するための制御が自省作用を伴いながら自己組織化のプロセスが展開されたことが本事例においても確認された．

　次に事例間の相違点にも見出すことのできる福島県の事例の主要な特徴としては，以下を挙げることができる．まず初期条件において，2001 年に国補助による医療機器の研究開発事業に取組むまでに，県庁が主導して産業振興策を展開していたこと，製造業が伸張し医療機器の部品生産額も既に全国１位であったこと，大学において医療機器の研究が進められていたことは，医療機器関連分野を連携ドメインとして選択し，既に構築されていたソーシャルネットワークを活用して事業化推進のための場を設定および介入を実施することに対して正に寄与したことが挙げられる．次に場の体制において，他事例と異なり主導者である県庁関係者は，県庁の取組みのもとで医療機器関連分野における事業化推進のための組織間連携の成立プロセスの促進に向けた支援活動を本業として配属された人々で構成されていることが本事例の特筆すべき特徴である．本事例では 2011 年以降に復興予算を活用した補助金が事業化推進に大きく寄与したことは事実であるが，それ以外にも新たな方針を打ち出しうつくしま次世代医療産業集積プロジェクト事業を始動させたことや支援の一体化を目的とした機構を設立させたことにみられるような大きな体制改革の実施，県独自においても規模の大きい予算を確保したこと等は，県庁のバックアップと上述のような場の主導者の構成が寄与した結果であると考えられる．最後に，本事例では 2001 年に開始した特定分野に焦点を当てた事業化推進から，異業種企業の学習および参入を通して医療機器関連分野における事業化の可能性および市場性に着眼した研究開発，部材供給，OEM，試作へと事業化の範囲を広げている．

また，これら事業化において，域外企業等の県内への集積，開発した製品の量産化，海外への事業展開にみられるような発展を実現させており，これら成果に上述の場の体制のもとでの支援活動が大きく寄与していることも特徴として挙げられる。

以上，ケーススタディの分析・解釈を踏まえ，組織間連携の成立プロセスを図V-4のように示すことができる。

V-5. 概念モデルの検討

第Ⅱ章で示した概念モデルは，新たな事業機会から双方が利益を得ることを目的として，互いに対等で補完することが可能な異なる機能をもつ組織間の連携を成立させることを前提に，事業化推進のための組織間連携の成立プロセスをいかに促進させるかに関して先行研究のレビューを基に提示した。ここでは中長期的な産業振興のビジョンを持ち，正に寄与および負に寄与する初期条件を踏まえたうえで，ある分野における事業化推進のための組織間連携の成立プロセスを促進させることを目的とした主体による，自立的・自主的な人々の自発的な相互作用と共通理解の形成を促す場の設定および発展を実現させるための介入が実施される。さらに場における活動を通して事業化推進に向けた相互作用を促進させ，自己組織的に組織間連携の成立に至るプロセスを促進するための，場の主導者・連携の参画者・その他主体による介入が存在すること，これらの組織化のプロセスが繰り返されることを提示している。以上については，本研究におけるケーススタディを通して概念モデルに一定の妥当性があることを確認することができた。

ケーススタディの分析・解釈を踏まえて，どのように事業化推進のための組織間連携の成立に至るプロセスを促進するかについて，図V-5のように概念モデルを修正することができる。

218   第Ⅴ章　ケースの分析および解釈

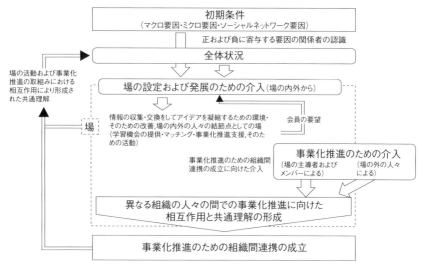

図 V-5.（修正）概念モデル

(出所) 筆者作成

初期条件

　修正した概念モデルにおいて，初期条件の影響についてはマクロ的環境要因，ミクロ的環境要因，それらの中間レベルとしてソーシャルネットワークの要因が存在し，また正に寄与および負に寄与する要因に分類されることが確認された。

　正に寄与する要因は事例間に相違も確認されたが，その影響としては振興対象とする事業である連携ドメインの選定，組織間連携の成立を促進するための場の設定と発展およびそのために必要な介入の実施，事業化推進のための組織間連携の成立に向けた相互作用やそのための介入を促進したことが明らかとなった。また，事業化推進のための組織間連携の成立自体には負に寄与すると分類される要因については，本研究の対象事例では同要因の克服に向けた場の設定および発展，そのための介入を促進したことも明らかとなった。

相互作用と共通理解の形成

 組織間連携の成立プロセスにおける相互作用と共通理解の形成については，場の設定と発展および事業化のための組織間連携の成立に向けたものの双方が存在すること，それぞれにおける相互作用と共通理解の形成がどのようなものかについてケーススタディにより確認することができた。

 このプロセスでは中長期的な産業振興のビジョンを持ち，初期条件を検討のうえで決定された連携ドメインの事業化推進のための組織間連携の成立プロセスを促進させることを目的とした主体が，他の関係者への要請や公募を通して場の設定およびメンバーを召集して方針や目標を共有し，場の活動を通して特定の事業化を推進するというように，定まった共通目標を実現していくための組織間連携が成立した。また，場の活動を通して生じたメンバーの要望あるいは事業化推進ための組織間連携における自発的な相互作用とその結果形成された共通理解を踏まえ，場の主導者あるいは場のメンバーが体制や支援機能の改革を通して場を発展させることで，さらなる事業化推進のための組織間連携の成立につながったことが明らかとなった。

 以上において，介入および場を通して新たな秩序を生成するための制御が自省作用を伴いながら進められるという自己組織化のプロセスが，3事例の類似点として確認することができた。また一連のプロセスでは，いくつかの時点において主な関係者間で連携を推進していくうえで新たな目的，役割，体制に結び付く全体状況の形成および個人と全体状況の修正を通して新たな方針・体制が創出され，そのもとでさらなる事業化推進のための組織間連携の成立へとつながるというプロセスを経ることで，各事例特有の展開が生じたことも確認された。

場

 場については，中長期的な産業振興のビジョンを持ちある分野（本研究では医療機器関連分野）における事業化推進のための組織間連携の成立を促進させることを目的とした主体（本研究では地方自治体，地域の経済団体の関係者等）が，直接の要請や公募を通してメンバーを招集するというように，他律的・設計的に場が設定された。本研究においてはいずれの主体も，場を設定するにあ

たり利害関係者の特定や召集力・正当性・権威・公正さの面で一定の基準を満たす主体であることが確認できる。

　場の機能については，情報の収集・交換をしてアイデアを凝縮するための環境，場の内外の人々の結節点として，事業化推進のための組織間連携の成立という目標に向けて人々が相互作用と共通理解を形成するために，学習機会・事業化推進のための組織間連携の成立に向けたマッチング・事業化推進支援を提供していることが明らかになった。

　場の目的については全事例において医療機器関連の事業化推進であるが，主な活動対象については学習から事業化推進への支援に焦点が移った事例，特定の事業化推進から必要な学習やより広範な事業化推進への支援に移った事例にみられるように事例間で相違が確認された。この変化の経緯については，場の活動を通して生じた会員の要望に順次対応し場の支援機能や構造を改革したことにみられるような漸進的な改革に加え，場の活動あるいは事業化推進への取組みのための相互作用と取組みの結果形成された全体状況を踏まえて新たな方針と体制に変更したことにみられるような比較的大きな改革によって場の発展に至ったというプロセスが明らかとなり，場の発展においても創発的な自己組織化のプロセスを通して各事例に独自の展開があり，その結果場の体制や支援機能の内容について事例間の相違が存在することを確認することができた。また場の発展については場の主導者に加え，外部機関関係者による介入あるいは場のメンバーの自発的な相互作用によって実現された事例もみられ，この点においても事例間で相違がみられた。

介　　入

　介入については，場の設定・発展に向けた介入，事業化推進のための組織間連携の成立に向けた介入が行われていること，また介入者が一様ではないことを確認した。さらに，介入が場の設定・発展，事業化推進の双方に必要な相互作用と共通理解の形成を促進し人々の関係性を構築するという役割について明らかにすることができた。

　まず場の設定・発展に向けた介入については，いずれの事例においても介入者によって場の活動目的や組織間連携を通した事業化推進の重要性が示され，

直接の要請あるいは公募を通したメンバーの招集，上述の場の活動を通して生じた会員の要望に対応した場の支援機能の追加や外部との協力関係の構築にみられるような漸進的な改革，場の活動あるいは事業化への取組みのための相互作用とその結果形成された全体状況を踏まえた場の方針・体制の改革，以上を推進するための場の主導者の関係者へのアプローチや要請等にみられるような内省的な介入が確認された。一方で，場の設定の主導者が地域経済団体関係者や県庁関係者等であること，一部の事例では第三者である外部機関関係者によるアプローチにより場の発展に至ったことがみられたように，事例間で介入者の相違が確認された。

次に事業化推進のための組織間連携の成立に向けた介入については，場の主導者による仲介，場のメンバーから他のメンバーあるいは外部関係者へのアプローチ，場の支援による間接的な介入の促進効果が全ての事例において確認された。一方で，一部の事例では場の外部からのアプローチ，第三者の仲介による組織間連携の成立もみられ，事例間の相違が確認された。

V-6. 組織間連携の成立プロセスの促進に向けたマネジメントへのインプリケーション

本研究を通して，新規事業を推進するための組織間連携の成立プロセスにおける初期条件，相互作用と共通理解の形成，同プロセスを促進するための場の設定・発展と介入の実施が確認された。ここではマネジメントの目的を事業化推進のための組織間連携の成立プロセスを促進することと位置づけ，組織間連携の成立プロセスの促進を意図する主体を対象に「事業化推進のための組織間連携の成立プロセスの促進を目的に，初期条件をどのように捉えて対応し，場および介入を通してどのようなマネジメントを実施したか」という視点から，本研究を通して得ることのできるマネジメントへのインプリケーションを検討し提案する。

初期条件への対応

初期条件については，マクロ的環境要因とミクロ的環境要因，その中間レベ

ルとしてソーシャルネットワークの要因が存在する。まず連携ドメインの決定には，地域経済・産業の状況や産業の成長性，国や自治体の産業振興への支援制度，地域企業の集積度および技術の蓄積，研究機関や医療機関等の活用できる連携候補等が検討された。次に連携ドメインにおける事業化推進のための組織間連携の成立に取組むにあたり，地域企業の経験や姿勢，蓄積した技術，当該産業に参入するために必要な知識や能力，人材，資金，人材を召集するための介入・外部機関関係者との協力関係の構築・連携の成立に寄与するソーシャルネットワーク等，資源として必要な要素が存在する。これに対して，初期条件において正に寄与する要因として既に存在し認識されていた要素については，場の設定や介入の実施に活用された。一方で，場の設定および活動の開始後に，地域企業の医療機器関連分野への参入のために必要な能力が不足していることや医療機関関係者とのパイプが構築されていないことによる情報不足等，事業化推進のための組織間連携の成立に負に寄与する要因が明らかになったことも確認された。したがって，初期条件に関するマネジメントについては，

- 決定した連携ドメインにおける事業化推進のための組織間連携の成立に必要な要素を整理し，現状において活用が可能な要素（正に寄与する要因）および不足あるいは障害となる要素（負に寄与する要因）を把握すること。
- そのうえで，必要となるが現状において不足あるいは障害となる要素の確保・克服に取組み，早期より場の設定および介入に反映させること。

以上をインプリケーションとして得ることができる。これらのマネジメントについては，事前における完全な把握および実施は困難であるが，可能な限りの取組みを行うことにより，組織間連携の成立プロセスをより効果的に促進することに寄与すると考えられる。

組織間連携の成立プロセスの促進のための場および介入

　本研究においては事業化推進のための組織間連携の成立プロセスの促進に向けたマネジメントの対象を人々の相互作用および共通理解の形成のプロセスとし，その促進のためのマネジメント手法として場および介入をとらえている。

　場については，中長期的な産業振興のビジョンをもち医療機器関連分野における事業化推進のための組織間連携の成立を促進させることを目的とした主体

が，介入を通して関係者間の相互作用と共通理解の形成を促進させることにより場を設定している。場の発展においても，漸進的な改革に加え，場の活動や事業化への取組みにおける相互作用と共通理解により形成された全体状況に対応し新たな方針に沿った場の発展に向けて，体制や支援内容の改革とともにその後の運営に必要な関係者への介入が実施されている。また第三者からの要請にも対応および協力し，場の発展につなげている事例もみられる。さらに場の発展においては，場の主導者の構成（本研究では本業，兼任）や予算等資源の獲得と配分に関する場の内部管理組織の能力についても，特に場の大きな方針および体制の改革による発展に影響があることをケーススタディより確認することができる。

次に，事業化推進のための組織間連携の成立プロセスの促進に関しては，場の機能として直接的に潜在的な連携参画者への介入が実施されたことによる相互作用と共通理解の形成の促進を通して組織間連携が成立したことが確認された。また場の内外の潜在的な連携参画者による介入にみられるように，自立的な介入による相互作用と共通理解の形成によって組織間連携が成立したことも確認されている。これらは，場の機能としての学習や情報共有，各種事業化支援策，事業化推進における場による各企業への信用のバックアップを通して場が内外の潜在的な連携参画者の組織間連携の成立に向けた相互作用と共通理解の形成の結節点としての機能を担ったことを示しており，場の機能として事業化推進に向けた直接的な介入とともに自立的な介入を促進させるための取組みが必要であることが明らかである。したがって，組織間連携の成立プロセスにおける場および介入に関するマネジメントについては，

- 場の主導者の働きかけを通して関係者の総意を集約し，場の活動目的である連携ドメインの明確な定義，事業化の強調，連携の重要性を示したうえで，中心的な役割を期待するメンバーには直接の要請，その他メンバーには公募等を通して召集すること。
- 連携ドメインの事業化推進に向けた必要な情報（本研究においては，医療機器関連分野の製品・関連法の知識，医療現場・市場ニーズ，企業のシーズ等）を場のメンバーに提供し，学習や共有を促進すること。
- 場へのアクセスや相互作用を効率的にするためのパイプの構築とプロセス

デザイン，公的支援や金融機関による活動資金の確保に向けた取組み，場のメンバーのニーズの把握および対応，外部機関からの要請への対応・協力による場の発展を通して，場の活動環境を向上させること．

- 場の発展に向けて，場の活動や事業化への取組み結果を踏まえたメンバーの要望や必要性に基づいて，場の主導者がメンバーとして必要な人々への参画の要請・仲介者への依頼・公募による招集，同様の手段を用いた外部機関関係者との必要な協力関係の構築，体制や構造の改革等を迅速に推進すること．
- 上述の場の発展については，地域における中長期的な産業振興という本来の目的の追求，ニーズの収集・対応，新たな方針の策定，体制の改革，そのための資源の獲得と配分を実現するために，人員の構成も含めた場の内部管理組織の能力を高めることが必要であること．
- 事業化推進に必要な場の内外の関係者間の相互作用と共通理解の形成を促進し組織間連携による事業化を推進するために，フォーマル・インフォーマル双方の形式での情報交換および共有，仲介，各企業の信用向上等によるマッチング支援により連携の機会を創出すること．
- 補助金等の優遇策も含めた場の活動内容・企業のシーズ・成果を域外関係者や医療機器メーカー等に情報発信し，公的支援や域外企業等の外部からの働きかけの可能性を高めること．

以上が，連携ドメインとする産業の中長期的な地域における振興を目的に，事業化推進のための組織間連携の成立プロセスの促進に向けた，場および介入を通したマネジメントに必要な取組みとして提示することのできるインプリケーションである．

第Ⅵ章
結　　論

VI-0. はじめに

　本研究は，地域新産業の振興を中長期的な目的に，事業化推進のための異業種間および異分野間における組織間連携の成立プロセスをいかに促進するかについて解明することを研究テーマとし，理論構築による学術的価値およびマネジメントへのインプリケーションの提示による実践的価値の追求を目的とした。

　本章では結論として以下について述べ，本研究を締めくくることとする。まず，本研究全体の内容を簡潔に整理し要約をする。次に，本研究におけるケーススタディとその分析・解釈により得ることのできた理論的および実践的な知見を示すこととする。最後に，本研究の限界を示したうえで，今後研究を継続・発展させるための課題について述べる。

VI-1. 本研究の要約および発見

1-1　本研究の要約

　第Ⅰ章の序論では，本研究に取組む動機となった背景と問題意識について説明した。まず医療機器関連分野をはじめ，地域の中小企業の参画を通した成長性の高い新規産業の振興に向けて，自治体や地域の経済団体の主導による取組みが多くなされており，その実現のために異業種間・異分野間の組織間連携が重要となることを示した。そのうえで，事業化推進のための組織間連携の成立プロセスはどのようなもので，いかにしてそのプロセスを促進するかについての実証を伴った研究の必要性について指摘した。本研究では，当該地域の経済や産業の現状，将来の発展可能性等を考慮したうえで，事業化推進に向けた自立的・自主的な個人間の自発的な相互作用におけるコミュニケーションを通した自己組織的な組織間連携の成立プロセスを，環境の設定や働きかけにより促進していくというアプローチを採用し，本研究における主要概念を提示した。そこで研究の対象として，医療機器関連分野における新たな事業機会から双方が利益を得ることを目的として，互いに対等で補完することが可能な異なる機能をもつ組織間の連携成立のプロセスを促進させる取組みを実施している複数地

域を対象にケーススタディを実施し，理論構築による学術的価値およびマネジメントへのインプリケーションを提示することによる実践的価値の追求を目的とすることを示した。

　第Ⅱ章では，本研究における主要概念である「初期条件」「相互作用と共通理解の形成」「場」「介入」に関連する先行研究を検討することにより，事業化推進のための組織間連携の成立プロセスとその促進に関する先行研究の視点を明確にし，本研究における理論構築のための鍵を発見して基本的な研究の方向性を定めることとした。第一に「初期条件」においては，組織間連携の成立に影響を与える要因に関する先行研究をレビューしたうえで，制度・セクターレベルのマクロ的環境要因，事業戦略・組織レベルのミクロ的環境要因，その中間レベルとしてソーシャルネットワークが存在し，それぞれにおいて組織間連携の成立に正に寄与あるいは負に寄与する要因に分類されることを示した。第二に「相互作用と共通理解の形成」については，異なる組織のメンバー間で事業化推進のための協働に向けて自発的な相互作用を開始し関係性を構築しながらコミュニケーションによる相互了解を通して目指すべき方向性や事業（ドメイン）を定め社会集団が成立すること。それにより姿勢や活動の統一性，目標の共有等がなされ，さらに定まった共通目標を実現していくための役割形成がなされて事業化推進のための組織間連携が成立すること。さらに，組織間連携の成立プロセスが，個人と全体状況の修正により繰り返されることが想定されることについて示した。第三に「場」については，特定の分野における事業化推進のための組織間連携の成立プロセスを促進させることを目的とした主体により勉強会・協議会等の場が設定され，内部管理組織が中心となって運用しメンバーへの支援策が提供されること。場を基盤に内外の個人間で相互作用を展開して自己組織化が進み事業化推進のための組織間連携が成立し，さらに組織間連携による活動等によるフィードバックを経て場が発展していくというプロセスが展開されるということを示した。最後に「介入」については，（1）中長期的な産業振興のビジョンをもち，ある分野における事業化推進のための組織間連携の成立プロセスを促進させることを目的とした主体による人々の相互作用を促す場を，ビジョンやアジェンダの共有，直接的な働きかけや公募によるメンバーの召集を通して設定・発展させるための介入，（2）場における活動を通

して具体的な事業を推進するために，事業目的，役割，問題点の解決策，事業化推進のためのアプローチやプロセスの共有，対立する利害の調整等を通して相互作用を促進させ組織間連携の成立プロセスを促進するための，場の運営者・連携の参画者・その他主体による介入が存在することを示すことができた。以上の先行研究を基に，主要概念を統合させた組織間連携の成立プロセスとその促進についての概念モデルとリサーチクエスチョンを提示した。

　第Ⅲ章では，本研究を進めるにあたってのリサーチデザインについて説明した。本研究では，事業化推進のための異業種間および異分野間における組織間連携の成立プロセスをいかに促進するかということについて解明することを研究テーマとしている。このために，組織間連携の成立プロセスにおける個人間の相互作用と共通理解の形成およびその促進を考察の対象に，既存研究を基にケーススタディを実施し，「どのように」の問いを複数事例の定性的な比較分析を通して外的妥当性および内的妥当性を高め，包括的な理論的構築を試みることを説明した。また事例の選定基準を示したうえで，ケーススタディの対象とする神戸市，浜松市，福島県の事例概要およびデータの収集・分析方法の詳細について解説した。

　第Ⅳ章では，医療機器関連分野における事業化推進のための組織間連携の成立プロセスの促進への取組みに関するケーススタディの結果を詳細に記述した。まず，第1節では医療機器の特徴および同産業の世界および日本の動向について解説し，中小企業の参画および組織間連携の必要性について検討した。まず，医療機器の製造販売は法規制の対象であり，ニッチ市場が多く中小企業の参入機会が大きいこと，景気に左右されにくく医療機器産業が世界的に高い成長率を維持していることを示した。一方で，日本の医療機器市場も成長しているが，貿易赤字額が増加傾向であり，高い技術力を活かし切れておらず，制度とともに当事者に起因する要因を克服し同産業を振興するために，国および各地域で様々な取組みが始められていることを紹介した。そのうえで，日本企業の中で事業所数および雇用の面で大半を占める中小企業が，同産業に参入し事業化推進していくための組織間連携について求められる補完機能や連携のタイプについて検討した。次に，第2～4節で「神戸市」「浜松市」「福島県」における医療機器関連分野の事業化推進のための組織間連携の成立プロセスの促進への取

組みについて，それぞれの事例において取組みを開始した時点で直面していた状況から現在までの動向についてケーススタディの結果を記述した。神戸市の事例では，主力産業の重工業の衰退や震災のダメージに対応すべく開始された神戸医療産業都市構想のもとで，1999年に地域経済団体である工業会が母体となり医療研を設立し，同工業会会員の中小企業を中心に医療機器関連の事業化推進のための組織間連携の成立に取組んだ。本事例では学習とともに医療機関や研究機関との連携を通して開発・製品化を推進し，後にMIKCSの設立と医療研との協力関係を経て両者が分離した後に，それぞれが出口戦略を強調し組織間連携による事業化推進を，場の発展および介入の実施を通していかに促進してきたかについて解説した。浜松市の事例では，主力産業である製造業の衰退への対応策として，2005年に浜松市において商工会議所が主導して設立した研究会にはじまり，その後地域の複数機関の共同運営によるはままつ医工連携拠点を設立し支援体制を拡充させ，地域企業の独自技術による他に真似のできない高付加価値な製品開発をしていくこと主な目的として取組んでいる。本事例についても，これまでの組織間連携を通した事業化への取組みを場の発展および介入の実施を通していかに促進してきたかについて着眼し解説した。最後に福島県の事例では，地域産業の振興策として2001年に福島県庁商工労働部産業創出課の担当者のイニシアティブのもとで県内の産学関係者が参画して申請・採択された国補助による医療機器の研究開発事業にはじまり，その後より幅の広い分野における医療機器関連の事業化推進のための組織間連携の成立プロセスの促進に向け支援体制を拡充している。本事例では，県庁関係者の主導により，県内の医療機器関連産業の集積を目的に一体化した支援を提供する機構の設立に至るまで，場の発展と介入の実施を通した事業化推進のための組織間連携の成立プロセスの促進にいかに取組んだかについて，その経緯を解説した。

　第V章では，ケーススタディの結果を分析・解釈したうえで，理論構築およびマネジメントへのインプリケーションを示すことを目的とした。本章ではまず，3つの事例を定性的に比較分析し，組織間連携の成立プロセスにおける類似点および相違点を抽出することにより因果条件の事前スクリーニングを行った。次に，それぞれの事例に対して過程追跡をすることで因果推論の精度を高

めた。ここでは，各出来事がどのように関連していくかに注目して因果ネットワークを明らかにしていくことを目的に，上述比較分析で確認された類似点および相違点を踏まえて各出来事の原因と結果に着眼し因果関係を確認しながら，各事例における「どのように」の問題を解明していった。最後に，リサーチクエスチョンを念頭に概念モデルについて妥当性を検討し，ケーススタディの分析・解釈を反映した（修正）概念モデルおよびマネジメントへのインプリケーションの提示をした。

1-2　本研究の発見

上述のように第Ⅴ章における分析・解釈によって明らかとなった本研究の成果となる発見は，「新規産業の振興に向けた事業化推進のための組織間連携の成立プロセスをいかに促進させるか」に関して学術的価値への貢献である理論構築と実践的価値への貢献であるマネジメントへのインプリケーションを提示したことである。

(1)　理論構築における発見

本研究の一つ目の成果は，新規産業の振興に向けた事業化推進のための組織間連携の成立プロセスをいかに促進させるかについてのメカニズムを解明し理論構築への貢献をしたことである。本研究では新たな事業機会から双方が利益を得ることを目的として，互いに対等で補完することが可能な異なる機能をもつ組織間の連携を成立させることを前提としている。そのうえで，事業化推進のための組織間連携の成立プロセスの促進に取組んだ3地域を対象としたケーススタディから，人々の相互作用におけるコミュニケーションによる共通理解の形成に着眼し，場と介入による促進をいかに行うかに焦点をあて検討した。これは，従来の研究でどのようにして事業化を目的とした異業種間および異分野間の組織間連携が成立していったかについてのプロセスおよびそのプロセスを，だれが・どのようにして促進していったかに関する研究が不足している状況に対し，個々の事例を検討することで体系的な知識の発展への貢献を目的とした成果である。

具体的には事業化推進のための組織間連携の成立プロセスをいかに促進させ

るかに関して,「初期条件」「相互作用と共通理解の形成」「場」「介入」を主要概念として,第Ⅱ章で提示した概念モデルとリサーチクエスチョンを基にケーススタディとその分析・解釈を通して理論構築を試みた。結果,事業化のための組織間連携の成立プロセスの促進を意図する主体が,関係者との相互作用によるコミュニケーションにより形成された共通理解を基に,初期条件を踏まえたうえで連携ドメインの決定および介入により他律的・設計的な場の設定を行い,場の活動を通した相互作用と介入により方針や目標を共有し,特定案件の事業化という定まった共通目標を実現していくための組織間連携が成立すること。さらに場の活動や事業化への取組みを踏まえ,場の発展やそのための介入を通した個人と全体状況の修正がなされ新たな方針や体制のもとでさらに組織間連携の成立プロセスが促進されたことが明らかとなった。これらの発見から,異なる組織に所属する自立的・自主的な人々の間の自発的な相互作用を通した自己組織化のプロセスの中で,創造的個の営みによるゆらぎが新たな秩序形成へと至るよう誘導するための場や介入を通した制御が自省作用を伴いながら進められていくということを確認することができ,概念モデルを修正し提示することができた。

(2) マネジメントへのインプリケーション

　本研究のもう一つの成果は,ケーススタディによって得ることのできた知見を基に,事業化推進のための組織間連携の成立プロセスを促進することを意図する主体を対象にマネジメントへのインプリケーションを提示したことである。

　第一に初期条件については,まず同要因を検討し連携ドメインを決定すること,次に連携ドメインの事業化推進のための組織間連携の成立に必要なマクロ的環境要因・ミクロ的環境要因・ソーシャルネットワークの要因を整理し,これら要因において現状で活用することのできる正に寄与する要因,不足あるいは障害となる負に寄与する要因を明らかにすること。そのうえで,負に寄与する要因の確保あるいは克服のために早期より介入・場の設定に反映させることが必要であることを提案した。第二に組織間連携の成立プロセスの促進のための場および介入については,連携ドメインとする産業の中長期的な地域における振興に向けて,事業化推進のための組織間連携の成立に向けた自己組織化の

プロセスを促進するための場および介入を通したマネジメントに必要な取組みについて抽出し提示することができた。これら取組みの中では，場の内部管理組織の能力を高めることの必要性についても言及している。

VI-2. 本研究の限界および今後の研究課題

2-1 本研究の限界

本研究では，事業化推進のための組織間連携の成立プロセスをいかに促進させるかについてのメカニズムの解明に向けて，定性的な研究手法を用いて一定の貢献をすることができた。しかしながら，その着眼点および研究手法に起因する以下の限界も存在する。

第一に，本研究では組織間連携の成立プロセスをいかに促進するかについて解明することに主眼を当てており，ケーススタディにおいては場の設定や運営を主導した促進者を主な対象としてデータを収集した。しかしながら，場のメンバーとして参画した各企業の側の視点については考察が十分とはいえず，それぞれ異なった資源や規模，組織構造や風土等の特徴をもつ企業が，どのような経緯でいかなる場の活動が事業化推進のための組織間連携を成立することに寄与したかについて検討し，より精密なミクロ・マクロ・ループのメカニズムを解明する必要がある。

第二に，場についてはケーススタディを通して場の設定および発展による体制の改革や支援機能の拡充について明らかにし，事業化推進のための組織間連携の成立プロセスの促進に求められる場の機能に関して学術的および実践的な一定の知見を得ることができた。一方で，ケーススタディの対象となった事例間では場の設定および主導者に相違がみられ，この相違に起因すると考えられる場の発展への対応，事業化推進のための組織間連携の成立における成果という点でパフォーマンスの違いが存在することもケーススタディから確認することができた。したがって，場の設定者と運営の主導者で構成される内部管理組織の能力の違いについて，考察の根拠となる先行研究やケーススタディの対象を広げることで，より深い知見を得ることが必要である。

第三に，本研究では初期条件を踏まえ，事業化推進のための組織間連携の成

立プロセスを場および介入を通していかに促進するかについての理論構築とともに，中長期的に地域新産業の振興を意図する主体を対象としたマネジメントへのインプリケーションを提案した．しかしながら，同プロセスにおいてはヒエラルキー的な組織ではなく，自立的・自主的な個人間の自発的な相互作用による変革を通して自己組織的に協働組織の形成を促進させるという前提が存在し，いかにその変革を推進していくかについてはさらなる考察が必要である．

2-2　今後の研究課題

　本研究では，地域新産業の振興を目的とした主体が存在することを前提に，その主体により事業化推進のための組織間連携の成立プロセスを促進させることに関して，理論構築およびマネジメントへのインプリケーションの提示により学術的価値および実践的価値に貢献することを目的とし，医療機器関連事業における国内複数地域の取組みを対象にケーススタディを実施した．本研究は，地域の活性化，産業振興への取組みがますます必要性を高めている中で，その初期の取組みとして，地域の状況を踏まえたうえで組織間連携を通して事業化を推進するための知識体系の発展に貢献するとともに，医療機器関連分野という我が国にとっても潜在性の高い産業を対象としていることで，一層研究を深化させることに価値があると考えられる．そのためには，上述で指摘した限界を踏まえ，以下の研究に取組む必要がある．

　第一に，事業化推進のための組織間連携の成立プロセスの促進について，そのメカニズムに対する考察をさらに深化させ，より精密な理論構築を目指すにあたって，本研究で得た知見にさらに関連する既存研究を加えて理論を再構築する必要がある．関連する既存研究としては変革マネジメントの理論等が考えられるが，上述のように参入・退出が自由であり，互いに対等な自立的・自主的な個人間の自発的な相互作用により自己組織的に成立する組織間連携を前提とした促進，そのための変革であることを考慮した理論構築について検討することが課題となる．

　第二に，上述の再構築した理論を基に，ケーススタディの対象を拡大する必要がある．まず，組織間連携の成立プロセスの促進者のみではなく，場に参画し自発的な相互作用を展開しながら促進に向けた場の支援や介入を受けた中小

企業をはじめとする組織関係者を対象に取組みの有効性についてより詳細なデータを収集し検討する必要がある。このデータ収集・分析には多数の企業を対象とすることが求められることから，研究手法についての検討も重要である。次に，場の内部管理組織の能力の違いが場の発展および事業化推進のための組織間連携の成立，事業化のパフォーマンスに影響を及ぼす可能性をより詳細に検討するために，対象とする事例を拡大させることが必要であり，特に医療機器関連産業において国際的に競争力を持つ他国の事例についても研究対象として知見を得ることが課題である。

　最後に，ケーススタディの結果およびその分析と解釈を通して構築した理論を基に提示したマネジメントへのインプリケーションについては，事業化推進のための組織間連携の成立プロセスの促進に実際に携わっている関係者を対象に調査してその有効性を検証し提案を改善すること，また改善した提案を基に理論の再構築に反映させることも今後継続的に取組む課題である。

参考文献

阿部紀里子(2010)「浜松医科大学における医工連携と今後の取組み」,全国的なコーディネート活動ネットワーク中部地域第1回会議(2010年6月29日)発表資料

阿部紀里子(2014)「地域のものづくり技術を生かした医工連携―浜松地域の医工連携モデル―」,UNITTアニュアルカンファレンス2014

安楽城大作(2008)「日本経済における中小企業の役割と中小企業政策」,香川大学経済政策研究,第4号(通巻第4号),pp.49-66

安藤史江(2008)『自立的な個が紡ぎ出す「見えざる組織」の時代へ』,日置弘一郎・二神恭一(編)「コラボレーション組織の経営学」,第1章,中央経済社(東京)

伊丹敬之(1999)「場のマネジメント―経営の新パラダイム」,NTT出版(東京)

一般社団法人地域活性化センター(2014)「地域づくり(別冊)「平成25年度地域活性化ガイドブック―医療産業による地域の活性化―」,2014年2月発行

一般財団法人ふくしま医療機器産業推進機構ホームページ,"http://www.fmdipa.jp/index.php",(2016年10月25日閲覧)

伊藤正憲(2001)「浜松の企業と風土の研究(その1)」,京都女子大学現代社会研究,第02号(2001-11-30),pp.93-106

伊藤正憲(2002)「浜松の企業と風土の研究(その2)」,京都女子大学現代社会研究,第03号(2002-03-10),pp.39-46

井上政昭(2015)「医薬品医療機器等法で何がどう変わる?」,木村昭人(編著)『新医療立国論』第2部第1章,薬事日報社(東京)

今井賢一・金子郁容(1988)「ネットワーク組織論」,岩波書店(東京)

今田高俊(2005)「自己組織性と社会」,東京大学出版会(東京)

医療産業研究会(2010)「医療産業研究会報告書―国民皆保険制度の維持・改善に向けて―」,2010年3月,経済産業省

医療用機器開発研究会ホームページ,"http://www.kobekk.or.jp/kobekk-medical/",(2015年10月30日閲覧)

植田浩史・本多哲夫・桑原武志・義永忠一(2006)「中小企業・ベンチャー企業論」,有斐閣(東京)

うつくしま次世代医療産業集積プロジェクト ホームページ,"http://www.fuku-semi.jp/iryou-pj/",(2014年12月14日閲覧)

大石 裕(2006)「コミュニケーション研究 第2版―社会の中のメディア―」,慶應義塾大学出版会(東京)

大越正弘(2014)「福島県の医療機器産業 世界に貢献する一大集積地を目指して」,産学官連携ジャーナル,2014年11月号,"https://sangakukan.jp/journal/journal_contents/2014/11/articles/1411-03-10/1411-

03-10_article.html",（2015 年 10 月 25 日閲覧）

岡本信司（2007）「地域クラスターの形成と発展に関する課題と考察―浜松地域と神戸地域における比較分析―」研究技術計画，Vol.22 No.2，pp.129-145

尾羽沢信一（2005）「神戸市「医療産業都市構想」に見るクラスター形成と川崎への示唆」，専修大学都市政策研究センター論文集，第 1 号，2005 年 3 月，pp.307-323

尾股定夫（2010）「わが国における医療機器のデバイスラグと福島モデル」，産学官連携ジャーナル，2010 年 6 月号，
"https://sangakukan.jp/journal/journal_contents/2010/06/articles/1006-04-6/1006-04-6_article.html",（2015 年 10 月 25 日閲覧）

金井一頼（2005）「産業クラスターの創造・展開と企業家活動―サッポロ IT クラスター形成プロセスにおける企業家活動のダイナミクス―」，組織科学，Vol.38，No.3，pp.15-24

株式会社三菱総合研究所（2014）「平成 25 年度課題解決型医療機器等開発事業　実証事業における成果の概要（平成 25 年終了案件）」，平成 26 年 4 月，
"http://www.med-device.jp/pdf/report_H25.pdf",（2016 年 1 月 5 日閲覧）

株式会社三菱総合研究所（2015）「平成 26 年度医工連携事業化推進事業―5 年間の事業成果の総括」，"http://www.med-device.jp/pdf/soukatsu_H26.pdf",（2016 年 2 月 8 日閲覧）

菊池　眞・大越正弘（2014）「一般財団法人ふくしま医療機器産業推進機構について―医療機器関連産業の総合支援拠点を目指して―」，医機連ニュース，第 87 号（2014 年 October），pp.5-12

木村昭人（2013），「医療機器法制定と審査承認制度の抜本的改革で医療機器産業革命と経済再建を目指せ」，人工臓器，42 巻 1 号，pp.61-63

経済産業省『平成 24 年工業統計調査』，"http://www.meti.go.jp/statistics/tyo/kougyo/",（2016 年 7 月 12 日閲覧）

経済産業省（2014）「医工連携による医療機器事業化ガイドブック」，2014 年 3 月版

経済産業省（2015）「医工連携による医療機器事業化ガイドブック」，2015 年 3 月版

経済産業省商務情報政策局 医療・福祉機器産業室（2010）「平成 21 年度 医療機器分野への参入・部材供給の参入化に向けた研究会報告書」，2010 年 3 月

経済産業省商務情報政策局 医療・福祉機器産業室（2011）「平成 22 年度 医療機器分野への参入・部材供給の参入化に向けた研究会報告書」，2011 年 3 月

経済産業省ホームページ，「平成 27 年度「医工連携事業化推進事業」実証事業の公募について」，"http://www.meti.go.jp/information/publicoffer/kobo/k150119001.html",（2016 年 2 月 8 日閲覧）

KBIC（KOBE Biomedical Innovation Cluster）発行資料，「神戸医療産業都市」，2012 年 4 月

厚生労働省（2013）「医療機器産業ビジョン 2013―次元の違う取組で，優れた医療機器を迅速に世界の人々に届ける―」，平成 25 年 6 月 26 日，
"http://www.mhlw.go.jp/seisakunitsuite/bunya/kenkou_iryou/iryou/shinkou/vi-

sion_2013.html"，（2016 年 2 月 8 日閲覧）
厚生労働省「国産医療機器創出促進基盤整備等事業実施要綱」（2014）
　　"http://www.mhlw.go.jp/seisakunitsuite/bunya/kenkou_iryou/iryou/topics/dl/tp140421-1a.pdf"，（2015 年 11 月 27 日閲覧）
厚生労働省「平成 23 年度医薬品・医療機器産業実態調査」，
　　"http://www.e-stat.go.jp/SG1/estat/NewList.do?tid＝000001034412"，（2016 年 2 月 8 日閲覧）
厚生労働省「薬事工業生産動態統計年報」，
　　"http://www.mhlw.go.jp/toukei/list/105-1c.html"，（2016 年 2 月 8 日閲覧）
神戸医療機器開発センターホームページ，"http://www.meddec.jp/"，（2016 年 5 月 14 日閲覧）
神戸医療産業都市 ポータルサイト，"http://www.kobe-bic.org/"，（2016 年 5 月 14 日閲覧）
神戸市企画調整局医療産業都市推進本部（2011）「神戸医療産業都市の現状」，都市政策，第 144 号，pp.38-46，みるめ書房（神戸）
国立研究開発法人科学技術振興機構ホームページ，"https://www.jst.go.jp/"，（2016 年 10 月 25 日閲覧）
国立研究開発法人日本医療研究開発機構ホームページ，
　　"http://www.amed.go.jp/program/list/02/01/031.html"，（2016 年 2 月 8 日閲覧）
國領二郎・プラットフォームデザインラボ（2011）「創発経営のプラットフォーム―協働の情報基盤づくり」，日本経済新聞出版社（東京）
小島廣光・平本健太（2011）「戦略的行動の本質― NPO，政府，企業の価値創造」，有斐閣（東京）
佐藤岳幸（2012）「医療イノベーションを踏まえた PMDA における承認審査等の取組み」，平成 23 年度彩都産学官連携シンポジウム，平成 24 年 1 月 18 日，大阪府豊中市，
　　"https://www.pmda.go.jp/files/000163875.pdf"，（2016 年 1 月 7 日閲覧）
柴田義文（2009 年 9 月 10 日）「浜松地域におけるものづくりの事例と今後の展開」，平成 21 年度関東ブロック地域科学技術振興協議会資料
柴山清彦（2007）「企業間連携：ルールの生成」，中小企業総合研究，No.7，pp.5-54
清水　博（1999）「新版　生命と場所―創造する生命の原理」，NTT 出版（東京）
首相官邸ホームページ 1，「新成長戦略―「元気な日本」復活のシナリオ―」，2010 年 6 月 18 日，"http://www.kantei.go.jp/jp/sinseichousenryaku/sinseichou01.pdf"，（2016 年 2 月 15 日閲覧）
首相官邸ホームページ 2，「医療イノベーション 5 か年戦略について」，2012 年 6 月 6 日，
　　"http://www.kantei.go.jp/jp/singi/iryou/5senryaku/siryou01.pdf"，（2016 年 2 月 15 日閲覧）
首相官邸ホームページ 3，「新たな成長戦略―「日本再興戦略-JAPAN is BACK-」を策定！―　戦略市場創造プラン」，2013 年 6 月 14 日，
　　"http://www.kantei.go.jp/jp/headline/seicho_senryaku2013_plan2.html"，（2016

2 月 15 日閲覧）

関　智宏（2011）「現代中小企業の発展プロセス」，ミネルヴァ書房（京都）

総務省統計局　事業所・企業統計（1999）"http://www.stat.go.jp/data/jigyou/2006/"，（2016 年 5 月 20 日閲覧）

竹内郁郎（1990）「マスコミュニケーションの社会理論」，東京大学出版会（東京）

田中紘一（2011）「医工連携─最新動向と将来展望（医療経営士上級テキスト 4）」，日本医療企画（東京）

田村正紀（2006）「リサーチ・デザイン─経営知識創造の基本技術」，白桃書房（東京）

中小企業庁（編）（1996）「中小企業白書平成 8 年版」，
　　"http://www.chusho.meti.go.jp/pamflet/hakusyo/kako_hakusho.html"，（2016 年 2 月 15 日閲覧）

中小企業庁（編）（2000）「中小企業白書 2000 年版」，
　　"http://www.chusho.meti.go.jp/pamflet/hakusyo/index.html"，（2016 年 2 月 15 日閲覧）

中小企業庁（編）（2012）「中小企業白書 2012 年版」，
　　"http://www.chusho.meti.go.jp/pamflet/hakusyo/index.html"，（2016 年 2 月 15 日閲覧）

張　淑梅（2004）「企業間パートナーシップの経営」，中央経済社（東京）

露木恵美子（2014）「「場」の理論の構築と応用に向けての試論─桜えび漁業のプール制における競争と共創に関する事例研究─」，中央大学経済研究所年報，第 45 号，pp.239-282

鶴井孝文（2002）「神戸医療産業都市への地元企業の取り組み」，都市政策，第 107 号，pp.29-37，みるめ書房（神戸市）

鶴井孝文（2007）「地元中小企業の医療分野への参入」，都市政策，第 128 号，pp.17-22，みるめ書房（神戸市）

独立行政法人医薬品医療機器総合機構（PMDA）ホームページ，
　　"https://www.pmda.go.jp/about-pmda/outline/0001.html"，（2016 年 1 月 15 日閲覧）

独立行政法人中小企業基盤整備機構ホームページ，
　　"http://www.smrj.go.jp/keiei/tech/089285.html"，（2016 年 2 月 8 日閲覧）

独立行政法人中小企業基盤整備機構（2012）「医療分野に進出した中小サプライヤーに関する調査」，中小機構調査研究報告書，第 4 巻第 6 号（通号 19 号），2012 年 3 月，
　　"http://www.smrj.go.jp/keiei/dbps_data/_material_/b_0_keiei/chosa/pdf/suplyerhonbun.pdf"，（2016 年 1 月 15 日閲覧）

NIRO ホームページ，"http://www.niro.or.jp/n_role/index.html"（2016 年 5 月 15 日閲覧）

中野壮陛（2010）「日本の医療機器市場の長期動向─薬事工業生産動態統計 1984 年〜2008 年を用いて─」，財団法人医療機器センター附属医療機器産業研究所リサーチペーパー No.2（サマリー版），
　　"http://www.jaame.or.jp/mdsi/mdsirp002_summary.pdf"，（2016 年 1 月 15 日閲覧）

NAVIS (2009/3),「ケース 1　神戸医療産業都市構想　共同で開発力を磨き，新産業へ参画〜地元企業の工夫と課題」,『NAVIS』第 6 号，pp.6-7, 2009 年 3 月 1 日発行．企画編集・発行：みずほ情報総研株式会社経営企画部広報室

日本経済新聞（2012/4/22）「医療介護など有望産業で雇用 1000 万人増　国試算」, 2012 年 4 月 22 日，日本経済新聞電子版

日本政策投資銀行（2014）「医療機器クラスター形成に向けた地域の動向」, 調査研究レポート，2014 年 2 月 28 日，日本政策投資銀行（東京）

日本政策金融公庫総合研究所（2015）「地域の雇用と産業を支える中小企業の実像」, 日本公庫総研レポート，No.2015-1, 2015 年 6 月 9 日,
"http://www.dbj.jp/pdf/investigate/etc/pdf/book1402_03.pdf",（2016 年 1 月 17 日閲覧）

ハーバーマス，J., (1985-87)「コミュニケイション的行為の理論」上・中・下，河上倫逸ほか（訳），未来社（東京）

浜松医科大学ホームページ，"http://www.hama-med.ac.jp/uni_topics_20120403.html",（2014 年 9 月 3 日閲覧）

はままつ医工連携拠点ホームページ，"http://www.ikollabo.jp/",（2016 年 8 月 5 日閲覧）

はままつ次世代光・健康医療産業創出拠点平成 27 年度活動実績報告書,
"http://ikollabo.jp/public/work/5",（2016 年 8 月 5 日閲覧）

浜松商工会議所（2013），「浜松医工連携研究会の取り組みについて」, 浜松商工会議所産業政策部工業振興課

福島県・財団法人福島県産業振興センター（2002），「うつくしまイノベーション・スパイラル・プラン―福島県知的クラスター形成構想―」, 2002 年 1 月

二神恭一（2008）『内的コラボレーションと外的コラボレーション』, 日置弘一郎, 二神恭一編「コラボレーション組織の経営学」, 第 6 章, 中央経済社（東京）

本台　進・内田智裕（1998）「神戸市製造業の震災被害額：'with and without´ 概念による推計」, 国民経済雑誌，178(5)，pp. 29-43

牧野真也（1999）「「場」の情報システム―組織における自己組織化―」, 経済理論，283 号，pp.1-19

三菱 UFJ リサーチ＆コンサルティング（2012）「日本経済ウォッチ」(2012 年 11 月号)
"www.murc.jp/thinktank/economy/overall/japan_reg/watch_1211.pdf",（2016 年 2 月 1 日閲覧）

文部科学省ホームページ 1「第 3 部　科学技術の振興に関して講じた施策第 3 章　科学技術システムの改革第 3 節　地域における科学技術の振興 3．「知的クラスター」,「産業クラスター」の形成に対する支援」,
"http: //www. mext. go. jp/b_menu/hakusho/html/hpaa200201/hpaa200201_2_083.html",（2015 年 10 月 25 日閲覧）

文部科学省ホームページ 2「67．都市エリア産学官連携促進事業（拡充）【達成目標 7 － 3 － 2】」, "http: //www. mext. go. jp/a_menu/hyouka/kekka/08100105/071. htm",（2015 年 10 月 25 日閲覧）

柳原　光（1976）「Creative O.D.：人間関係のための組織開発シリーズⅠ」，プレスタイム（東京）
山倉健嗣（1993）「組織間関係―企業間ネットワークの変革に向けて」，有斐閣（東京）
山本清二（2013）「医療現場のニーズから生まれた安全安心な内視鏡手術ナビゲーター」，産学官の道しるべ，2013年5月号，pp.19-21
　　"http://sangakukan.jp/journal/journal_contents/2013/05/articles/1305-03-3/1305-03-3_article.html"，（2014年8月22日閲覧）
山本清二（2014a）『医療ニーズの収集，医工連携の進め方』，村田他「【次世代】ヘルスケア機器の新製品開発」，第14章第6節，（株）技術情報協会
山本清二（2014b）「新しいアプローチで医療機器を開発する―平成25年度の活動と今後の展望―」，Medical Innvoation Forum 2014 発表資料

Barnard, C. I. (1938), *"The Functions of the Executive"*, Harvard University Press, Cambridge, MA.
Bavelas, A. and D. Barrett, (1951), "An Experimental Approach to Organizational Communication", *Personnel*, Vol.27, No.5, pp.366-371
Blau, P. M. (1964), *"Exchange and Power in Social Life"*, John Wiley, New York
Bryson, J. M., B. C. Crosby, and M. M. Stone (2006), "The Design and Implementation of cross-sector Collaborations: Propositions from the Literature", *Public Administration Review*, Vol.66, No.SUPPL. 1, pp.44-55
Burt, R. S. (1992), *"Structural Holes: The Social Structure of Competition"*, Harvard University Press, Cambridge, MA.
Chen, B. (2008), *"Managing Inter-Organizational Partnerships: Preconditions, Processes and Perceived Outcomes"*, Academy of Management Annual Meeting Proceedings, August 2008, pp.1-6
Child, J., D. Faulkner, and S. Tallman (2005), *"Cooperative Strategy: Managing Alliances, Networks, and Joint Ventures"*, 2nd ed., Oxford University Press, New York
Cross, R. and A. Parker (2003), *"The Hidden Power of Social Networks: Understanding How Work Really Get Done in Organizations"*, Harvard Business School Press, Boston, MA.
Crosby, B. C. and J. M. Bryson (2005), *"Leadership for the Common Good: Tackling Public Problems in a Shared-Power World"*, 2nd ed., Jossey-Bass, San Francisco, CA.
Davis J. P. and K. M. Eisenhardt (2011), "Rotating Leadership and Collaborative Innovation: Recombination Processes in Symbiotic Relationships", *Administrative Science Quarterly*, June 2011, Vol.56, No.2, pp.159-201
Eisenhardt, K. M. (1989), "Building Theories from Case Study Research", *The Academy of Management Review*, Vol.14, No.4 (Oct., 1989), pp.532-550
Eisenhardt, K. M. and M. E. Graebner (2007), "Theory Building from Cases: Opportunities and Challenges", *Academy of Management Journal*, Vol.50, No.1, pp.25-32

Espicom (2013), "World Medical Market Forecasts to 2018", August 2013, Espicom Business Intelligence
Fligstein, N. and D. McAdam (2011), "Toward a General Theory of Strategic Action Fields", *Sociological Theory*, Vol.29, No.1, pp.1-26
Fligstein, N. and D. McAdam (2012), "*A Theory of Fields*", Oxford University Press, New York
Follet, M. P. (1918), "*The New State: Group Organization the Solution of Popular Government*", Longmans, Green New York
Follet, M. P. (1927), "The Psychology of Control", in Metcalf, H. C. and L. Urwick, eds. (2013), "Dynamic Administration: The Collected Papers of Mary Parker Follett", Harper & Brothers Publisher, New York and London.
Foster-Fishman, P. G., D. A. Salem, N. A. Allen, and K. Fahrbach (2001), "Facilitating Interorganizational Collaboration: The Contributions of Interorganizational Alliances", *American Journal of Community Psychology*, December 2001, Vol.29, Issue 6, pp. 875-905
George, G., S. A. Zahra, and D. R. Wood (2002), "The Effects of Business — university Alliances on Innovative Output and Financial Performance: A Study of Publicly Traded Biotechnology Companies", *Journal of Business Venturing*, Vol.17, Issue 6, pp.577-609
Glaser, B. G. and A. L. Strauss (1967), "*The Discovery of Grounded Theory: Strategies for Qualitative Research*", Aldine Publishing, Chicago, IL.
Granovetter, M. (1985), "Economic Action and Social Structure: The Problem of Embeddedness", *American Journal of Sociology*, Vol.91 (November), pp.481-510
Gray, B. (1989), "*Collaborating: Finding Common Ground for Multiparty Problems*", Jossey-Bass, San Francisco, CA.
Gray, B. (2008), "Intervening to Improve Inter-Organizational Partnerships", in Gropper, S., M. Ebers, C. Huxham, and P. Smith Ring, eds., "*The Oxford Handbook of Inter-Organizational Relations*", Oxford University Press, New York
Gulati, R. (1995), "Social Structure and Alliance Formation Patterns: A Longitudinal Analysis", *Administrative Science Quarterly*, Vol.40, pp.619-652
Gulati, R. (1998), "Alliances and Networks", *Strategic Management Journal*, Vol.19, pp.293-317
Gulati, R. and M. Gargiulo (1999), "Where do interorganizational networks come from?", *American Journal of Sociology*, Vol.104, No.5, pp.1439-1493
Hartman, L. R. and J. D. Johnson (1990), "Formal and Informal Group Communication Structures: An Examination of Their Relationship to Role Ambiguity", *Social Networks*, Vol.12, pp.127-151
Henton, D., J. Melville, and K. Walesh (1997), "The Age of the Civic Entrepreneur: Restoring Civil Society and Building Economic Community", *National Civic Review*,

Vol.86, No.2, pp.149-156

Hogg, M. A., D. van Knippenberg, and D. E. Rast III (2012), "Intergroup Leadership in Organizations: Leading Across Group and Organizational Boundaries", *Academy of Management Review*, Vol.37, No.2, pp.232-255

Huxham, C. and S. Vangen (2005), *"Managing to Collaborate: The Theory and Practice of Collaborative Advantage"*, Routledge, New York

Jiang, X. and Y. Li (2008), "The Relationship Between Organizational Learning and Firms' Financial Performance in Strategic Alliances: A Contingency Approach", *Journal of World Business*, Vol.43, Issue 3, pp.365-379.

Johnson, J. D., W. A. Donohue, C. K. Atkin, and S. Johnson (1994), "Differences Between Formal and Informal Communication Channels", *The Journal of Business Communication*, Vol.31, No.2, pp.111-122

Kanter, R. M. (1994), "Collaborative advantage: The art of alliances", *Harvard Business Review*, July-August, pp.96-108

Katz, D. and R. L. Kahn (1966), "The Social Psychology of Organizations", John-Wiley & Sons, New York

Kelley, D. J. and M. P. Rice (2002), "Advantage Beyond Founding: The Strategic Use of Technologies", *Journal of Business Venturing*, Vol.17, No.1, pp.41-57

Lazzarini, S. G., G. J. Miller, and T. R. Zenger (2008), "Dealing with the Paradox of Embeddedness: The Role of Contracts and Trust in Facilitating Movement Out of Committed Relationships", *Organization Science*, Vol.19, Issue 5, pp.709-728

Lewin, K. (1951), *"Field Theory in Social Science"*, Harper and Row, New York

Logsdon, J. M. (1991), "Interests and Interdependence in the Formation of Social Problem-Solving Collaborations", *Journal of Applied Behavioral Science*, Vol.27, No.1, pp.23-37

Monge, P. R. and N. S. Contractor (2001), "Emergence of Communication Networks", in Jablin, F. M. and L. L. Putnam, eds., *"The New Handbook of Organizational Communication: Advances in Theory, Research and Methods"*, Sage Publications, Thousand Oaks, CA.

Monge, P. R. and E. M. Eisenberg (1987), "Emergent Communication Networks", in Jablin, F. M., L. L. Putnam, K. H. Roberts, and L. W. Porter, eds., *"Handbook of Organizational Communication: An Interdisciplinary Perspective"*, Sage Publications, Thousand Oaks, CA.

Morrison, J. H. and J. J. O'Hearne (1977), "Practical Transactional Analysis in Management", Addison-Wesley, Boston, MA.

Nicotera, A. M. (2013), "Organizations as Entitative Beings: Some Ontological Implications of Communicative Constitution", Chapter 5 in D. Robichaud and F. Cooren, eds., *"Organization and Organizing: Materiality, Agency and Discourse"*, Routledge, New York

Radin, B. A., R. Agranoff, A. Bowman, C. G. Buntz, J. S. Ott, B. S. Romzek, and R. Wilson (1996), "New Governance for Rural America: Creating Intergovernmental Partnerships", University Press of Kansas, Lawrence, KS.

Ring, P. S., Y. L. Doz, and P. M. Olk, (2005), "Managing Formation Processes in R&D Consortia", *California Management Review*, Summer 2005, Vol.47 Issue 4, pp.137-156

Roberts, N. C. and R. T. Bradley (1991), "Stakeholder Collaboration and Innovation: A Study of Public Policy Initiation as the State Level", *Journal of Applied Behavioral Science*, Vol.27, No.2, pp.209-227

Rogers, E. M. (1986), "*Communication Technology: The New Media in Society*", The Free Press, New York

Rogers, E. M. and D. L. Kincaid (1981), "*Communication Networks: Toward a New Paradigm for Research*", Free Press, New York

Sagawa, S. and E. Segal (2000), "*Common Interest, Common Good: Creating Value through Business and Social Sector Partnerships*", Harvard Business School Press, Boston

Schacter, S. (1951), "Deviation Rejection and Communication", *Journal of Abnormal and Social Psychology*, Vol.46, pp.229-238

Shannon, C. E. and W. Weaver (1949), "The Mathematical Theory of Communication", University of Illinois Press, Chompaign, IL.

Sharfman, M. K., B. Gray, and A. Yan (1991), "The Context of Interorganizational Collaboration in the Garment Industry", *Journal of Applied Behavioral Science*, Vol.27, No.2, pp.181-208

Sheth, J. N. and A. Parvatiyar (1992), "Towards a Theory of Business Alliance Formation", *Scandinavian International Business Review*, Vol.1, No.3, pp.71-87

Simon, H. A. (1997), "*Administrative Behavior: A Study of Decision-Making Process in Administrative Organizations*", The Free Press, New York

Stinchcombe, A. L. (1990), "Information and Organizations", University of California Press, Berkeley, CA.

Thomson, A. M. and J. L. Perry (2006), "Collaboration Processes: Inside the Black Box", *Public Administration Review*, Vol.66, No.6 (Supplement), pp.20-31.

Tuner, R. H. (1962), "Role-taking: Process versus Conformity", in Rose, A. M., eds., "*Human Behavior and Social Processes: An Interactionist Approach*", Routledge & Kegan Paul, London

Whetten, D. A. (1981), "Interorganizational Relations: A Review of the Field", *The Journal of Higher Education*, Vol.52, No.1, pp.1-28

Williams, P. (2002), "*The Competent Boundary Spanner*", Public Administration, Vol.80, Issue 1, pp.103-124

Wood, D. J. and B. Gray (1991), "Toward a Comprehensive Theory of Collaboration", *Journal of Applied Behavioral Science*, Vol.27, No.2, pp.139-162

Yin, R. (2003), "Case Study Research: Design and Methods", 3rd ed, Sage Publications, Thousand Oaks, CA.

人名索引

A

阿部紀里子　111, 118, 125
安藤史江　31
安楽城大作　74

B

Barnard, C. I.　11
Barrett, D.　11
Bavelas, A.　11
Blau, P. M.　31
Bradley, R. T.　6
Bryson, J. M.　21, 31, 40, 45
Burt, R. S.　13, 27, 36

C

Chen, B.　21
Child, J.　11
張　淑梅　7
Contractor, N. S.　11, 29, 32, 33
Crosby, B. C.　45
Cross, R.　47

D

伊達克彦　59
Davis, J. P.　47

E

Eisenberg, E. M.　29
Eisenhardt, K. M.　15, 47, 54, 55, 60

F

Fligstein, N.　36, 40, 41
Follet, M. P.　31, 34, 43
Foster-Fishman, P. G.　38
二神恭一　6, 7, 10

G

Gargiulo, M.　25, 27

H

George, G.　10
Glaser, B. G.　55, 56
Graebner, M. E.　15, 55
Granovetter, M.　24
Gray, B.　13, 14, 21, 30, 39-41, 44, 45, 48
Gulati, R.　13, 21, 23-25, 27

H

Habermas, J.　32
袴田正志　59
Hartman, L. R.　29, 33
Henton, D.　47
平本健太　12, 45
Hogg, M .A.　46
本台　進　81
Huxham, C.　7, 10

I

今田高俊　12, 32, 35, 36, 37
今井賢一　12, 13, 36, 43, 44
井上政昭　66, 71
伊丹敬之　36, 38-41
伊藤正憲　112, 113

J

Jiang, X.　10
Johnson, J. D.　29, 33

K

Kahn, R. L.　11
金井一頼　13, 36, 38
金子郁容　12, 13, 36, 43, 44
Kanter, R. M.　9, 10, 31
Katz, D.　11
Kelley, D. J.　10
菊池　眞　147
木村昭人　66, 67, 69
Kincaid, D. L.　28
小島廣光　12, 45

國領二郎　37, 39

L

Lazzarini, S. G.　27
Lewin, K.　36
Li, Y.　10
Logsdon, J. M.　21

M

牧野真也　36, 37
松浦脩博　59
McAdam, D.　36, 40, 41
三浦　曜　59
Monge, P. R.　11, 29, 32, 33
Morrison, J. H.　10

N

中野壮陛　67
Nicotera, A. M.　33

O

荻生久夫　59
O'Hearne, J. J.　10
尾羽沢信一　80
大石　裕　28, 32
岡本信司　111
尾股定夫　143
小野寺雄一郎　59
大越正弘　147

P

Parker, A.　47
Parvatiyar, A.　7
Perry, J. L.　10, 44

R

Radin, B. A.　47
Rice, M. P.　10
Ring, P. S.　44
Roberts, N. C.　6
Rogers, E. M.　28

S

Sagawa, S.　45

佐藤岳幸　71
Schacter, S.　33
Segal, E.　45
関　智宏　74
妹尾　大　ii
Shannon, C. E.　28
Sharfman, M. K.　21
Sheth, J. N.　7
柴田義文　112, 115
柴山清彦　6
清水　博　37
Simon, H. A.　29
Stinchcombe, A. L.　24
Strauss, A. L.　55, 56

T

竹内郁郎　28
田中紘一　68-70, 73, 75, 76
田中正紀　60, 61
Thomson, A. M.　10, 44
鶴井孝文　80, 82, 84-87, 89, 93
露木恵美子　36
Turner, R. H.　32

U

内田智裕　81
植田浩史　74

V

Vangen, S.　7, 10

W

Weaver, W.　28
Whetten, D. A.　13, 21
Williams, P.　45
Wood, D. J.　13, 21, 30

Y

山倉健嗣　29
山本清二　59, 114, 116-120, 122, 123, 130
柳原　光　32
Yin, R.　55, 56, 61

事項索引

ア

異業種間　i, 5, 7, 9, 11, 16, 21, 31, 56, 72, 102, 215, 226, 228, 230,
医工連携　3, 69, 72, 77, 89, 101, 112-114, 117-119, 196, 203
　　──事業化推進事業　3, 4, 71, 72
意図的　5, 14, 44, 56, 197
　　──な行為　44
異分野間　i, 2, 5, 7, 9, 16, 43, 56, 57, 167, 226, 228, 230
医薬品医療機器等法　65, 69, 71, 74
医療イノベーション神戸連携システム（MIKCS）　57-59, 78, 93-96, 100-103, 106-108, 162, 164, 172-174, 176, 181, 182, 184, 186, 187, 189, 229
医療機器　2, 4, 57, 59, 60, 64-78, 80-84, 87-89, 92-94, 96, 98, 99, 101, 102, 104, 106-111, 113, 115, 116, 121-124, 126-132, 133-136, 138-141, 143-152, 154-157, 163, 165, 166, 170, 174, 176, 177, 180, 183, 185, 186, 189, 193, 194, 197, 199, 200, 202, 204, 205, 207, 214, 216, 224, 228, 229
　　──関連　i, 2-5, 7, 14, 16, 17, 55-60, 64, 78-80, 82, 83, 87, 88, 91, 93-104, 107-114, 116-122, 125-127, 130-135, 137, 140, 141, 143-146, 148-152, 161-163, 166-172, 175, 176, 178-184, 186-202, 204-209, 211-216, 219, 222, 223, 226, 228, 229, 233, 234
医療産業都市構想　57, 80, 82, 83, 85, 93, 170, 176, 178, 188
医療用機器開発研究会（医療研）　57-59, 78-100, 103-107, 162, 164, 166, 171-176, 179-189, 229
因果関係　17, 61, 160, 175, 190, 201, 230
うつくしま次世代医療産業集積プロジェクト事業　139, 140, 157, 172, 206, 207, 209, 211, 215, 216
埋め込み　25, 27, 33
オープンラボ　59, 97-99, 106, 107, 184, 185, 189

カ

会議体　39, 41
外的妥当性　56, 228
介入　4, 9, 14-17, 20, 35, 43, 44, 47-52, 57, 60, 78, 105, 109, 127, 130, 152, 155, 160, 161, 164, 166-171, 174-176, 178, 179, 181, 184-191, 197-200, 202-205, 210-224, 227-233
　　──者　45, 47-49, 52, 184, 197, 200, 211, 220
　　──の役割　43, 45, 46, 48
概念モデル　ii, 15, 17, 18, 20, 49, 50, 52, 54, 55, 60, 61, 161, 217, 228, 230, 231
過程追跡（process-tracing）　18, 60, 61, 160, 229
関係性の構築　44, 99
関係的埋め込み　25, 26
関係的な同一性（integroup relational identity）　46, 47
関係マネジャー（relationship manager）　44
協議会　38, 39, 42, 151, 165, 172, 227
共通理解　i, 15, 22, 26, 28-30, 32, 34, 36-38, 50, 51, 104, 105, 126, 127, 152-155, 160, 162, 167, 176, 179-181, 184, 186, 192, 197, 199, 205-207, 210, 212, 218, 219, 230, 231
協働　i, 3, 7, 10-13, 28, 30-35, 37, 39, 40, 43-45, 48, 51, 70, 149, 168, 213, 227, 233
　　──アクティビスト　45
ケーススタディ　i, ii, 2, 5, 6, 14-17, 21, 47, 52, 54-61, 64, 78, 109, 110, 130, 131, 152, 160, 161, 164, 178, 184, 186, 197, 200, 201, 210, 213, 217, 219, 223, 226-234
見学会　110, 116, 117, 119, 120, 128, 165,

194-196, 198-200, 203
原子力災害等復興基金　145
公式コミュニケーション　29
構成概念妥当性（construct validity）　56
構造的埋め込み　25-27, 166
構造的コンテクスト　24
公的マネジャー（public manager）　44
神戸医療産業都市構想　78, 103, 104, 162, 229
神戸バイオメディックス（株）（KBM）　89-92, 95, 96, 104-106, 181, 185
国立研究開発法人日本医療研究開発機構（AMED）　4, 71, 72, 130
個人間の関係性　31
個人間の協働　10
個人と全体状況の修正　34, 35, 51, 180, 219, 227, 231
コミュニケーション　11, 25, 28-34, 37, 39, 46, 76, 85, 92, 95, 106, 124, 165, 174, 181, 183, 196, 227
　——の機能　28, 29, 32, 34
　——の螺旋収束モデル　28

サ

財団法人新産業創造研究機構（NIRO）　84, 85, 91, 102-104, 106, 180
産学官共同研究センター　118, 120, 128, 193, 196, 198, 203
産業クラスター計画　72, 111, 177, 191
事業化推進　i, ii, 3, 5-7, 9, 11-14, 16, 20, 27, 32, 34-36, 42, 43, 48, 49, 51, 52, 54-56, 58, 60, 61, 64, 70, 72, 73, 75, 76, 78, 80, 81, 88, 93, 106-108, 110, 113, 125, 131, 132, 134, 136, 139, 140, 142, 148, 149, 153, 157, 160-162, 164-188, 190, 191, 195-201, 204-213, 216-224, 226-234
事業戦略および組織レベル（事業戦略・組織レベル）　22, 23, 26, 227
自己組織化　12, 30-32, 36-38, 41-43, 51, 167, 187, 192, 200, 205, 209, 216, 219, 227, 231
自己組織性　12
自省作用（リフレクション）　12, 32, 34-36, 167, 187, 200, 205, 216, 219, 231

市民企業家（civil entrepreneur）　47
社会構造　23, 29
社会システム　11, 13, 37
社会的コミュニケーション　28, 31
社会的コンテクスト　23, 24
社会の仕組み　38
社会の集団　33, 35
社会プロセス　15, 31, 55
社団法人神戸市機械金属工業会（工業会）　57, 79-83, 85, 89, 95, 104, 105, 162, 164, 176, 178-180, 182, 184, 188, 229
情報交換会　91, 110, 116, 117, 119, 120, 127-129, 163, 165, 181, 193, 194, 196-199, 201
情報の相互作用　37, 38
初期条件　13-15, 17, 20, 21, 23, 27, 50-52, 60, 61, 79, 80, 104, 109, 111, 126, 130-132, 153, 154, 160-162, 166, 170, 176, 178, 184, 186-188, 190, 196, 200-202, 213, 214, 217, 218, 221, 222, 227, 231-232
審査承認　69, 71, 74
心理的共振　37
推進する力　21
structural holes　13, 36
制御　12, 35, 167, 187, 200, 216, 219, 231
　——する力　21
製造業許可　74, 88, 92, 117, 122, 146, 149, 150, 155, 205
製造販売業許可　72, 74, 122, 149
制度あるいはセクターレベル（制度・セクターレベル）　22, 23, 26, 166, 170, 227
正に寄与する要因　21-23, 104, 126, 154, 161, 170, 218, 222
生命システム　37
先行条件　21
全体から個人へのフィードバック　41
全体状況　31, 34, 51, 104, 106, 126, 128, 154, 156, 180, 185, 188, 189, 192, 193, 200, 202, 203, 205-207, 213-216, 218-220
先端医療振興財団　80, 86, 91, 108, 106, 108, 181
戦略的活動の場（Strategic Action Field: SAF）　36, 40
相互作用　3, 6, 9-13, 28-38, 40-44, 46, 48,

事項索引　249

　　　49, 52, 55, 56, 78, 104, 109, 124, 126, 130, 154, 160, 161, 166-168, 179, 180, 181, 185, 192, 193, 196, 198-200, 205-207, 211, 213, 217-219, 222, 226-228, 230, 231, 233
　　――と共通理解の形成　34, 35, 38, 50, 51, 54, 109, 130, 131, 153, 160, 161, 167, 169, 171, 179, 182, 184, 186, 187, 192, 197, 200, 201, 205-207, 209, 211, 212, 213, 214, 218, 219, 221-224, 227, 231
　　――におけるコミュニケーション　i, 13-17, 20, 27, 28, 30, 31, 33, 34, 51, 226, 230, 231
相互了解　29, 32, 34, 36, 51, 227
創発的　29, 34, 36, 39, 51, 160, 167, 182, 195, 209, 220
　　――構造　29, 30, 31, 34, 36, 179
ソーシャルネットワーク　26, 81, 113, 134, 162, 166, 179, 181, 187, 188, 191, 196, 204, 205, 214, 216, 218, 222, 227, 231
　　――の効果　23, 24
組織化　11, 29-35, 44, 217
組織間連携　2-10, 12-14, 16, 17, 21, 28, 30, 31, 33, 34, 38, 42, 47-49, 51, 55-57, 64, 65, 73-75, 77, 78, 81, 95, 98, 102, 103, 108, 109, 113, 118, 119, 121, 123, 125, 130, 131, 136, 137, 153, 157, 166, 168, 170, 174, 179, 180, 182, 186, 187, 192, 194, 195, 200, 205-208, 210, 211, 213, 217, 220, 226-233
　　――の成立　11, 13, 14, 16, 17, 20, 21, 23, 27, 28, 30-32, 34, 35, 37-39, 42-44, 47-49, 50-52, 55-57, 93, 110, 117, 131, 134, 149, 157, 160, 166-168, 171, 185, 186, 191, 197-200, 205, 209-213, 216, 218-229, 231, 232
　　――プロセス　2, 5, 6, 9, 10, 12-17, 20, 21, 23, 27, 30, 34, 43, 48, 50-52, 54-57, 60, 64, 78, 80, 100, 109, 111, 130, 131, 152, 160, 161, 167, 170, 171, 182, 187, 190, 192, 199, 201, 208, 210, 213, 217, 219, 221, 222, 226-228, 230-233
　　――の促進　11, 13, 14, 20, 44, 49, 54, 58, 61, 64, 109, 166, 186, 191, 195, 212, 216, 221, 223, 224, 228-233

タ

他律的あるいは設計的（他律的・設計的）　39, 167, 195, 208, 219, 231
地域新産業　i, 9, 14, 16, 20, 43, 54, 56, 112, 226, 233
知的クラスター創成事業　72, 111, 123, 132, 134-138, 191, 206
中小企業　i, 2-6, 9, 16, 17, 39, 54, 56, 57, 60, 64, 65, 69-76, 78-81, 84, 86, 93, 94, 96, 101, 104, 105, 109, 110, 112-115, 120-122, 125-127, 131-133, 135, 136, 140, 141, 149-152, 154-157, 162, 163, 166, 174, 176-178, 182, 188, 190, 200-202, 205, 207-210, 214, 226, 233
データ収集　17, 58, 234,
データ分析　60
出来事　17, 18, 61, 160, 175, 190, 229
出口戦略　95, 96, 106, 136, 162, 164, 172, 176, 181, 184, 185, 187, 189, 229
デバイス・ラグ　69, 97, 152
独立行政法人医薬品医療機器総合機構（PMDA）　3, 65, 71, 103
都市エリア産学官連携促進事業（一般）（都市エリア（一般））　137-140, 142, 143, 148, 154, 177, 206, 209, 211, 212, 214
都市エリア産学官連携促進事業（発展）（都市エリア（発展））　140, 142, 143, 146, 156, 207, 209, 211, 212, 215
ドメイン　22, 23, 26, 30, 34, 40, 51, 161, 166, 169, 179, 188, 191, 192, 196, 197, 202, 204, 213, 214, 216, 218, 222, 223, 227, 231

ナ

内省的な介入　45, 168, 211
内的妥当性　55, 56, 228
内部管理組織　41, 42, 51, 223, 224, 227, 232, 234
日本の医療機器産業　17, 64, 67, 68, 70, 73

ハ

場　13, 15, 17, 20, 35-42, 48-52, 57, 58, 60, 78, 79, 84, 92, 93, 100, 102, 105, 109, 114, 116, 119, 125, 127, 128, 130, 141, 144, 153,

155, 160, 161, 163-165, 168-182, 184-188, 190-193, 195-214, 216-224, 227-234
　──の機能　　37, 51, 125, 167, 169, 182, 195, 196, 209, 210, 220, 223
　──の生成　　39
　──の設定　　39, 40, 42, 43, 45, 48-52, 160-162, 164-171, 173, 174, 177, 179, 184, 187, 188, 191, 192, 195, 197, 202, 205, 206, 208, 210, 211, 213, 218-220, 222, 231, 232
　──の発展　　40, 49, 50, 52, 114, 160, 162, 164, 167-169, 172, 174, 176, 177, 181, 182, 184, 187, 191, 192, 195-198, 200, 206, 209-212, 216, 218, 221-223, 229, 231, 232, 234
媒介的企業者　　44
バウンダリー・スパナー（boundary spanners）　　45
働きかけ　　9, 12-14, 29, 37, 39, 43, 48, 52, 82, 94, 107, 127, 182, 195, 197, 209, 211, 223, 226
浜松医科大学　　58, 110, 111, 113-121, 123, 126-130, 163, 174, 191, 193, 194, 196, 198, 200, 203
浜松医工連携研究会（研究会）　　57-59, 110-117
はままつ次世代光・健康医療産業創出拠点（はままつ医工連携拠点）　　59, 116-122, 125, 128, 172-174, 177, 192, 194, 196, 198, 199, 229
浜松商工会議所　　58, 59, 110, 111, 113-115, 118, 119, 126-128, 190-194, 197, 198, 203
比較分析　　15, 16, 18, 55, 60, 160, 175, 190, 201, 228-230
引き金となる主体（triggering entities）　　44
非公式コミュニケーション　　29
フィードバック　　ⅱ, 28, 32, 38, 41, 42, 50, 76, 227
複雑な社会プロセス（complex social process）　　15, 55
ふくしま医療機器開発支援センター　　147, 152, 156, 208
ふくしま医療機器産業推進機構　　58, 60, 145, 146, 147, 149, 156, 165, 207, 210, 212,
215
福島医療福祉機器研究会（研究会）　　58, 60, 141, 144
福島モデル　　140
負に寄与する要因　　13, 21-23, 50, 105, 127, 155, 161, 166, 179, 191, 205, 218, 222, 227, 231
部分的ドメイン組織　　41
プラットフォーム　　37, 39
プロセス・デザイン（process design）　　45, 46

マ

マクロ的環境要因　　22, 23, 26, 50, 161, 162, 166, 170, 178, 179, 190, 191, 204, 218, 221, 227, 231
マネジメントへのインプリケーション　　ⅰ, 5, 11, 15, 18, 54, 56, 61, 161, 221, 226, 227, 229, 230
ミクロ的環境要因　　22, 23, 26, 50, 162, 166, 218, 221, 227, 231
ミクロ・マクロ・ループ　　38, 39, 41, 232
メディカルクリエーションふくしま　　144, 147, 149, 174, 177

ヤ

薬事申請　　78, 97, 103, 118, 144, 150, 165
薬事法　　3, 65, 69, 71, 75, 78, 84, 89, 93, 105, 110, 121, 140, 141, 144, 149, 152, 155, 157, 162, 163, 165, 166, 179, 180, 183, 191, 205, 210, 213, 215
役割　　2, 3, 9, 13, 16, 27, 29-35, 39, 43-49, 51, 52, 71-73, 77, 78, 84, 104, 109, 118, 123, 124, 129, 130, 134, 140, 142, 153-155, 160, 162-164, 168, 171, 174, 177, 180, 184, 187, 191, 194, 197, 198, 200, 205-207, 210, 213, 215, 219, 220, 223, 228
　──形成　　32, 33, 227
ゆらぎ　　12, 35, 231

ラ

リサーチクエスチョン　　15, 20, 49-52, 54, 55, 160, 161, 228, 230, 231
リーダーシップの交代（rotating leadership）

事項索引

47
理論構築　54-56, 161, 226-228, 230, 233
理論的サンプリング　55, 56
連携　i , 3, 4, 6-10, 21-24, 26, 30, 31, 38, 40, 41, 44-49, 52, 57, 59, 60, 69-72, 74-79, 81, 86, 87, 93-95, 97, 99-102, 104-108, 110, 113, 114, 116, 117, 119-137, 140, 143, 144, 146, 150, 151, 154-157, 161-166, 169, 171, 173, 175, 177, 179, 180, 182, 183, 186, 189, 191-194, 196-200, 209-211, 213, 214, 216-218, 221-224, 226, 228-231

著者紹介
川端勇樹（かわばた　ゆうき）
中京大学経営学部，大学院ビジネス・イノベーション研究科准教授
ロンドン大学経済学部修士（MSc, 1998）（Mphil, 2005）
東京工業大学社会理工学研究科経営工学専攻　博士（2010）
専門は，組織間関係論，国際経営論，経営管理論。
組織間連携，国際経営に関する論文多数。

中京大学大学院　ビジネス・イノベーションシリーズ
地域新産業の振興に向けた組織間連携
医療機器関連分野における事業化推進への取組み

2017 年 3 月 20 日　　初版第 1 刷発行　　　定価はカヴァーに
　　　　　　　　　　　　　　　　　　　　　表示してあります

　　　　　　　著　者　川端勇樹
　　　　　　　発行者　中西健夫
　　　　　　　発行所　株式会社ナカニシヤ出版
〒606-8161　京都市左京区一乗寺木ノ本町 15 番地
　　　　　　　　　　　　Telephone　075-723-0111
　　　　　　　　　　　　Facsimile　075-723-0095
　　　　　　　Website　http://www.nakanishiya.co.jp/
　　　　　　　Email　iihon-ippai@nakanishiya.co.jp
　　　　　　　　　　　　郵便振替　01030-0-13128

印刷・製本＝亜細亜印刷株式会社
Printed in Japan.
Copyright © 2017 by Y. Kawabata
ISBN978-4-7795-1159-2

◎本書のコピー，スキャン，デジタル化等の無断複製は著作権法上での例外を除き禁じられています。本書を代行業者等の第三者に依頼してスキャンやデジタル化することはたとえ個人や家庭内の利用であっても著作権法上認められておりません。